경 독 耕讀

중국 촌락의 쇠퇴와 재건

이 저서는 2009년도 정부(교육과학기술부)의 재원으로
한국연구재단의 지원을 받아 수행된 연구임(NRF-2009-362-A00002).

중국관행
연구총서
0 1 5

경 독 耕讀

중국 촌락의 쇠퇴와 재건

인천대 중국학술원 중국 · 화교문화연구소 기획

류자오후이 · 리페이 · 장정아 · 안치영 지음 | 조형진 · 리페이 옮김

ⒾⒷ인터북스

　우리가 수행하는 아젠다는 근현대 중국의 사회·경제 관행에 대한 조사와 연구를 매개로 한국의 중국연구와 그 연구기반을 재구성하는 것이다. 이러한 작업은 무엇보다 인문학적 중국연구와 사회과학적 중국연구의 학제적 소통과 통합을 모색하는 과정에서 구체화될 수 있을 것이다. 또한 근현대 중국의 사회·경제관행 조사 및 연구는 중국의 과거와 현재를 모두 잘 살펴볼 수 있는 실사구시적 연구이다. 추상적 담론이 아니라 중층적 역사과정을 거쳐 형성되고 검증되었으며 중국인의 일상생활을 지속적이고 안정적으로 제어하는 무형의 사회운영시스템인 관행을 통하여 중국사회의 통시적 변화와 지속을 조망한다는 점에서 우리의 아젠다는 중국연구의 새로운 지평을 열 수 있는 최적의 소재라 할 수 있다.

　우리 연구의 또 다른 지향은 중국사회의 내적 질서를 규명하는 것으로, 중국의 장기 안정성과 역동성을 유기적으로 파악함으로써 한층 더 깊이 있게 중국을 이해하고자 한다. 이러한 문제의식에서 우리는 중국사회의 다원성과 장기 안정성의 기반이라 할 수 있는 다양한 민간공동체 그리고 그 공동체의 광범위하고 직접적인 운영원리로서 작동했던 관행에 주목한다. 나아가 공동체의 규범원리인 관행을 매개로 개인과 공동체 그리고 국가가 유기적으로 결합됨으로써 중국사회의 장기 안정성이 확보될 수 있었다는 점을 규명하고자 한다. 이러한 문제의식에 기초한 연구는 역사적으로 축적한 사회, 경제, 문화적 자원을 활용하여 만들어가고 있는 중국식 발전 모델의 실체와 그 가능성을 해명하는 데 기여할 것이다.

이 책은 중국 저장대학과 약 2년에 걸쳐 중국의 한 촌락에 대해 공동조사와 연구를 수행한 결과이다. 이 책에서 우리는 종족宗族 촌락의 역사적 변천과정을 통해 전통적 가치와 질서체계의 변화를 보여주는 동시에, 중국에서 현재 광범하게 벌어지는 향촌재건운동의 문제점을 지적하며 새로운 방향을 모색하고자 하였다. 촌락이 국가의 통치 시스템에 편입된 과정 그리고 전통적 민속이 쇠퇴했다가 부활하는 과정에 대한 상세한 분석을 통해, 우리는 국가가 농민의 생활세계에 미친 영향뿐 아니라 농민이 어떻게 갈등과 타협을 하며 살아왔는지를 보여주려 하였다. 경독耕讀과 가문계승이 유기적으로 결합되어 있던 전통적 종족 촌락 모델이 겪어온 변화를 분석한 우리의 연구가, 향후 중국 농촌의 현대화 속에서 전통과 향토성이 어떻게 재구성되어야 하는지에 대한 토론을 시작하는 계기가 되기를 기대하며, 인류학, 민속학, 사회학, 그리고 농촌연구 등 여러 분야의 연구자들에게 도움이 되길 바란다.

『중국관행연구총서』는 인천대학교 중국·화교문화연구소가 인문한국사업을 장기간 수행한 연구의 성과물로서, 그동안 중국 철도, 동북지역의 상업과 기업, 토지와 민간신앙, 그리고 화교 등 다양한 주제에 대해 연구서와 번역서를 발간하였다. 앞으로도 꾸준히 낼 우리의 성과가 차곡차곡 쌓여 한국의 중국연구가 한 단계 도약하는 데 일조할 수 있기를 충심으로 기원한다.

2019년 5월
인천대학교 중국학술원 중국·화교문화연구소
(HK중국관행연구사업단)
소장 (단장) 장정아

　이 책은 인천대학교의 장정아 교수와 안치영 교수 그리고 중국 저장(浙江)대학교의 류자오후이 교수, 그리고 류교수 밑에서 석사과정을 밟으며 중국 농촌에서 현지조사를 하고 이제 한국 농촌과 비교연구를 위해 인천대에 유학 와서 박사과정을 밟고 있는 리페이가 함께 토론하며 조사하고 연구한 결과이다. 우리의 공동연구는 안치영과 류자오후이의 만남에서 시작되었다. 안치영과 류자오후이는 2013년 미국 어바나 샴페인의 일리노이 대학 동아시아 태평양 연구소의 같은 방에서 함께 1년간의 연구년을 보내며 알게 되었는데, 서로의 관심사를 논의하는 과정에서 류교수가 중국의 신농촌운동新農村運動을 비롯한 관방의 농촌 재건 방안이 갖고 있는 한계를 지적하며 중국의 역사와 전통에 기반한 향촌 재건 문제를 제기하였다. 이는 우리 연구소에서 수행 중인 HK연구사업의 중심 연구영역 중 하나인 '중국 향촌에서 중국적 전통의 단절과 지속'이라는 문제의식과 부합하는 것이었다. 중국 향촌 연구에서 현지조사는 불가결하지만 신뢰할 수 있는 적절한 협력자를 찾는 것은 쉬운 일이 아니었고, 저장지역 뿐 아니라 윈난 소수민족 지역에서도 장기간의 현지조사를 수행한 경험이 있는 류자오후이는 우리와 문제의식이 잘 맞고 경험이 풍부한 좋은 조사 파트너였다. 최초의 협력은 류교수가 중국 향촌사회에 대한 견해를 우리 연구소에서 발행하는 웹진에 소개하는 것이었다. 류교수의 글은 2013년 11월부터 2014년 7월까지 7차례에 걸쳐 『중국관행웹진』에 실렸다.

이후 장정아와 안치영, 류자오후이, 그리고 당시 석사과정이던 리페이가 중국에서 함께 만나 농촌문제와 향토성 그리고 중국적 전통의 재구성 문제에 대해 많은 토론을 하였고, 충분한 의견 교류에 기반하여 2014년 10월부터 링왕촌 현지조사와 공동연구를 수행하였다. 현지조사는 2014년 10월부터 2015년 6월까지 이루어졌고 2016년에 보충조사를 하였다. 그 기간 중 2015년 여름 류교수는 인천대학교를 방문하여 한 달간 체류하며 연구에 대해 협의하고 보충조사 방향에 대하여 집중적으로 토론하였다. 현지에 대한 장기 심층조사는 리페이가 가장 많이 수행하였고, 류자오후이와 장정아, 안치영도 여러 차례 함께 조사하면서 조사의 방향과 내용을 계속 협의하고 방향을 수정해가며 연구를 수행했다.

중국 연구자들과의 공동 현지조사는 현지에 대한 이해와 조사의 편의성 측면에서 우리 한국 측에 도움이 되었지만, 한국 현실과의 비교 관점 그리고 외부인의 관점에서 우리 한국 측이 제시하는 견해와 질문내용은 현지 학자들이 볼 수 없는 점들을 제기해 준다는 점에서 중국 측에게도 도움이 되었다. 이 책에는 충분히 서술하지 못했지만, '민국 장군촌'이 보여주는 중국에서의 이념의 종언과 역사의 상처 치유 문제, 호구제도가 농민들을 토지에 예속시키지만 농촌을 떠난 농민들의 토지 권리 유지가 중국사회의 장기적 변화에 미칠 영향, 한국과 마찬가지로 농촌의 공동화가 나타나고 있지만 호구제도가 종족촌을 비롯한 전통적 농촌을 유지시키는 기능을 했다는 점 등은 특히 우리가 밤새워가며 흥미롭게 토론한 문제들이었다. 장정아와 안치영은 저장대학과의 링왕촌 공동조사에 이어 윈난대학과도 협력하여 윈난 변경지역의 소수민족 촌락에서, 이문화異文化와 접합되는 과정에서 중국적 관행이 어떻게 변화하고 재구성되는지에 대한 공동조사를 수행하고 있다.

저장지역에서의 농촌 공동조사 과정에서 가장 의미 있고 인상적이었던 것은, 현지인들과 함께 현실적 실천에 관여하며 참여적 실행 연구를 한 점이다. 당시 마을은 역사문화 재건과 보호 방안에 대해 많은 고민을 하고 있었고, 우리는 조사과정에서 촌민과 토론하며 마을의 역사문화 자원을 살리는 개발의 중요성과 인공적 보존의 문제점에 대해 이야기하였다. 그 영향으로 이 마을은 다른 연구소에 의뢰하여 받은 설계안 중 일부 건물의 철거안을 거부하고 마을을 현황대로 보존하기로 결정하는 등 우리와의 토론이 실제 효과를 거두었다. 현지 촌민들과 우리 연구자들의 관점은 서로 영향을 주고받았고, 마을 측 부탁으로 우리가 마을 역사와 문화를 담아 만든 영상은 마을 홍보에 활용되고 있다. 특히 우리 조사단은 촌민뿐 아니라 상급 정부와도 계속 토론하면서, 마을을 정말 위하는 개발이 무엇인지, 촌민들이 원하는 것은 무엇이고 역사문화 자원을 어떻게 살려야 하는지에 대해 논의하였고, 이런 과정에서 촌민과 상급 정부 모두에게서 개발과 보호 방향에 대한 공감대가 넓어질 수 있었다.

중국 촌락에 대한 심층 현지조사에 기반한 연구서로 국내에 출간된 것 중 외국 저서의 번역본인『중국 사회문화의 원형』과『린마을 이야기』등을 제외하면, 국내 연구자가 직접 장기간 조사를 수행하여 쓴 책으로는 김광억 교수의『혁명과 개혁 속의 중국 농민』이 있다. 우리의 이 책이 중국 촌락의 변화를 이해하고자 하는 국내 독자들에게 도움이 되고 연구의 활성화에 기여하길 기대한다. 이 책의 중국어본은 필자들이 함께 토론하며 썼고, 한국어본을 내는 과정에서 번역자인 조형진 교수와도 논의하며 장정아와 안치영이 내용을 대폭 새로 썼다. 그러나 어떤 부분은 중국의 맥락을 국내 독자가 파악하는 데 도움이 될 수 있다고 여겨져 그대로 놔두기도 하였다. 교열 과정에는 인천대 중국학술원 자료센터 이민주 선생님도 참여하였다.

우리는 앞으로도 계속 연구를 수행하며, 기존 조사에서 발견한 문제들에 대한 심화 연구와 더불어 연구 지역과 범위를 확대하려 한다. 개혁 이후 특히 최근 들어 급변하는 중국 농촌의 토지제도와 호구제도 관련 향촌의 변화 그리고 쓰촨 등 내지와 산지의 촌락에 대한 연구로 확장할 계획을 가지고 있다. 우리는 이 책을 통해 중국 농촌 현대화에서 다원적 경로의 가능성과 중요성을 제시하고자 하였다. 이는 중국의 한 농촌에 국한되는 문제가 아니라, 현대성은 무엇이고 현대화 속에서 향토성이 어떻게 재구성될 수 있는가 하는 이론적이고 현실적인 쟁점이기도 하다. 이 점에서 우리의 연구는 이제 출발점에 서있다.

필자들을 대표하여 장정아, 안치영 씀

제 1장 촌락 안의 향토중국
村落裏的鄕土中國

1 20세기 중국의 촌락과 향토 재건

19세기 중엽 아편전쟁 이래 중국사회는 지속적으로 서구문화와 현대화의 충격을 겪었지만, 향토성의 본질, 즉 페이샤오퉁費孝通이 '향토중국鄕土中國'이라고 명명한 특징은 청말과 민국 시대 초기에 이르기까지 구조적인 변화가 별로 없었다. 페이샤오퉁의 관점에서 보자면, 향토중국이란 '구체적인 중국사회의 묘사를 의미하는 것이 아니라, 구체적인 중국 기층의 전통사회 안에 포함된 일종의 특수한 체계로서 사회생활의 개별적인 측면을 지배하고 있는 것이다.'[1] 그렇다면 향토성이란 무엇인가? 기존 연구들에서 많은 묘사적인 개념들을 찾을 수 있다. 예를 들어 페이샤오퉁은 『향토중국』에서 위계적 구조差序格局, 숙인사회熟人社會, 문자하향文字下鄕, 무소송無訟, 예치, 신사士紳, 가족주의, 장로정치長老政治 등의 특징을 제시한 바 있다.[2]

---

1) 費孝通, 『鄕土中國生育制度』, 北京大學出版社, 1998.
2) 費孝通, 『鄕土中國』, 北京大學出版社, 2012. (장영석 옮김, 『중국 사회문화의 원형』, 비봉출판사, 2011).

19세기 중엽에 이르러 중국의 향토사회는 전면적으로 붕괴되기 시작했다. 대량의 농업 인구가 전란과 흉년으로 유랑하게 되었고, 농산품 판매가 감소했으며, 농민의 구매력이 하락하고 부채의 비율과 정도도 상승했다. 농민의 이촌율이 높아지고 토지의 방치 현상도 심각해졌다. 경제가 낙후되면서 문맹 문제, 위생과 도덕 관념 등 다방면에서 문제가 나타났다. 이런 이유로 량슈밍梁漱溟은 '중국의 최근 백년사는 향촌 파괴사라고도 말할 수 있다'고 했다.3) 향토사회의 붕괴에 따라 향토성의 특징도 점차 약화되었다.

1920년대부터 각급 정부와 지식인들이 '향촌 재건重建鄕村' 운동을 시작했다. 당시 중화민국 정부는 향촌건설 실험을 통해 농촌의 현대화 건설을 추진하려고 했다. 중앙정부가 실행한 '신보갑제도新保甲制度', 일부 성·시·현 지방정부가 실시한 '향촌건설 실험' 등으로 붕괴에 다다른 향촌사회를 구제하고자 한 것이다. 정부가 추진한 향촌건설은 국가권력을 향진鄕鎭급까지 관철시켜 촌락사회에 대한 효율적 관리를 완성하는 데 목적이 있었기 때문에 애초의 동기와 실제 효과의 측면에서 보면, 향촌사회 건설이라는 본래의 목표에 도달하지 못하고 정치적인 의미에서의 사회통제만 달성했다.4)

한편 일군의 지식인들이 각지에서 '향토재건 운동鄕土重建運動'을 주창하고 실천했다.5) 정부 정책과 별개로 자신들의 이상을 실천할 수 있는 향촌건설 운동으로 나아가려는 시도였다. 향토재건 운동 중 사회적 영향력이 가장 컸던 대표적 사례는 량슈밍의 산둥 쩌우핑山

---

3) 梁漱溟, 『鄕村建設理論』, 上海人民出版社, 2006.
4) 于建嶸, "國家政權建設與基層治理方式變遷," 『文史博覽(理論)』 第一期, 1998.
5) 鄭大華, 『民國鄕村建設運動』, 社會科學文獻出版社, 2000.

東鄒平, 옌양추晏陽初의 허베이 딩현河北定縣, 타오싱즈陶行知의 난징 샤오좡南京曉莊, 황옌페이黃炎培의 장쑤 쿤산江蘇昆山, 루줘푸盧作孚 의 쓰촨 베이베이四川北碚 등에서의 향촌실험이었다. 이들 실험이 농촌사회에 미친 영향력은 주로 사회생활, 향토교육, 농경기술, 향촌 거버넌스 등의 방면에서 발휘되었다. 1937년 중일전쟁과 뒤이은 국 민당과 공산당의 국가권력 쟁탈로 지식인들의 향촌건설 운동은 점 차 사라져 중화인민공화국 성립 시기엔 '깃발을 내리고 북소리를 멈 춰버렸다偃旗息鼓'고 할 수 있다.

흥미롭게도 민국 시기 향촌건설에 대한 학계의 연구 성과 대부분 은 당시 지식인의 구체적 실천에 집중하여 정부 주도의 향촌건설이 실시한 정책과 조치에 대해서는 구체적인 연구가 많지 않았다. 실제 로는 20세기 상반기 최대의 향촌건설은 각급 정부로부터 비롯되었 다는 점을 부인할 수 없고, 특히 지방정부들은 다양한 유형의 향촌 건설 조치들을 실시했다. 지식인들은 자신의 이상과 도덕 가치에 기 초하여 사회개량적인 향촌건설 활동을 진행한 것인데,[6] 이런 운동 의 사회적 영향력과 선전효과는 당시 광범위한 관심을 불러일으켰 지만, 향촌사회의 변화에 미친 실질적 효과는 명확하지 않다.

이 시기 향촌건설 운동이 남긴 정신적 유산과 현실적 교훈은 다음 의 네 가지로 고찰해 볼 수 있다. 첫째, 향촌 본위의 발전 이념이다. 둘째, 향촌건설의 메커니즘이 중국 본토의 지식과 가치체계로부터 정립되어야 한다. 셋째, 향토건설 실험과 정치의 결합으로 인해[7] 성

6) 千家駒·李紫翔, 『中國鄕村建設批判』, 北京: 新知書店, 1935.
7) 費正淸, 『劍橋中華民國史(下卷)』, 中國社科出版社, 2006; 曹立新, 「走向政 治解決的鄕村建設運動」, 『二十一世紀』 總第91期, 2005.

공과 실패가 모두 정치에 좌우되는 결과를 초래했다. 넷째, 향촌건설의 주체 결여가 최대의 문제점이었다. 농민이 응당 향촌건설의 주체가 되어야 했으나 유감스럽게도 정부든 지식인이든 향촌운동 속에서 농민 스스로 발전할 수 있는 동력을 충분히 끌어내지 못했다.

향촌사회의 질적 변화는 중국공산당이 1949년 정권을 잡은 이후 시작한 일련의 사회개조 운동에서 시작되었다. 20세기 상반기 향촌사회의 변천이 사회와 문화 측면에 집중되었다면, 중화인민공화국 수립 이후 30년 동안 실시된 삼반오반三反五反, 공사합영公私合營, 인민공사人民公社, 사청운동四淸運動 등과 같은 일련의 '사회주의 개조 운동社會主義改造運動'은 사회구조, 향촌권력, 문화가치 등 심층적 측면의 구조에서 향촌사회를 근본적으로 전환시켰다.[8] 20세기 상반기 향촌사회의 변천이 주로 사회와 문화 측면에서 '계몽적 현대성'으로 체현되었다면, 신중국 성립 이후 30년 동안 향촌의 전환은 마르크스주의의 '무산계급 혁명관'이 농민과 결합되어 형성된 '혁명적 현대성'이 이식되는 과정이었다고 할 수 있다.[9] 그러나 동시에 우리가 주목해야 할 흥미로운 사실은, 혁명의 이름으로 실시한 정책들이 뜻하지 않게도 농민의 전통적 세계를 상당 부분 유지시켰다는 점이다. 국가는 혁명을 강조하면서도 혁명윤리의 실천을 전통적 가족주의를 바탕으로 행했고, 촌락 단위의 공동체 윤리를 강조했으며 촌락의 물리적 공간은 고정되고 외부단위와 연계가 단절되었다. 국가와

---

8) 黃宗智, "中國革命中的農村階級鬪爭," 『中國鄕村硏究(第二輯)』, 商務印書館, 2003, 66쪽; 黃樹民, 『林村的故事: 1949年後的中國農村改革』, 三聯書店, 2002. (『린 마을 이야기』, 양영균 옮김, 이산, 2003).

9) 羅曉南, 「後改革時期農村中國文化轉型──啟蒙現代性話語vs.革命現代性話語」, 『東亞硏究』 第四十卷(第一期), 2009.

농민은 서로 경쟁하면서 민간전통을 활용해 왔다.[10)]

　1980년대 중국은 개혁·개방 시기에 진입하여 농촌의 경제발전과 사회구조가 거대한 변화를 맞게 되었다. 도시화 발전전략이 가져온 농업 인구의 대규모 유동, 농업 생산 방식과 농촌 거버넌스 구조의 변화, 도농 간의 거대한 격차 등이 두드러지게 나타났다. 농촌에서 발생한 향촌 도시화(Rurbanization)는 '촌락의 집진화集鎭化'와 '집진의 시진화市鎭化'라는 두 개의 주요한 단계로 진행되었다.[11)] 향촌 도시화가 중국의 '탈농촌화'를 가속화하여 도시로부터 멀리 떨어진 일부 촌락에서는 공동화空心化 현상이 초래되었고, 근교의 향촌에서는 '촌락의 소멸'이 나타났다.[12)] 농촌 성진화農村城鎭化는 최초의 '은밀한 혁명靜悄悄的革命'[13)]에 이은 소성진小城鎭 건설까지, 그리고 '사회주의 신농촌 건설社會主義新農村建設'로부터 '아름다운 향촌美麗鄕村'을 거쳐 2013년 새로 시작된 '사람을 위한 도시화以人的城鎭化'를 취지로 하는 '신형 성진화新型城鎭化' 전략에 이르기까지 미래에도 계속될 '성진화 운동'이 아직 끝나지 않았음을 예고한다. 농촌 성진화의 발전 전략은 한편으로는 시장화의 힘으로 촌락사회의 '탈향토성'이라는 현대화 과정을 가속화했다. 그러나 다른 한편으로는 지속적으로 부식되는 향토성에 대응하여 수많은 지식 엘리트와 활동가들의 향촌문화를 부흥시키려는 노력을 야기했다. 현재의 문제는 이

---

10) 김광억, 『혁명과 개혁 속의 중국 농민』, 집문당, 2000, 589쪽; 장수현, 「개혁개방 이후 중국 농촌 민간의례의 활성화에 관한 고찰」, 『한국문화인류학』 31권 2호, 1998.
11) 周大鳴·郭正林, 「論中國的鄕村都市化」, 『社會科學戰線』 第五期, 1996.
12) 李培林, 『村落的終結』, 商務印書館, 2004.
13) 沈關寶, 『一場靜悄悄的革命』, 上海大學出版社, 2007.

러한 실천이 향토사회를 재건하려는 정책 설계와 실천의 목표를 정말 이룰 수 있는가, 그리고 이러한 노력 속에서 재구성되는 향촌성의 새로운 의미는 무엇인가이다.

현재 중국의 향촌건설은 세 가지 형태로 나타난다. 첫째, 정부주도의 현대적 농촌건설이다. 둘째, 지식 엘리트 주도의 향촌실험 모델이다. 셋째, 농민 자주의 자연발전 모델이다. 이에 상응하여 중국 농촌에서도 세 종류의 촌락 형태를 발견할 수 있다. 현대적 촌락, 실험적 촌락, 공동화된 촌락이 그것이다. 성진화를 목표로 하는 정부주도의 향촌건설 방식은 대부분의 전통 촌락을 현대화된 신농촌으로 빠르게 바꾸어 촌락 형태와 농민의 생산·생활 방식을 모두 근본적으로 변화시켰다. 지식 엘리트는 향촌건설에 대한 자신의 바람을 기초로 일부 촌락을 실험 대상으로 선택하여 촌민이 스스로에게 적합한 발전 경로를 찾도록 도와주려고 시도했고, 이는 사회적으로 널리 주목받았다. 또한 촌민 자주의 마을 건설은 외지노동 경제打工經濟의 기초 위에서 수립되었으며, 신축 주택들이 대부분 촌락 외부에 자발적으로 건설되면서, 결과적으로 과거 촌락의 공동화와 신축 주택들의 무질서한 배치를 초래했다.

세 종류의 촌락형태가 동시에 존재할 수는 있지만, 각 종류의 내부나 각각의 종류 간에도 선명한 차이가 존재한다. 예를 들어 현대적 촌락이더라도 현대화의 정도에 차이가 존재하며, 실험적 촌락의 성과는 활동가와 지방정부가 촌민과 형성하는 권력 균형에 의해 상당 부분 좌우된다. 공동화된 촌락은 쇠락한 촌락부터 심지어 소멸된 촌락까지 천차만별이다. 이뿐 아니라 발전의 메커니즘 또한 큰 차이가 있지만, 각급 정부가 실시하는 현대적 농촌건설이 실질적으로 전체 중국 농촌의 발전방향을 줄곧 주도하고 지배해 왔다. 현대 중국은 전면적인 '탈농촌화'의 사회건설 과정을 경험하고 있는 것이다.

중국에서 점차 향토성이 쇠락하는 현상에 대하여 어떤 학자는 '신향토중국新鄉土中國'이라는 개념을 제시하기도 했다. 기본적으로 토지의 속박이 감소하고 시장 요소가 증가하면서 숙인사회에서 반숙인사회半熟人社會로의 과도기를 향해 간다는 것이다.[14] 현재 중국의 향촌사회는 대량의 인구 유출, 촌락 공동화, 자연환경 악화 등 전방위적으로 커다란 도전에 직면해 있다. 필자들은 중국 농촌이 새로운 발전 경로를 찾아나가는지에 대해 계속 관심을 가지고 연구해왔으나,[15] 동시에 이러한 전방위적 도전 앞에서 새로운 발전 경로가 과연 얼마나 가능할지, 숱한 문제들을 해결해 나갈 수 있을지에 대해 무거운 고민을 안고 있다.

원톄쥔溫鐵軍으로 대표되는 삼농三農(농촌, 농업, 농민) 문제 전문가들도 새로운 향촌 재건 실험을 실천하기 시작했다. 이들은 민국 시기 향촌건설 운동의 이론과 정신적 유산을 본보기로 삼고 활용한다. 옌양추가 과거 실험을 했던 딩현 디청촌翟城村에 '옌양추 향촌건설학원'을 설립했으며, 원톄쥔의 영향 아래 중국의 여러 지방에서 지식인들의 자발적인 향촌건설이 출현했다. 예를 들어 허쉐펑賀雪峰의 허베이, 리창핑李昌平의 허난, 랴오샤오이廖曉義의 쓰촨 등에서 향촌건설 실천은 모두 각각의 특색이 있다. 이러한 실천들은 민국 시기의 평민교육과 농업건설의 전통을 계승하면서도 현대의 문제와 조건에 맞추어 마을대학小區大學, 공동체지원농업小區支持農業(CSA), 생태촌, 외지노동자 지원센터工友之家 등의 업무 이념과 방법을 발

---

14) 賀雪峰, 『新鄉土中國』, 廣西師範大學出版社, 2003.

15) 劉朝暉, 『超越鄉土社會』, 民族出版社, 2005.

전시켰다.[16]

20세기 백 년의 향촌 재건을 총괄하면, 4개의 30년으로 시대를 구분할 수 있다. 신중국 수립 이전의 30년(1920~1950), 수립 이후의 30년(1950~1980), 개혁·개방 시기의 30년(1980~2010), 그리고 이미 시작된 새로운 향촌 재건의 30년(2010~2040)이다. 이를 비교해 보면, 현재의 향촌건설 운동과 1920~30년대는 놀라운 유사성이 있어서 '백 년 주기의 향촌건설'이라고 말할 수 있을 것이다. 그렇다면 이들은 동일한 운명을 맞이할 것인가?

현재의 향촌건설은 아직 역사적 평가에 도달할 단계는 아니다. 지식인의 향토건설 실천이든 정부가 추진하는 신농촌 건설이든 각자의 길을 따라 나아가고 있다. '향촌건설파鄕建派'가 현 체제의 외부에서 시도하는 실천은 지식인의 이상주의 성격을 띠고 있다. 정부가 농촌에서 실행하는 신농촌 건설, 신형 성진화의 발전전략, 도농 일체화의 발전 목표 등은 탈농촌화의 발전 경로를 실천하는 것이다. 그러나 향촌건설의 주체인 농민들은 오히려 망설임 없이 농촌을 떠나는 이들이 많다.

따라서 우리는 향촌건설파의 이상주의와 탈농촌화의 현실주의적 발전의 사고가 역사와 미래의 시험을 견뎌낼 수 있을지 생각해 보아야 한다. 장기적인 '대역사大歷史'에서 보면, 중국의 문명사는 농경문명의 기초 위에서 수립되었다. 수천 년 동안 누적된 향토문명이 백 년 심지어 수십 년만에 근본적으로 변화될 수 있을까? 정부정책의 측면에서 보자면, 현재의 도농 이원구조 하에서의 호적제도, 사회보

---

16) 歐寧, 2012, 「鄕村建設的中國難題」, 『新周刊』, 第383期,
   http://news.sina.com.cn/c/sd/2012-11-13/173725572271.shtml, (검색일: 2014.5.24.).

장제도, 사회 유동 메커니즘 등과 같은 제도설계가 이러한 발전전략의 시행을 뒷받침할 수 있는가? 구체적인 실천의 측면에서 보자면, 토지를 잃은 농민들의 집단소요 사건群體性事件, 지방정부가 성진화를 위해 지불한 거대한 부채 등과 같이 신형 성진화 전략이 초래할 새로운 사회모순들이 제때에 효과적으로 해결될 수 있는가? 아니면 현재의 체제에서 이탈한 사회적 실천이 민국 시기의 향촌건설 운동의 숙명을 다시 맞게 될 것인가? 우리 연구는 이런 문제들에 대한 답을 제시하지는 못하지만, 그 답을 찾는 과정에 서 있다.

2 경독耕讀과 가문 계승의 유기적 결합이 깨지다

본 연구가 논의하는 촌락사회는 특징적인 함의와 시공간의 구조를 갖고 있다. 중국 촌락에 대한 연구들은 우리에게 상이한 촌락 형태에 관한 '민족지 서사'를 보여 주었다. 아서 스미스(Arthur H. Smith)의 『중국의 향촌 생활Village Life in China』[17], 다니엘 컬프(Daniel Harrison Kulp)의 『중국 남부의 향촌 생활Country Life in South China』[18]부터 페이샤오퉁의 『강촌 경제江村經濟: 중국 농민의 생활』[19]에 이르기까지 모두 '중국 사회의 기층을 구성하는 것은 향토성이다'[20]라

---

17) Arthur H. Smith, *Village Life in China*, New York: Little Brown, 1899.
18) Daniel Harrison Kulp, Country Life in South China: The Sociology of Familism, Volume Ⅰ, *Phenix Village, Kwantung*, China, New York: Columbia University Press, 1925.
19) 費孝通, 『江村經濟: 中國農民的生活』, 商務印書館, 2001.
20) 費孝通, 『鄉土中國生育制度』, 北京大學出版社, 1998.

는 명제를 이야기하고 있다.

사실 향토라는 특성이 중국 촌락사회의 전모를 구성하지도 않고, 중국의 기본적인 특징을 '향토중국'이라고 할 수도 없다. 지리 환경과 인문 역사의 차이로 인해 중국의 촌락 형태들은 판이하다. 북방 촌락과 남방촌락, 한족의 촌락과 소수민족의 부락이 다르다. 쫭쿵샤오莊孔韶는 생활 양식에 기초하여 중국의 촌락을 이동 경작, 유목, 수렵, 정착 농업의 네 종류의 형태로 분류할 수 있다고 주장했다.21) 우리는 문화생태론의 시각에서 네 가지의 기본적인 촌락 유형을 구분할 수 있다고 보는데, 농경 문화, 어업 문화, 유목 문화, 산지 문화 지역의 취락이다. 그중에서 농경 문화 지역은 다시 논농사 농업지역과 밭농사 농업지역으로 세분화된다. 전자는 우리가 익히 알고 있는 전형적인 강남의 벼 경작 지역이고, 후자는 화북의 밭작물 경작 지역이다.

본 연구에서 언급되는 링왕촌嶺王村은 한족의 농경문화 지역에 속하는 촌락으로 '향토성'을 기본적인 특징으로 갖고 있다.22) 우리는 향토성의 근본적인 특징이 '경독을 통한 가문 계승耕讀傳家'이라고 주장한다. 경독을 통한 가문 계승은 유가 윤리의 중요한 구성 부분으로서 일종의 이상화된 농가의 생활방식이다. '경작耕'은 농사를 지어 수확을 해서 가족을 부양하고 생명을 유지하는 생존의 근본이다. '독서讀'는 서책을 읽어 예의를 알고 교양을 길러 높은 덕을 쌓는 교화의 길이다. '경작'의 본질은 생존이며, '독서'의 본질은 교화이다. '경'과 '독'은 서진과 동진 시기兩晉時期 사대부 계층이 숭상했던 전원적

---

21) 莊孔韶等, 「中國鄉村研究三十年」, 『開放時代』, 第六期, 2008.
22) 링왕촌이라는 마을 이름은 가명이다.

이고 목가적인 생활에서 기원한다. 송대에 이르러 성리학의 부흥에 따라 강남의 향촌사회가 종법 윤리의 서민화를 겪고[23] 조정朝廷이 농가 자제들의 과거시험 참여를 독려함으로써 경독 문화가 과거제도의 발전을 통해 개조되고 강화되었다.[24] 명청 시대 이후에는 종족 조직이 이러한 경독을 통한 가문 계승의 기능을 떠맡아, 경독을 통한 가문 계승은 일종의 민간 전통이 되었다.[25]

우리는 경독과 가문 계승이 유기적으로 결합되어 상호 강화되던 향토적 전통이 20세기에 깨지면서 경독과 가문 계승 간의 결합이 끊어지게 된 내재적인 메커니즘과 이것이 향촌사회의 변천에 미친 영향을 살펴봄으로써, 현대 촌락사회가 경독문화를 현대적으로 재구성할 가능성과 그 의미를 고찰하고자 한다.

본 연구는 경독과 가문 계승의 유기적 결합의 쇠퇴라는 시각에서 근대 이래 촌락사회의 변천을 이해하는 관점이 세 가지 측면의 역사적, 현실적 질문에 기초한다고 주장한다. 첫째, 경독을 통한 가문 계승은 전통적인 촌락사회의 역사적인 기반이자 기본적인 생활 방식이었는데, 왜 20세기 이후에 점차 약화되어 결국 경독과 가문 계승의 분리에 이르게 되어버렸는가? 둘째, 경독을 통한 가문 계승은 재야鄕野와 조정廟堂을 잇는 중요한 수단으로서 모든 향촌의 유생들에게 낮에는 밭에서 일하다가 저물녘에는 천자에게 등용될 수도 있다는 희망과 꿈을 주었다. 경독과 가문 계승의 분리 이후에 향촌사회는 어떠한 충격을 받았으며, 어떻게 저변의 계층이 사회적 상향 이

---

23) 鄭振滿, 『明淸福建家族組織與社會變遷』, 中國人民大學出版社, 2009.

24) 胡念望, 『芙蓉坡以及楠溪江畔的其他村落』, 浙江攝影出版社, 2002, 30쪽.

25) 徐雁, 「耕讀傳家: 一種經典觀念的民間傳統」, 『江海學刊』 第二期, 2003.

동을 실현하고 있는가? 셋째, 현재 촌락의 발전을 추진하는 수단으로서 향촌 관광이 '연극화舞臺化'된 형식으로 기존의 경독을 통한 가문 계승을 재현하려는 시도가 생겨나고 있다. 농촌의 성진화 발전 전략은 의도치 않게 촌락을 자연경관과 전통문화 유산의 보고로 만들었다. 경독을 통한 가문 계승은 관광산업을 통해 일종의 공연문화가 되어버렸으며, 이는 다시 촌민의 일상생활의 구체적인 실천으로 전환될 가능성을 내포하고 있다. 그렇다면 연극화된 경독문화는 경독을 통한 가문 계승이라는 정신적 유산의 부활로 이어질 것인가, 아니면 새로운 의미로 재구성될 것인가?

3 저장성 링왕촌의 특징

링왕촌嶺王村은 저장성浙江省 린하이시臨海市 둥청진東塍鎮 동부에 위치한다. 우리는 2014년 10월 링왕촌에 처음 가서 단기 조사를 하였다. 당시 링왕춘은 향촌 관광 개발을 시작하느라 분주했는데, 중요한 관광 자원은 '민국 장군촌民國將軍村'과 '장수촌長壽村' 등의 역사인문 자원이었다. 그런데 우리가 보기에 이 촌락은 물질 형태의 촌락사회의 유물이 상당히 잘 보존되어 있을 뿐 아니라, 무형의 역사적 기억들도 많이 남아 있었다. 이런 상황에서 링왕촌이 당시 진행하던 신농촌 건설은 이렇게 좋은 역사·문화적 '자원'들을 오히려 파괴하는 형태로 진행될 가능성이 크다고 우리는 판단했다.

우리는 촌로들을 집중적으로 방문하여 촌락의 계보, 지방지, 역사적 인물, 풍물지 등이 포함된 저술들과 함께 촌락 발전에 관한 규획 문건 등의 향토 자료를 수집했다. 또한 국가, 저장성, 린하이시, 둥청진 등이 발표한 촌락 개발·보호에 관한 법률·법규와 정책문건도 수집했다. 우리가 벼농사 농업 지역에서 촌락이 전환되는 유형으로 볼 수 있는 링왕촌을 연구대상으로 정한 것은 종족宗族을 비롯한 풍부한 역사문화 자원의 현대적 의미, 그리고 향토성의 보존과 재구성을 보기에 좋은 곳이라 판단되었기 때문이다. 현지조사는 2014년 10월부터 2015년 6월까지 이루어졌고, 우리 4명의 필자 중 리페이李沛가 현지에서 장기 체류와 심층 조사를 수행했다. 다른 필자들은 중간중간에 함께 조사하면서 조사계획을 계속 토론하고 수정하였다. 그리고는 2016년에 다시 다함께 후속조사를 하였고, 우리 연구가 실제 보존과 개발계획에 미친 영향을 마을사람들과 함께 토론하였다.

2007년 링왕춘은 린하이시 유일의 '역사문화 특색촌歷史文化特色村'과 '민국 장군촌'이 되었다. 2012년 베이징의 한 규획설계연구원의 주도로 링왕촌의 보호규획과 촌락규획이 제정되었다. 동시에 링왕촌은 관광개발회사를 초빙하여 관광개발 규획을 만들기 시작했

그림 1.1 링왕촌의 항공 사진

다. 이 연구원의 규획안을 보니, 문화유산 보호에 대한 국제적 기준에 맞추어 링왕촌을 개발하고 보호하려는 것임을 알 수 있었다. 옛 건축, 옛 역로驛路, 명사名人의 고택 보호계획, 관람경로상의 경관 배치, 자연경관 회복, 유형의 물질문화 유산 보호·개발이 강조되었다. 그러나 살아있는 기억 그리고 경독 계승과 같은 중요한 무형문화는 간과되고 있었다.

우리는 링왕촌에 대한 현지조사와 문헌연구를 통해 '향토성'과 '현대성'이 공존하는 링왕촌 보호계획에 실천적 기여를 하기로 하고 다음과 같이 조사를 해나갔다.

첫째, 문헌에 대한 고증이다. 지방지(시기별 판본), 족보, 각종 문서, 옛 사진, 규획 지도, 비문 등 링왕촌과 관련된 문헌자료를 수집했다. 여기에는 기존의 연구논문과 함께 인구, 촌락의 경제와 민주정치 등과 관련된 기초자료도 포함되었다. 이러한 문헌자료들은 링왕촌의 옛 건축물, 명사의 역사, 생산·생활 관행 등을 체계적으로 정리하고 있어서 이에 대한 분석은 중요한 의미를 가진다.

둘째, 역사 구술을 통해 역사의 기억을 재구성하였다. 세대별 촌민과 함께 링왕촌의 역사문화를 잘 아는 각계 인사를 정해진 연구주제에 따라 심도 있게 인터뷰했다. 촌락의 역사적인 명사들의 후손들을 두루 방문하고, 가족의 계보를 그려내었다. 이를 통해 우리는 정태적인 역사문화 유산과 동태적인 구술된 역사 간의 관계를 직관적으로 알 수 있게 되었다.

셋째, 촌민의 일상 생활에 대한 참여와 관찰이다. 생산활동, 명절 의례, 수공업 공예품 제작, 민속 활동 등과 같은 촌민의 일상생활에 실질적으로 참여하고 이를 관찰하였다. 이를 통해 우리는 촌민의 일상생활에서 일종의 '서사시'를 발견해냈다. 촌민 자신의 언어를 통해 자신의 역사, 문화, 현실의 생활을 서술하게 하였다.

넷째, 촌락 역사문화를 재건하고 구체적인 보호 방안을 제시하였다. 우리는 링왕촌의 역사문화 자원에 대한 단순한 이론적 해석만을 하거나 각종 문헌자료에 대한 간단한 수집과 정리에 그치지 않고, 우리 연구가 링왕촌의 역사문화 자원을 가장 잘 살려내는 보호방안과 결합될 수 있도록 노력했다. 특히 고정관념에서 벗어나 현대적 요소들도 마을 문화의 일부로 보자는 관점을 제시하였다. 이러한 우리와의 토론을 통해 결국 링왕촌은 '전통적' 풍모와 맞지 않는 일부 건물을 철거할 것을 제시했던 베이징 규획설계연구원의 계획안을 거부하고 마을의 현존 상태를 보존하게 되었다.

우리가 도출한 링왕촌의 세 가지 주요한 향토적 특징은 다음과 같이 정리될 수 있다.

(1) 명사名人의 민가와 역사 서술의 재건

링왕촌에 여전히 남아 있는 고택 건축이 특출한 역사적·예술적 가치를 갖는 유산은 아니며, 중국 전통의 특별한 건축 방식이나 미학적 가치를 지닌 것도 아니다. 이들의 가장 중요한 가치는 사람과 주거가 합일된 '살아있는 기억의 유산'이라는 점에 있다. 촌락의 명사에 대한 일반적 연구와 달리 본 연구는 촌락 명사의 종족에 대한 기여, 보잘 것 없는 사람들의 '대역사'에서의 역할, 촌민의 일상생활에 대한 민간의 서술 등에 기반 한다. 이를 통해 '모든 민가에는 각자의 이야기가 있고, 모든 이야기에는 각자의 인물이 있으며, 모든 인물은 각자의 지위가 있다'는 서술의 원칙을 세우고, 과거제 시절의 벼슬아치부터 신해혁명 시기의 지사를 거쳐 민주혁명 시기의 혁명가까지 검토하여 전통적인 중국의 촌락사회가 어떻게 경독의 계승에서 경독과 가문계승의 분리로 탈바꿈했는지를 살펴본다. 이러한 명사 민가의 살아있는 기억은 링왕촌의 문화적 특질 보호에도 도움이 되고, 사람들이 이들 명사 민가에 대해 상상을 할 수 있는 원천이 된다. 이와 관련된 조사연구는 종족 제도, 종족 문화, 근현대 중국의 '대역사', 그리고 이것이 투사된 촌락사회의 '소역사'(촌락사)를 포괄하며, 현재에도 존재하는 촌민들의 구술역사에까지 이른다. 이를 통해 요원한 역사의 기억을, 남겨진 실체적인 유물 및 현실의 생활과 결합해 볼 수 있다.

(2) 자연생태와 문화생태의 결합

링왕의 『왕씨 택거기』王氏宅居記에는 왕씨의 조상들이 여기에서 거주지를 찾아 황무지를 개간하고 정착하는 과정을 통해 신기한 이야기들이 나오는데, 여기서 풍수와 윤리라는 문화적 요소에 주목해야 한다. 촌이 건립되기 이전의 풍수 측정과 건립된 이후의 풍수 해석은 모두 풍수가 촌락의 자연공간과 인문공간에 대하여 매우 중요한 영향을 미쳤다는 점을 보여준다. 자연공간은 산수의 형태, 지리적 이치, 물길과 강줄기 등의 물리적 요소와 관련된다. 인문공간은 종묘와 신묘의 촌락에서의 위치, 각 가정·친족·성씨의 분포, 촌락이 소재한 지역이 지리적으로 가지는 역사적 가치 등과 관련된다. 따라서 전통적인 촌락사회는 '천인합일天人合一'의 문화적 흔적을 가지고 있으며, 이는 가족윤리의 공간적 분포로 볼 수 있다. 촌락의 보호 규획은 이러한 특성에서부터 시작되어야 한다. 이는 통시적인 촌락 공간의 확장, (사라진 것을 포함한) 종묘의 배열, 역로의 유적,

자연경관의 관람 경로와 연관되며, 족보에 기록된 풍수의 해석, 제사의 의례, 가족의 계보, 시문의 기재 등과도 관계가 있다. 이들은 링왕촌의 자연생태와 문화생태의 결합을 보여주고 있다.

(3) 향토 풍속의 현대적 재구성

현대화와 도시화가 가속화됨에 따라 링왕의 전통적인 향토 풍속은 점차 약화되어 왔다. 링왕촌은 신농촌 건설의 초보적 단계에 들어섰음에도 촌민들은 전통적인 향토 풍속을 상당히 유지하고 있었다. 우리는 사라져버린 상업문화(향촌의 장마당, 옛 장삿길, 점포, 상업 도로, 상품거래 방식 등), 전통적인 사회생활 습속, 민간 수공예품(링왕의 풀로 만든 제품), 종교·신앙, 명절 의례 등이 현대에 계승되는 상황과 함께 특히 새롭게 발명된 전통과 일상생활의 변혁에 대해 조사하였다. 토지의 경작 포기와 젊은이들의 이촌 때문에 현재 링왕촌의 촌민들은 더 이상 전통적인 농업생산에만 종사하지 않는다. 가정 형편이 윤택해지고 여가시간이 풍족해지면서 촌민들은 도시의 현대문명을 학습하고 모방하고 있다. 이들의 일상생활이 광장무廣場舞, 텔레비전, 인터넷 등 도시생활을 따라가고 있는 상황에서 전통적 향토 풍속이 현대적으로 어떻게 재구성되고 있는지에 대한 연구가 필요한 것이다.

4 참여식 촌락 민족지의 의의와 가치

본 연구는 현대 중국 농촌에서 이뤄지는 '촌락 재건'의 의미에 대해 검토해보고자 한다. 중국에서 이뤄지는 촌락 재건에 대해 우리는 다음과 같은 문제의식을 갖고 있다. 첫째, 중국은 농촌을 '제거'할 수 없으며, 유럽이나 북미와 같은 도농 일체화의 사회는 중국에 적용하기 어렵다. 둘째, 향토성은 더 이상 낙후·야만이라는 특징과 결부되어선 안 되며 새로운 의미로 재구성되어야 한다. 셋째, 현대화와 세계화의 충격 속에서 중국의 문화적 특질 파괴를 막는 데 있어서 농경문명과 향토성은 중요하다. 넷째, 향토 재건은 단지 '토지에 속박된' 과거로의 회귀를 의미하는 것이 아니라, '향토 본위'의 기반 위에서 향토적 사회질서와 생활방식과 인간관계의 의미를 재구성해 내는 것이며, 이때 향토 본위는 촌락과 농민과 농업의 중심성에 대한 인정에 기반하는 것이다. 현재 이뤄지는 촌락 재건의 가장 큰 문제 중 하나는 농민이 배제되고 있다는 점이다. 따라서 정부 주도의 성진화 모델과 지식엘리트 주도의 실험 모델에 비해 농민의 자주적 발전 모델은 큰 진전을 보이지 못하고 있다.

현대 중국의 향토사회 재건은 먼저 주체의 문제를 중심에 놓고 모색되어야 한다. 그 주체 중 가장 중요한 주체는 농민이며, 도시에 체류하는 유동 농민공流動農民工 역시 주체로서 주목받아야 할 것이다. 유동 농민공은 시장에 대한 인식과 도시 경험을 가지고 있어서 촌락의 농업과 도시의 공업에 모두 능숙하다. 이들은 토지에 구속된 농민이 아니라 개인주의를 품은 현대적 농민으로서 농촌과 도시 공간을 유동하는 새로운 농민이다. 이들이 주체로서 어떤 역할을 해나가느냐가 향후 중국 농촌의 현대화 방향에서 중요한 요인이 될 것이다.

촌락 재건에서는 두 번째로 토지 또한 핵심 요인으로 고려되어야 한다. 현대 중국에서는 토지의 이용방식과 토지에 기반한 생산·생활방식이 본질적으로 변화하고 있다. 전통적인 중국 향촌사회에서는 인간과 토지의 모순, 즉 무한한 인구의 성장과 유한한 토지의 이용 사이의 모순이 중요했으며, 소농 생산방식은 중국의 촌락 조직형태와 관행과 관념들에 영향을 미쳤다. 현대 사회에서는 농민이 도시로 진입하고 토지가 유통되면서, 신세대 농민공은 향토로 돌아가지도 못하고 도시사회에 융합되기도 어렵다. 이처럼 '도시에 들어가지도 못하고 고향으로 돌아가지도 못하는' 상황이 낳고 있는 곤경에 대해 주목할 필요가 있다.

최근 중국의 지방정부들이 주도하는 촌락 철거와 주거지 병합 그리고 '토지 정리'는 향촌의 생산·생활 형태를 크게 파괴하고 변화시키고 있으며, 강제 토지수용 정책과 토지수용 보상정책의 결합으로 인해 집단소요 사건이 빈번해지고 토지 방치가 증가하고 있다. 이런 문제들의 근본 원인은 현재 농촌의 집단소유제와 관련 법률제도에서 토지의 권리에 대한 규정이 불명확하거나 심지어 없다는 데 있다.[26]

촌락 재건에서 중요하게 고려되어야 할 세 번째 요소는 촌락 공간의 건설 문제이다. 전통적 촌락사회는 인간과 자연이 조화되며 가치관이 체현되는 '가족윤리의 공간적 분포'라 할 수 있었다. 현대화와 도시화의 충격 속에서 전통적 촌락 공간의 인문적 가치는 해체되고 전복되고 있으며, 대신 '현대적 촌락' 건설 관념이 등장하였다. 신촌락新村落 건설의 공간적 배열은 전통적인 풍수와 윤리 등의 문화적 의미가 아니라 '현대성의 이식'을 반영하고 권력과 재부財富를 체현하고 있다. 이에 따라 현재 중국의 촌락은 규획화된 신농촌 아니면

---

26) 于建嶸, 「農民土地權益受損的制度原因」, 2014(미발간 원고).

공동화된 농촌의 양극단으로 변화하고 있다. 이러한 현실에서 어떤 문화적 가치에 기반하여 촌락 공간을 새로이 건설해야 할지에 대한 고민이 필요하다.

촌락에 대한 최근 중국의 논의들은 무엇보다 촌락 분석 개념이 전면적으로 서구화되면서 중국적 시각과 담론이 후퇴했다는 문제점이 가장 심각하다. 종족 대신 리니지 그룹lineage group, 향신鄕紳 대신 대리인brokerage, 쇠퇴 대신 내권화involution, 유교윤리와 민간신앙 대신 대전통과 소전통이라는 개념을 쓰면서, 그 개념들 사이의 괴리와 격차에 대한 고민은 이뤄지지 않고 있다. 우리는 이러한 서구 이론의 범람 속에서 우리의 시각에서의 해석과 이론틀이 어떻게 가능할지를 모색하고자 한다.

본 연구는 또한 참여식 실행연구participatory action research로서 의미를 가진다. 이는 연구자 개인이나 집단의 이상주의에서 기원하는 것이 아니며, 정부의 제도 설계와 일부러 단절하거나 그것에 의지하지 않는다. 농민들의 역사적·현실적 선택과 이론적 연구를 최대한 결합하면서, 농민과 농업과 농촌이라는 '삼농'에 기반한 '향토 본위'의 현대적 재구성을 탐색하고자 한다. 그 목적은 향토사회로 회귀하는 것도 아니요, 정부와 정치의 외부에서 독립된 실험적 행위를 하려는 것도 아니다. 현재의 제도적 구조를 활용하면서 농민의 주체성을 발휘하며 새로운 길을 모색하는 실천적 행위이다. 참여식 향촌 발전은 현지의 지식·인원·기구·자원에 의거하여 참여를 통한 향촌 발전을 촉진하는 것이며, 현지 공동체의 참여적 권리를 중시한다. 따라서 우리는 이러한 참여식 연구모델 속에서 현지 농민과 연구자와 정부가 함께 토론하며 향토건설 실천을 해나갈 수 있는 길을 찾고자 한다.

그림 1.2 필자들(사진 왼쪽)과 현지 지방정부 간부의 토론

그림 1.3 필자들(사진 오른쪽)과 현지 촌민들의 토론

우리는 실제로 현지 정부 관원들과 현지 농민들과 함께, 현지의 의미 있는 역사문화적 자원이 무엇인지, 어떤 방식의 보호와 개발이 그런 자원들을 덜 파괴할 수 있는지에 대해 끊임없이 토론했다. 그들의 시각이 우리 연구에 영향을 주기도 했고, 우리 연구가 그들의 시각을 바꾸고 현지 개발계획이 변경되기도 했다. 우리 필자들은 링왕촌 마을의 역사와 문화를 최대한 담아낸 마을 홍보영상을 함께 만들었고, 그 과정에서 현지 농민들의 의견을 계속 들으며 수정하여 현지 정부에서도 이를 활용하고 있다.

링왕촌 이야기를 어떻게 서술할 것인가? 우리의 참여식 민족지[27] 연구는 링왕촌의 향토성이 역사적으로 변화되는 논리와 현실적 선택을 탐구하면서 이를 〈경독을 통한 가문의 계승에서 경독과 가문 계승의 분리로〉라는 관점으로 정리해 제시한다. 경독(경작과 독서, 농업을 통한 생존기반 확보와 유학儒學공부)과 가문 계승 간의 상호적·유기적 결합관계, 즉 경독을 통한 가문 계승과 가문 계승을 통한 경독의 강화가 점점 깨지면서, 경독을 통한 가문 계승이 더 이상 이뤄지지 못하고 경과 독도 점점 분리되며, 경(경작)의 내용도 논밭 농사에서 차茶 농사로 바뀌고 독(공부)의 내용도 유학에서 현대적 교

---

27) '민족지民族誌'는 영어 단어 'ethnography'의 번역어로 인류학에서 쓰이는 용어로서, 원래는 '장기간의 현지조사에 기반하여 민족 또는 특정한 인간 집단의 삶을 생생하게 그대로 묘사한 글'을 가리키는 데 쓰였다. 그런데 사실 인류학자의 연구대상이 '민족'은 아니기 때문에 민족지라는 용어가 부적절하므로 대신 '민속지民俗誌'나 '문화기술지文化記述誌' 등의 용어를 사용하자는 의견도 제시되고 있지만 이 용어들도 각각의 문제점이 있어서, 우리 책에서는 가장 널리 쓰여온 민족지라는 용어를 사용하겠다. 이용숙·이수정·정진웅·한경구·황익주,『인류학 민족지 연구 어떻게 할 것인가』, 일조각, 2012, 13-17쪽 참고.

육으로 바뀌게 된다. 20세기 중국 향촌사회에서 발생한 이러한 경독과 가문 계승간 결합관계의 분리가 향촌의 신사 계층과 종족제도 변화에 미친 영향에 주목하며 우리는 서술하고자 한다. 본 연구는 다음과 같이 구성된다.

1장은 서론의 성격으로서 20세기 중국의 향촌재건운동이 촌락사회에 미친 영향을 살펴보고 링왕촌의 특징에 대해 서술한 후 참여식 촌락 민족지연구의 의미에 대해 이야기한다.

2장은 링왕촌이 자연취락에서 인문취락으로 성장하는 사회역사적 과정을 서술한다. 최초로 터를 잡은 조상에 대한 이야기에서 시작하여 개인에서 가문 전체에 이르는 과정을 다루며, 인구, 혼인, 가정의 통시적·공시적 변화를 살펴본다. 동시에 이 촌락이 국가의 통치 시스템에 진입하는 통시적 과정을 서술한다.

3장은 링왕촌의 토지 이야기로서, 경독을 통한 가문 계승과 향토성의 역사적 논리를 살펴본다. 역사적 시각에서 왕씨의 토지 개간과 토지 사용, 부재지주의 출현 등 토지제도 변천과 함께 토지 이용과 농경문화에 대해 기술한다.

4장은 향토 풍속의 부활과 현대적 의미에 대한 내용으로서, 링왕촌의 현대적 생활방식과 명절의례, 신령과 조상에 대한 제사, 족보 편찬과 장례 풍속, 정월 대보름날의 용불놀이 등을 다룬다.

5장은 전통성과 향토성이 표상되는 신앙의 세계로서 주로 촌민의 민간신앙을 다룬다. 노야묘老爺廟와 백학대제, 관제묘, 종수당과 불교, 그리고 조상 제사와 관련된 족보와 사당과 절기 등의 내용이 나올 것이다.

6장은 촌락 명사들의 이야기로서, 두 주요 명문가 구성원들의 이야기와 이런 역사적 명사들에 대한 '관광화'된 스토리 재생산을 보게 된다. 20세기 초 신학문 도입으로 인한 과거제도의 철폐와 종족 사회의 약화 등으로 촌락사회에서 '경'과 '독'이 분리되면서 경독은 역사 속으로 사라지고 있다. 1990년대 이후 '역사문화 명촌'과 '민국 장군촌'을 주제로 향촌문화 관광을 재구성함으로써 현대화를 도입하고 촌락사회에서 '경독을 통한 가문 계승'이라는 역사적 문화를 재건하려는 시도에 대해 살펴본다.

7장은 결론으로서 촌락 관광에 의존할 수밖에 없는 촌락 재건의 현실 속에서 참여적 민족지 연구가 어떤 의미를 가질 수 있을지에 대해 검토하고자 한다.

제2장 취락, 풍수 그리고 촌락 안의 '국가'
聚落、風水與村落裏的'國家'

1 촌민에서 신민으로

오늘날 링왕촌 촌민 중 중심 주체는 왕씨 종족의 후손들이다. 이들은 수백 년 동안 대대로 살면서 점차 현재의 종족 촌락을 형성했다.[1] 링왕의 왕씨 종족 취락의 형성 과정은 한편으로는 한 사람으로부터 한 집성촌이 만들어지는 과정이지만, 다른 한편으로는 종족 취락이 국가의 통치체계로 편입되는 통시적인 변천 과정이다. 전자는 (1) 성씨의 원류와 함께 터를 잡은 조상들이 황무지를 개간하고 링왕에 정착하는 이야기, (2) 혼인과 분파를 통한 종족 취락의 형성 과정, (3) 종족 인구와 취락 인구가 확장되는 공시적 변화를 포함한다. 후자는 종족 취락이 어떻게 국가 통치체계의 최소 단위가 되었는지, 즉 촌락의 통시적 변천 과정을 의미한다.

---

1) 현대의 행정구역으로 보면, 현재 링왕의 행정촌은 링왕 자연촌, A 자연촌, B 자연촌을 포함한다. 그러나 A 자연촌과 B 자연촌은 공간적인 위치에서 보든 인구의 비중에서 보든 링왕 행정촌의 중심인 링왕 자연촌과는 멀리 떨어져 있고 격차도 크다. 따라서 특별한 설명이 없는 한 링왕 또는 링왕촌은 링왕 자연촌만을 지칭한다.

링왕의 왕씨 종족 취락의 형성 과정이 상술한 두 가지 시각으로 나눌 수 있지만, 사실상 이는 연구와 서술의 편의를 위한 인위적 구분일 뿐이라는 점을 주의해야 한다. 실제로는 한 사람에서 한 집성촌이 만들어지는 과정에 '황제의 권력皇權'이 부단히 침투하였다. 또한 종족 취락에서 촌락에 이르는 과정에서 종족 내부와 종족 간의 권력구조와 권력관계 또한 일정한 영향을 미쳤다. 요컨대 전통적 봉건제국 시대에 '황제의 권력이 현縣 이하로는 미치지 못한다'는 견해에 대해 우리는 약간 다른 관점을 갖고 있다. 반대로 링왕의 왕씨 취락의 성장 과정이 보여주듯이 국가와 황제의 권력은 항상 현장에 있었다.

(1) 성씨의 원류와 터를 잡은 조상들의 개간과 정착

링왕촌 리좡천변裏莊溪畔 지역의 왕원칭王文慶의 고택에서 남쪽을 향한 두 번째 대문의 석조 문미 위에는 놀랍게도 '타이위안의 후손太原世冑'이라는 네 개의 큰 글자가 해서체로 쓰여 있다. 이는 링왕의 왕씨들이 자신들의 조상이 타이위안의 왕씨 가문으로부터 비롯되었음을 스스로 인식하고 있다는 점을 보여준다. 남송南宋 시기 왕스펑王十朋의 고증에 따르면, 왕씨의 기원은 셋이다. 구이媯 성 왕씨, 지姬 성 왕씨, 쓰姒 성 왕씨 등이다. 구이 성의 왕씨와 쓰 성의 왕씨는 당唐 이후에는 기록이 없어서 지 성의 왕씨만 있었을 뿐이다. 고증에 따르면, 지 성의 왕씨들의 가장 이른 취락의 기원은 타이위안(진양晉陽), 랑야琅琊, 징자오京兆 등에 있었다. 링왕의 왕씨 선조를 포함하여 타이저우台州의 왕씨는 타이위안 왕씨로부터 나온 것이 분명하다.2) 우리가 고증을 할 수도 없고 이처럼 까마득한 성씨 기원의 역사를 고민할 필요도 없을 것이다. 다만 촌민들의 견해를 듣고 역사의 과정을 대조하면서 링왕의 왕씨 선조들의 발원지부터 저장 동부의 타이저우에 이르는 과정을 대략적으로 복원할 수 있었다.

타이저우 왕씨의 먼 조상들은 주 왕조의 지姫 성으로부터 기원하며, 주周 왕실의 구성원이었기 때문에 왕을 씨로 삼았다. 전국戰國 시기와 진한秦漢 시기에 주로 타이위안(옛 지명은 진양晉陽)에 모여 살았다. 아마도 동한東漢 말기에 전란을 피해 랑야(오늘날 산둥성 남쪽과 장쑤성 북쪽 일대)로 이주하여 점차 랑야 왕씨로 분화되었을 것이다. 서진西晉 말기 영가의 난永嘉之亂 이후, 중국 인구의 첫 번째 장강長江 이남으로의 대규모 이동이 발생했다. 랑야 왕씨는 동진 왕실을 따라 남쪽으로 이동하여 동진이 비수대전淝水之戰에서 북방 소수민족의 공격을 막는 것을 도왔다. 동시에 위진남북조 시대에 유명했던 왕씨와 셰씨의 두 권문세가王謝世家를 형성했다. 링왕 왕씨의 조상들은 더 멀리 민월閩越 지역, 즉 오늘날의 푸젠福建으로 이동하여 천씨陳氏, 린씨林氏와 함께 중화 문명의 푸젠 개척에서 선구자가 되었다. 그러나 이후에 여러 원인으로 링왕 왕씨 조상들의 한 지파가 후베이湖北의 샹양襄陽으로 이동했다. 뒤이어 아마도 당 말기 황소黃巢의 난과 오대십국五代十國의 난 등 난세의 시기에 상대적으로 안정된 저장의 동부 지역으로 이주했을 것이다. 이러한 내용은 북송 시대 링왕 왕씨의 1대 선조인 왕쥐王珏가 그의 형과 함께 진사進士

---

2) 왕스펑, 『台州王氏譜志』의 제 1권, 「姓源」 참조. 왕스펑(1112~1171)의 자는 구이링龜齡, 호는 메이시梅溪이다. 남송의 저명한 정치가, 시인으로 저장성 웨칭樂淸 출신이다. 그는 링왕 왕씨의 5대 선조인 왕쉰王洵의 친구였으며, 타이저우 왕씨의 동종同宗이었다. 다음을 참조. 李爾昌主編, 『歷史文化名村: 嶺王』, 中國文史出版社, 2014, 207~210쪽.

시험에 합격한 기록에 남아있다. 링왕 왕씨의 종족 역사는 여기서부터 시작되었다.

왕줴는 송 인종仁宗 시기에 활동했는데, 타이저우부 도읍台州府城인 린하이에 거주했다. 인종의 연호인 천성天聖 2년, 즉 1024년에 왕줴와 그의 형이 함께 과거에 합격했다. 당시 한 집안에서 진사가 둘이나 배출되는 것은 대단한 일이어서 이들이 주거하는 골목을 이웃들이 황갑黃甲(당시 노란 종이에 합격자를 표기해서 과거 합격을 상징) 거리, 즉 진사가 나온 거리라고 불렀다.

> 황갑 거리는 타이저우부 관청에서 동남쪽으로 3백 4십 보步에 위치한다. 천성 연간에 현 지방정부丞廳의 하급 관리였던 왕줴가 독서에 분발하여 형인 후琥와 함께 등과하여 붙은 이름이다.[3]

> 형제가 함께 급제하면서 보기 드물게 인재가 번성하게 되어 이 지역의 명칭을 황갑 거리로 바꾸었다. 둔전낭중屯田郎中(관직 명칭)까지 나왔으며, 송 왕조에서 유독 많은 인재가 배출되었다. 우리 조상들은 이송二宋(당시 문장으로 명성을 떨쳤던 쑹상宋庠과 쑹치宋祁 형제)에 견줄 만했으며, 업적도 눈부시고 부러움의 대상이 되었다.[4]

왕줴 형제는 급제하여 명성을 얻은 이후에 송 시기 타이저우 왕씨에게 '시정의 관원市井官宦'이라는 생존 방식을 남겨 주었다. 왕줴의 5대손 왕쉰王洵과 왕즈왕王之望은 남송 시기 중요한 정치인이었으

---

3) 何奏簧編纂, 丁伋點校, 『民國臨海縣志』, 中國文史出版社, 2006, 90쪽.
4) 『台州王氏譜志』卷一.

며, 특히 왕즈왕은 참지정사參知政事와 부승상副宰相이라는 높은 지위에 올랐다.

송 시기에 과거제가 점차 완비되어 지위가 낮은 집안의 자제들도 과거시험을 통해 관직에 오를 수 있게 되었으며, 발달한 상품경제로 번창한 도시에서 '시정 사회市井社會'가 나타났다. 이를 통해 왕줴 같은 보통 사람도 과거시험을 통해 가문의 명성을 쌓을 수 있게 되었다. 또한 물질자원이 풍부한 시정 사회와 과거제로 획득한 관직을 통해 부단히 가문을 성장시켜 규모와 명망을 높일 수 있었다. 이로 인해 중국 고대 시기에는 명문 귀족과 황족만이 종족의 족보를 편찬할 권리가 있었지만, 송 이후에는 명문이 아닌 많은 씨족들도 '시정의 관원'을 배출하여 족보를 만들 명예와 실력을 갖게 되었다.

이러한 '시정의 관원'이 가문을 존속시키는 방식의 물질적 기반은 발달된 도시와 상품경제였다. 따라서 송 시기에 장기간 번성했던 도시와 상품경제가 몽고의 원元에 의해 침탈당해 파괴되자 '시정의 관원'의 존속 방식은 지속되기 어려워졌다. 전쟁과 이주로 인한 인구 감소로 도시로부터 떨어진 향촌과 초야가 관원의 피난처가 되었다. 타이저우 왕씨도 '시정 관원'의 생활 방식을 끝내고 향촌으로 가서 살면서 경작과 독서를 통해 대를 잇고 가문을 빛내는 '경독을 통한 가문 계승'이라는 생존 방식에 의존하게 되었다. 촌락과 황제의 권력이 상호 교차하는 과정에서 오늘날의 소위 '전통'과 '향토'가 점차 출현하게 된 것이다.

우리는 링왕촌 현지조사를 통해 링왕 왕씨의 시조인 왕하오王皞(자는 문중文仲이고 문중공文仲公으로 불렸다)가 링왕에서 개간하고 정착하는 것에 관한 이야기를 많이 수집했다. 그중 대표적인 것이 '황색 말이 곡식을 먹고, 벙어리 소녀가 이야기를 한다'는 이야기와

'왕하오의 나무 꿈' 이야기이다.

'황색 말이 곡식을 먹고, 벙어리 소녀가 이야기를 한다'는 전설은
『타이저우 왕씨 족보台州王氏譜志』의 왕하오 편에 기재되어 있다.

> 왕하오의 자는 문중이고 항렬은 청誠 자의 여섯 번 째로 원나라
> 황경皇慶 연간의 임자년壬子에 태어나 원 순제順帝 8년에 사망했다.
> 천씨陳氏가 부인이었고 웨이량惟良, 웨이팡惟方, 웨이칭惟慶 세 아
> 들이 있었다. …… 공은 풍채가 건장하고 그릇이 컸다. 사구四區 지
> 역의 양장糧長(식량 공출을 담당하던 관직)을 맡았을 때, 공무로 펀쉐
> 이링分水嶺을 지나가다가 그 지역의 부유한 노인인 천더장陳德章을
> 만나게 되었다. 노인의 첫째 딸이 나이가 들었으나 결혼을 못한 상
> 태였다. 노인이 전날 밤 꿈을 꾸었는데, 마당에서 말리고 있던 좁쌀
> 을 황색 말이 갑자기 들어와 모두 먹어치웠다. 이때 왕하오가 마침
> 집에 들어와 목이 마르니 차를 달라고 했다. 노인이 이름을 물어보
> 자 왕하오는 성만 제대로 말하고 이름을 달리 말했다. 이 이름에
> '말'의 의미가 들어 있어서 황색 말의 꿈과 일치하여 노인이 놀라서
> 얼굴을 쳐다봤다. 딸이 원래는 말을 못했는데, 점쟁이가 남편감을
> 보게 되면 말을 하게 될 것이라고 했었다. 딸을 불러내니 딸이 마침
> 내 보통 사람들처럼 말을 하게 되었다. 왕하오와 노인은 이것이 하
> 늘이 준 인연이라고 여겼다. 이에 딸을 왕하오와 결혼시켰다. 당시
> 원의 정세가 혼란하여 도시를 떠나 링왕으로 이주하게 되었다.[5]

족보의 서술과 유사하지만, 링왕 노인들의 구술에서는 문중공의
'황색 말이 곡식을 먹고, 벙어리 소녀가 이야기를 한다'는 전설의 다
른 판본이 존재한다.

---

5) 『台州王氏宗譜』總卷.

원 초기 왕씨의 12대 선조가 있었는데, 그는 원래 타이저우의 식량을 관리하는 사람이었다. 당시 타이저우 지역은 몇 개의 구區로 나누어져 있었는데, 그중 한 구의 식량을 그가 관리한 것이다(족보에서는 사구의 양장). 그가 개창한 일파가 바로 링왕 왕씨이다. 개창과 관련한 이야기가 존재한다. 이 12대 선조는 왕문중이다(왕하오의 자가 문중이므로 문중공이라 불렸다). 한번은 여기서 가까운 펀쉐이링 고개 아래에 있는 마을에 가게 되었다. 마침 철이 되어 집집마다 곡식을 말리고 있었다. 그는 손이 가는 대로 한 움큼 집어 입에 넣고 씹었다. 식량을 관리하고 있었기 때문에 올해 곡식이 잘 말랐는지 보려는 것이었다. 잘 마르지 않아 곰팡이가 슬면, 죄를 물어야 했다. 그가 곡식을 집어 들었을 때, 옆에 벙어리 소녀가 있었다. 왕문중이 자기 집의 곡식을 집어 들자 마음이 급해져 돌연 말을 하게 되었다. 정말 뜻밖의 일이었다. 이때 벙어리의 어머니가 왕문중에게 나이와 어디서 무엇을 하며, 결혼을 했는지를 물었다. 이 벙어리와 조건이 맞아떨어져 결국 둘은 결혼하게 되었다. 왕문중이 말띠였기 때문에 황색 말, 즉 황마(사투리로는 왕王과 황黃의 발음이 같다)가 곡식을 먹고, 벙어리 소녀가 말을 했다는 이야기가 된 것이다. 결혼하고 나서 둘이 살 곳을 찾았는데, 왕문중이 도시에 살고 싶어하지 않아 링왕으로 오게 된 것이다. 우리 링왕을 보면, 풍수가 좋고 살기에 적합하고 후대도 잘 풀렸다. 이처럼 이 벙어리가 우리 링왕에 정착하게 되어 링왕 왕씨의 1대가 되었다. (인터뷰 기록에 기초하여 정리)

족보의 기록에 따르면, 링왕과 그 주변을 개척하여 정착한 사람은 왕하오 말고도 두 명의 아우, 왕우중王武仲과 왕빈중王斌仲이 더 있었다. 이 두 아우는 각각 링왕 부근의 스징촌石井村과 쉐이아오촌水墺村에 정착했다.

노인들에 따르면, 성육공誠六公(왕하오의 항렬이 성誠자의 여섯 번째六)이 어렸을 때, 두 사촌동생 즉 우중과 빈중과 함께 링왕에 가게 되었다. 그때 펀쉐이링을 넘어야 했는데, 날이 이미 저물고 앞의 몇십 리가 다 산인데다 마을도 없어서 링왕 리좡裏莊의 궈郭씨 성을 가진 집에 묵기로 하였다.

궈씨 사람들은 우리 왕씨보다 먼저 도래하여 리좡에서 한두 가구가 거주하고 있었다. 리좡은 현재 이미 없어졌지만, 궈씨의 거주지였던 옛 집터가 남아있는데, 리왕裏王의 위쪽에 있다. 리좡천裏莊溪은 리좡에서 흘러나오는 물길이다. 과거 옛 역로가 리좡에서 시작하여 산으로 넘어갔는데, 따라서 리좡을 지나면 전부 산길이었다.

세 형제가 정착하고 나서 모두 꿈을 꾸게 되었다. 꿈에서 모두 이 골짜기로 가서 이주하지만, 정착한 지역이 각자 달랐다. 성육공은 큰 나무 밑에 드러누워 있는 꿈을 꾸었다. 이 나무는 사지가 자고 있는 사람처럼 펼쳐져 있었고 잎이 매우 무성하여 리좡천 아래쪽에 있는 나무와 비슷해 보였다. 그러나 다른 두 명의 동생들은 큰 나무 꿈을 꾸지 않았다. 깨고 나서 동생들에게 무슨 꿈을 꾸었냐고 묻자, 장성하여 여기 이주하는 꿈을 꾸었다고 했다. 성육공도 자신의 꿈도 그러하다고 대답했다.

이후에 셋은 링왕과 그 주변으로 이주했다. 많은 노인들은 성육공이 꿈에서 본 큰 나무가 현재 리왕 레이구먼擂鼓門에 있는 나무이며, 잎과 가지가 무성한 이 나무가 링왕 왕씨의 번창을 보여준다고 말했다. 그러나 주변의 쉐이아오와 스징은 인구가 많지 않다. 따라서 꿈은 근거가 있는 것이다. (촌민의 구술에 기초하여 정리)

(2) 분파와 혼인: 종족 취락의 확장

우리가 조사한 결과에 따르면, 터를 잡은 선조인 왕하오가 린하이의 황갑 거리에서 온 집안을 데리고 링왕의 이 작은 분지로 이주했을 때, 현재 링왕촌으로부터 500미터가 채 안되는 리좡천의 상류인 리쫭에는 이미 몇 호의 궈씨 일가가 거주하고 있었다. 따라서 최초로 왕하오가 개간하고 정착했던 지역은 필시 리쫭천의 하류였을 것이다. 각종 자료를 종합하여 필자는 최초로 개간하고 정착한 지역이 리왕일 가능성이 더 크다고 본다.

왕하오는 세 아들을 낳았다. 왕웨이량, 왕웨이팡, 왕웨이칭이다. 세 아들이 각각 분가하여 장남파老大房, 차남파老二房, 삼남파老三房가 되었다. 장남파와 차남파는 각자 자신의 취락이 있었다. 그러나 현존 자료로는 언제 본래의 종택祖宅으로부터 이탈하여 독자적인 분파로 자립했는지 정확히 알 수 없다. 이로 인해 우리는 종족 취락의 일반적인 발전 법칙에 따라 아래의 두 가지로 추정했다.

첫째, 왕하오 이후에 종택을 세 아들에게 나누어 장남파, 차남파, 삼남파로 분리되었다. 세 가문이 종택에서 몇 대를 살면서 인구가 늘어 종택의 수용 능력을 넘어서게 되었다. 이로 인해 세 분파는 각자 다른 곳으로 나가 살게 되었다. 이는 인구의 자연적 성장의 법칙에 따른 추정이다.

둘째, 왕하오가 세 아들이 분가하여 자립하도록 한 것은 후대 자손들의 장구한 발전을 고려한 것이었다. 바둑판의 수처럼 자손들이 최대한 많은 토지자원을 획득하도록 하려는 것이었다. 상류에는 이미 거주하는 사람들이 있었기 때문에 인구의 성장에 따라 이들은 필연적으로 하류로 가야 했다. 그러나 왕씨들은 먼저 손을 써서 강해져야 했다. 따라서 터를 잡아 집을 짓고 나서 얼마 지나지 않아 왕씨들이 적극적으로 외부를 향해 발전해 나가기 시작하면서 기선을 제압하게 되었을 것이다. 이는 종족 간의 경쟁에 기초한 추정이다.

인구의 자연적 성장이든, 종족 경쟁의 승리이든 링왕 왕씨는 재빠르게 링왕 분지의 황무지를 논밭으로 변모시켰다. 이에 따라 인구가 번성하고, 동시에 공부를 해서 관료가 되는 인재들이 다시 나오기 시작했다. 이렇게 하여 '경독을 통한 가문 계승' 모델이 점차 안정화되어 청말과 중화민국 시기까지 지속되었다. 『타이저우 왕씨 족보』를 분석하면서 우리는 장남파와 차남파의 계보를 통해 이 과정을 다음과 같이 펼쳐낼 수 있었다.

장남파는 4, 5대가 지난 이후에 성인 남자의 수가 50여 명에 이르게 되었다. 그러나 왕웨이량의 오판으로 이처럼 번성한 분파가 갑작스레 사분오열되었다. 이 사건은 족보에 '호적 말소失籍' 사건으로 기재되어 있다. 우리가 확인한 사건의 전모는 다음과 같다. 왕웨이량은 수익을 얻기 위해 자신과 가족의 호적을 군인 호적軍戶(하이먼海門 주둔군)과 소금 생산 호적竈戶(해변에서 바닷물을 가마로 증발시켜 간수를 만드는 것)으로 변경했다. 그러나 실제로 군역을 하거나 소금을 만드는 노역에 갈 필요는 없었다. 이후 왕조가 교체되고 왕웨이량의 장남이 양곡 징수의 기한을 어기는 죄를 짓게 되었다(왕씨 일가는 수 대에 걸쳐 양장이었다). 이렇게 되어 왕웨이량과 가족들이 실제로 군인 호적과 소금 생산 호적으로 노역하는 처벌을 받게 되었다. 왕웨이량의 차남인 왕저王者가 고위직이 되어 관료 명부에 이름이 올라가 처벌이 면제된 것 이외에는 다른 가문들은 모두 노역을 해야만 했다. 처음에는 주거하고 있는 마을에 머물면서 노역을 할 수 있었지만, 이후에 관아가 각 지방으로 이주시켜 장남파의 왕씨들은 타이저우 곳곳으로 흩어졌다. 심지어 저장의 다른 지역이나 멀게는 윈난雲南까지 가게 되었다. 왕저의 차남의 항렬이 낮은 두 아들만이 보통의 민가 호적을 계승하여 링왕에 남게 되었다. 그러나 장남파는 나중에 세력을 회복하여 와이왕外王 지역으로 이주하였다.

차남파의 발전 속도는 상대적으로 느려 긴 시간이 흐른 뒤에도 성인 남자의 수가 많지 않았다. 차남파는 청 초기에 인구가 점차 늘었다. 우리가 보기에 이러한 인구 성장은 이 시기 차남파가 문중의 일과 국가 권력에 적극적으로 참여한 것과 관련이 없지 않다. 더구나 현재까지 링왕 사람들의 인식으로는 차남파가 인구에서는 열세이지만, 경제·권력·명성에서는 장남파와 비교하여 더 큰 우위를 점하고 있다.

종족 취락의 규모는 분파를 나누어 토지와 같은 희소자원을 최대한 점유하는 것과 함께, 주변의 다른 종족과 혼인을 통해 지속가능한 관계를 맺는 데 달려 있다. 전통사회에서 단일한 노동력으로 경작할 수 있는 토지 규모는 유한하기 때문에 취락 규모의 지속적인 성장을 실현하려면 '출산과 인구 유입添丁進口'이 필수적이었다. 주변의 종족 또한 동일한 수요를 가지고 있었기 때문에 링왕 왕씨 종족과 주변의 종족들은 자연스럽게 하나의 통혼권婚姻圈을 형성하게 되었다. 다른 한편으로 링왕 왕씨와 주변 다른 종족 취락 간의 분쟁과 갈등이 발생했을 때, 대량의 혼인 관계로 인해 국가 권력이나 법령의 힘을 빌지 않고 촌락사회의 내재적인 규칙을 통해 이를 처리할 수 있었다.

종족 조직은 부계를 통해 혈연을 잇는 폐쇄적 조직이기 때문에 인척의 지위는 상대적으로 낮다. 그러나 (통상 오복五服(상복을 같이 입어야 하는 혈연 관계)이라고 부르는) 직계 5대 이내는 통혼할 수 없다. 즉 왕씨는 오복 이내의 친척 여자에게 장가갈 수 없다. 우리가 족보를 연구한 바로는 오복 이외의 동성과 결혼한 경우조차 찾기 어렵다. 따라서 왕씨와 다른 성씨 간의 혼인 관계가 매우 중요하다. 특히 결혼을 맺는 종족이 명문 귀족이거나 왕씨의 지위보다 높을 때는 더욱 그렇다. 사실 링왕 왕씨의 족보에서 서문의 대부분은 아래와 같이 이러한 인척 관계에 있는 사람들이 서술한 것이다.

나와 왕씨는 서로 혼인 관계가 있어 이 글을 감히 거절할 수 없어 있는 그대로 서술하였다. 이를 계기로 왕씨의 기원에 대해 알게 되었다. 왕씨 후손들의 번창을 기대하며, 이에 서문을 쓴다.[6] (명 성화成化 연간의 『왕씨 족보 서문王氏宗譜序』. 잉허우쿠이應候魁 저. 그는 진사進士, 이부吏部의 주사主事 등을 역임했고 린하이에 진출했던 인재였다.)

나는 링왕과 대대로 혼인 관계를 맺었다. 왕씨 조상 중에 호가 줘펑卓峰인 충위안崇元이 있었다. 그는 진사에 합격했는데, 나의 당고모부이다.[7] (명 천계天啓 연간의 『왕씨 족보 서문王氏譜志序』. 런다예任大冶 저. 이 사람은 링왕에서 멀지 않은 싼먼현三門縣 팅팡진亭旁鎭 사람이다. 이후 산동 안찰사사按察使司가 되었는데, 한 성의 검사장과 비슷한 지위이다. 이 서문은 주로 빈한한 와중에도 학문을 숭상하고 배움을 중시한 링왕 왕씨의 품격을 상찬한 것이다.)

왕씨와 시수西墅의 천陳씨 가문은 혼인 관계였다. 차이蔡씨와 진金씨도 왕씨의 벗으로 자주 왕래하였다. 천씨, 차이씨, 진씨 세 성씨는 또한 우리 가문과 혼인 관계이자 벗이었다. 나의 조카 천치陳玘도 왕씨 가문의 사위였다. 나에게 서문을 부탁하여 이를 쓴다.[8] (친밍레이秦鳴雷 저, 『왕씨 택거기』에서 발췌)

위와 함께 족보에 기재된 다른 내용들은 링왕 왕씨가 부근의 명문가들과 종종 장기적인 인척 관계를 통해 다수의 '인족姻族'을 형성했

---

6) 『台州王氏譜志』卷一; 李爾昌編著, 『歷史文化名村: 嶺王』, 中國文史出版社, 2014, 195쪽.
7) 『台州王氏譜志』卷一; 李爾昌編著, 『歷史文化名村: 嶺王』, 中國文史出版社, 2014, 197쪽.
8) 『台州王氏譜志』卷一; 李爾昌編著, 『歷史文化名村: 嶺王』, 中國文史出版社, 2014, 210쪽.

다는 점을 보여준다. 이러한 인족 간의 장기적인 인척 관계로 여러 세대에 걸쳐서 고정적인 혼인의 순환이 발생하였다.

다른 한편 역사 상의 많은 실례들은 링왕 왕씨의 자녀들과 부근의 취락에 거주하는 종족 촌락 간의 통혼이 여러 세대를 거치면서 순환되었다는 점을 보여준다. 예를 들어 보자. 왕씨 가문의 한 여자가 탄터우坦頭의 뤼呂씨 가문에 시집을 가서 뤼씨 딸을 낳았는데, 이 딸은 링터우嶺頭의 천씨 집안에 시집을 갔다. 이 딸이 낳은 딸이 다시 링왕 왕씨에게 시집을 오게 되었다. 이처럼 3대가 지난 이후에 왕씨 가문의 혈맥이 마치 다른 지역의 '회문回門(시집간 자녀의 자손이 다시 시집을 오는 전통)'처럼 다시 왕씨로 돌아오게 되었다.

또한 이처럼 안정적인 혼인 관계는 지리적으로 일정한 범위 내에서 소위 통혼권을 형성하였다. 우리가 족보의 내용을 완전히 다 정리한 것은 아니지만, 링왕의 통혼 범위를 대략적으로 보면 다음과 같다. 북쪽으로는 닝하이寧海와 싼먼三門, 서쪽으로는 셴쥐仙居와 톈타이天台, 남쪽으로는 자오장椒江과 황옌黃岩까지였다. 그중 통혼이 가장 빈번한 곳은 링왕 분지 주변의 캉구康谷와 탄터우의 뤼씨, 상링上嶺과 링터우의 천씨 등을 꼽을 수 있다. 또한 혼인 관계는 왕씨 이외에 링왕에서 상대적으로 인구가 많은 성씨인 궈郭씨, 뤼呂씨, 천陳씨, 린林씨 등의 성씨의 기원이기도 하다. 촌민들의 말에 따르면, 과거 링왕 왕씨들은 거의 삼십 리 범위 내에서 살았으며 중매를 통해 혼인을 맺었다. 따라서 삼십 리가 과거 링왕촌에서 통혼권의 범위였다고 할 수 있다.

현대의 통계자료조차 인척 관계가 여전히 링왕 왕씨의 종족 취락에 영향을 미치고 있다는 점을 보여준다. 아래의 표는 우리가 링왕 행정촌의 인구자료를 통해 링왕촌 성씨들의 남녀 성비에 대해 교차

분석을 진행한 것이다.

성비는 남성 인구와 여성 인구의 비례 관계를 나타낸다. 공식은 다음과 같다.

성비 = (남성 인구 / 여성 인구) × 100

일반적으로 다른 변수가 없는 자연적인 상황에서 성비는 100~120 이다. 하나의 촌락에서 하나의 성씨 집단의 성비가 이러한 범위보다 훨씬 높다면, 여성이 외부로 유출되었으며 이 성씨가 토착 성씨라는 점을 나타낸다고 할 수 있다. 반대로 이 성씨의 성비가 범위보다 훨씬 낮다면, 이 성씨가 혼인을 통해 촌락에 유입된 것으로 인척 성씨의 집단임을 나타낸다. 성씨와 성별 교차분석을 통해 계산한 성비는 아래와 같다.

표 2.1 링왕 행정촌의 각 성씨들의 성비 (단위: 명)

성씨	인구	남성	여성	성비 = (남성/여성)×100
미密	23	18	5	360
왕王	1199	852	347	245.5331
장張	114	70	44	159.0909
궈郭	262	98	164	59.7561
허何	96	35	61	57.37705
천陳	29	10	19	52.63158
진金	75	25	50	50
정鄭	52	15	37	40.54054
러우婁	33	9	24	37.5
린林	40	9	31	29.03226
뤼呂	42	8	34	23.52941

성비가 120보다 훨씬 큰 미씨, 왕씨, 장씨는 각각 링왕 자연촌의 미씨와 왕씨 종족과 B 자연촌의 장씨 종족에 대응한다. 또한 성비가 100보다 훨씬 작은 궈씨, 정씨, 천씨, 린씨, 뤼씨 등의 기원은 부근에 있는 캉구향康谷鄕과 B 자연촌의 다수 성씨인 궈시, 탄터우촌의 뤼씨, 링터우촌의 천씨, 상링촌의 다수 성씨인 린씨와 정씨이다.

(3) 종족 인구와 취락 공간의 변천

우리는 1990년대에 편찬된 『타이저우 왕씨 족보台州王氏譜志』의 통계를 사용하여 링왕 왕씨가 터를 잡고 정착한 시기부터 1990년대까지 30여 대에 걸친 남성의 수를 계산하였다. 이를 통해 링왕 왕씨 종족의 정착 시기부터 1990년대까지의 인구 확장의 과정을 대략적으로 추정하였다. 전통적인 족보 편찬에서는 남성만이 기재되고 인구의 기계적인 이동이 상세히 기록되지 않는다. 더구나 근대 이후의 인구 유출에 대한 기재는 결함이 많다. 이런 점들이 통계의 정확성에 영향을 미치지만, 세대 교체 과정에서의 남성의 수량 증감을 통해 링왕 왕씨 종족의 시기별 인구 규모를 추정할 수 있다.

〈그림 2.1〉의 꺾은 선 그래프는 터를 잡은 선조인 왕하오부터 시작하여 33대손에 이르러 1990년대에 족보를 개편할 때까지 남성 수량의 변화를 나타낸다.

남성 구성원의 수량 변화를 활용하여 링왕촌의 시기별 인구의 변화를 대략적으로 예측할 수 있다.

먼저 원 말기에 정착할 때부터 청 초기까지 링왕촌의 인구가 완만히 증가했다는 점을 족보에 대한 분석을 통해 알 수 있다. 이러한 특징이 나타난 이유는 많은 인구 이동이 발생했기 때문이다. 주로

그림 2.1 링왕 왕씨의 세대별 남성 인구의 변화 추세　　　　(단위: 명)

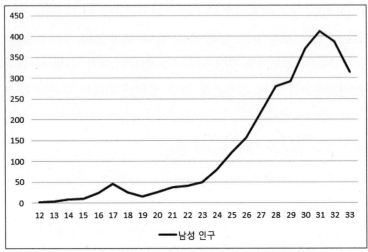

족보의 기록에 따라 최초로 정착한 12대 조상 왕하오부터 세대별 남성 인구를 정리.

링왕촌에서 주변 촌락으로의 이주였는데, 이는 주변에 아직 개발되지 않은 토지가 많았음을 보여준다. 또한 '호적 말소' 사건으로 인한 장남파의 이주가 완만한 인구성장의 원인 중 하나였다.

청 강희康熙 연간에 이러한 인규 유출이 약화되었으며, 전체 촌락의 인구가 급격히 성장하기 시작했다. 이러한 성장은 17세기 말부터 20세기 초까지 지속되어서 링왕촌 인구가 몇 배로 늘게 되었다. 결국 청 말기부터 현재까지 링왕촌 인구는 증가 속도가 완만해지다가 감소하게 되었다. 이러한 현상의 주요한 원인은 인구의 자연 성장률의 하강이 아니라 인구 유출의 증가 때문이었다.

인구의 확장은 취락 공간의 확장을 동반한다. 이는 링왕 왕씨의 취락 구조의 분할에서 가장 잘 드러난다. 기본적으로 이는 최초로 터를 잡은 이후, 첫 번째 대(13세世 후손)에서 분리된 세 개의 분파를 통해 구분된다.

링왕 왕씨의 시조인 왕하오는 터를 잡고 집을 지은 이후 세 아들을 낳았다. 장남 왕웨이량은 장남파, 차남 왕웨이팡은 차남파, 삼남 왕웨이칭은 삼남파가 되었다. 세 분파들은 링왕에서 새로운 곳을 찾아 새 집을 지었으며, 점차 이 곳을 기초로 하여 각 분파의 취락을 형성했다. 뒤이어 인구가 계속 성장하면서 각각의 분파에서 지파가 나왔다. 이들은 종종 해당 지파의 시조가 본래 분파의 종택(즉 처음 터를 잡은 곳에서 떠나 각 문파가 지은 새로운 주택)에서 거주했던 방위에 따라 명명되었다. 예를 들어 종택의 대청에서 거주했던 대청파廳頭派, 종택의 서쪽 방에서 거주했던 서편파西邊派, 안채에서 네 번째 방에 거주했던 안쪽 네 번째 지파裏四分派 등이다. 과거의 정식 명칭을 각각 보자면, '링왕 왕씨 장남파 아래의 7대에서 분화된 대청파', '링왕 왕씨 장남파 아래의 7대에서 분화된 서편파', '링왕 왕씨 장남파 아래의 6대에서 분화된 안쪽 네 번째 지파'이다. 또한 지파의 시조가 이주하여 온 곳의 지명에 따라 지파를 명명하기도 했다. 예를 들어 '링왕 왕씨 차남파 상샤뎬파上下店派'가 있는데, 이는 이 분파가 링왕 상뎬上店과 샤뎬下店 두 개 지역으로 이주해 왔음을 지칭한다.

요컨대 시조의 집에서 나와 이주한 각 분파는 모두 일정한 규칙에 따라 일정한 곳에 집중적으로 거주했다. 이 취락은 명확한 지리적 표식에 따라 구분된다. 그중 장남파 아래의 각 분파는 와이왕 지역으로 이주했다. 와이왕은 산황천山皇溪의 남쪽과 캉구천康谷溪의 서쪽으로서 전체 링왕 분지에서 보면, 남쪽의 개활지에 해당하는 지역이다. 캉구천 위쪽 롄산교連山橋와 구두이산穀堆山까지 이르며, 산들이 둘러싼 링왕 분지의 배후지와 비교하여 확실히 상대적으로 바깥을 향한 곳이다. 바깥을 향하고 있는 왕씨의 취락이라는 뜻이 그대로 '와이왕外王'이라는 글자가 된 것이다. 와이왕은 상대적으로 탁 트이고 인구의 수용량도 크나, 장남파의 인구가 비교적 많아 일부 사람들은 리왕으로 돌아가서 살았다. 리왕은 리왕천 부근으로 수위안산書院山 산허리에 둘러싸여 전체 링왕촌에서 비교적 독립적인 지역이다.

차남파는 주로 샤뎬으로 이주했는데, 여기는 산황천의 북쪽으로 수위안산의 산등성이를 마주보고 있으며, 동편으로 리쨩천이 둘러싸고 있다. 샤뎬이라는 지명의 유래는 다음과 같다. 차남파가 이주해 나간 이후에 리쨩천변의 역로에 약방을 열었는데, 얼마 지나지 않아 다른 상인이 이 남북으로 난 역로에서 조금 북쪽으로 간 위치에 약국을 열었다. 고대의 풍수에서 남쪽은 아래, 북쪽은 위라는 원칙에 따라 차남파의 먼저 연 약방이 '샤뎬下店'으로 불렸고, 이후에 연 약방이 '상뎬上店'으로 불리게 되었다. 차남파는 이 샤뎬을 둘러싸고 점차 번성했기 때문에 이들의 거주 지역이 샤뎬으로 불리게 된 것이다. 또한 차남파에서 가장 빨리 번성한 분파도 '상샤뎬 분파上下店派'로 불리게 되었다. 인구 성장이 샤뎬의 수용 능력을 초과한 이후, 차남파의 일부는 리쨩천 맞은편에 새로운 집을 지었는데, 현지인들이 이를 위쪽의 새로운 집, '상신우上新屋'라고 불렀다. 후세에 인구가 계속 성장하여 상신우는 차남파가 집중적으로 거주하는 취락이 되었으며, 서쪽으로는 샤뎬과 구분되는 리쨩천을 경계로 하고, 동쪽으로는 파홍천法洪溪, 남쪽으로는 산황천과 와이왕을 경계로 하게 되었다. 〈그림 2.2〉가 현재 리왕의 모습이다.

〈그림 2.3〉은 링왕의 취락 배치이다. 인구가 상대적으로 적어 명확한 주거 구역의 구분이 없는 삼남파를 빼고, 장남파는 주로 와이왕과 리왕에 거주하며, 차남파는 샤뎬과 상신우에 거주한다. 이처럼 구분이 명확한 취락 배치는 근대와 현대를 거쳐 일정 정도 파괴되었

그림 2.2 리왕裏王의 현재 모습

그림 2.3 링왕의 취락 배치

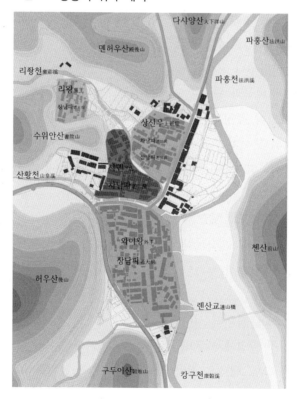

으나, 여전히 원래의 형태를 기본적으로 유지하고 있다. 이처럼 인위적으로 엄격하게 구분되는 취락 구조는 인구의 자연적 성장이라는 외력으로만 파괴될 수 있으며, 그렇게 된다고 하더라도 인구의 성장이 분파 간의 엄격한 구별을 유지하려는 기본적인 모델을 완전히 파괴하지 못한다. 이러한 취락 구조와 이것이 형성된 과정은 명백히 장유유서와 존비귀천의 서열과 차별이라는 유가 윤리로부터 연역된 것이다.

(4) 종족 촌락에서의 국가의 통치 시스템

링왕의 왕씨가 촌을 세웠던 시기는 원 말기와 명 초기로서 전제주의적인 중앙집권 제국 체제가 지배했던 시기였다. 이는 뒤이은 시대에도 마찬가지였다. 명·청 제국의 향촌에 대한 통치 방식은 기본적으로 진·한 제국과 당·송 제국을 계승하면서 새로운 시도를 더한 것이었다. 가장 특징적인 부분은 현縣 이하에 관리를 위한 다수의 등급과 직위를 설치했다는 점이었다. 흔히 '리吏'로 불리는 것을 통해 유유자적하고 있던 수많은 향신과 지식인讀書人을 흡수했다. 그러나 촌락의 자치와 제국의 관리 통치吏治가 충돌하는 부작용이 초래되었다. 이와 같은 새로운 시도가 있었던 주요한 이유는 인구성장의 폭이 이전의 두 제국보다 컸기 때문이었으며(이 문제에 대해서는 뒤에서 상세히 분석한다), 인구성장의 폭이 컸던 이유는 생산량이 높은 식량작물이 도입되었기 때문이었다. 이런 점에서 명·청 제국은 서기 1,500년경부터 시작된 근대화와 세계화 추세와 필연적으로 연결된다. 청 말엽에 서구의 '민족국가'와 '현대국가'의 개념이 중국에 유입된 이후, 새로운 정치권력은 점차 촌락 통치의 목표를 명확히 하였다. 즉 국가의 정치권력이 현을 넘어서서 자치 또는 반자치 半自治의 촌락 공동체를 현대국가가 통제하는 농촌사회로 변모시키고, 농업·농촌·농민이 제공하는 대량의 자원을 활용하여 농업국가를 공업국가로 전환하는 현대화를 진행하는 것이었다.

링왕촌은 명·청 시기 계속 위궁향于公鄉에 속했다. 위궁향의 설립은 가장 이르게는 북송 시기 상부祥符 연간(서기 1,008~1,016년)까지 거슬러 올라간다.[9] 당시는 여전히 당·송 제국 시기로서 현 이하의 통치 체제는 진·한 제국의 향정제鄉亭制에서 발전된 향리제鄉裏制를 답습하고 있었다. 진·한 제국의 향정제는 자연적인 지리 공간의 거리에 따라 구획되어 십리마다 1정, 10정마다 1향으로 구성되었다. 당·송 제국의 향리제는 호적과 인구에 따라 구획되어 100호마다 1리, 500호마다 1향으로 구성되었다.[10] 진·한 제국의 통치 모델에 비해 당·송 제국의 향촌 통치는 양호한 호적 관리 제도 덕분에 많이 개선될 수 있었지만, 이러한 개선은 징세稅收와 요역徭役에 국한되었다.

위궁향은 설립 초기 하나의 리 관할에 불과했고, 징산리涇山裏로 불렸다. 남송 가정嘉定 연간(서기 1,208~1,225)에 세 개의 리가 추가되었다.[11] 이는 북송과 남송이 교차하던 시기의 인구의 대규모 이주와 일치한다. 원에서 명 시기까지 향리제가 여전히 유지되었지만, 리 이하에서는 10호마다 1갑甲을 다시 설립하였다. 이로 인해 명의 촌락 통치 구조는 사실상 향-리-갑의 삼급 제도로 변경되었다. 당시

---

9) 何奏簧編纂, 丁伋點校, 『民國臨海縣志』, 中國文史出版社, 2006, 94쪽.
10) 何奏簧編纂, 丁伋點校, 『民國臨海縣志』, 中國文史出版社, 2006, 193쪽.
11) 何奏簧編纂, 丁伋點校, 『民國臨海縣志』, 中國文史出版社, 2006, 94쪽.

갑의 수장인 '갑수甲首'는 10호의 사람들이 10년을 주기로 교대로 담당하여, 후세에 갑장甲長이 임명되어 상대적으로 고정되는 방식과 달랐다.12) 또한 향-리-갑의 삼급 제도에는 징세, 소송, 치안, 토지대장田籍 등의 구체적인 업무를 담당하는 양장糧長, 노인老人, 총갑總甲, 서산書算 등의 관리가 있어서 대부분은 현지의 향신과 지식인들이 이를 맡았다.13) 링왕 왕씨의 개조開組인 왕하오도 원 말기에 '사구의 양장四區糧長'으로 징세를 담당하는 하급 관리였다. 주의할 점은 사구의 '구區'이다. 이는 향-리-갑과 독립된 별도의 징세 구역에 대한 구분으로서 『중화민국 린하이현 지방지民國臨海縣志』에 다음과 같이 기재되어 있다.

> 과거 현에 설치된 몇 개의 구마다 몇 명의 양장이 있었는데, 양장과 함께 부양장도 있었다. 리에서 일정한 양곡을 완납할 수 있는 사람 중에서 임명되어 종신 근무했으며 양곡의 징세를 담당했다. 지금은 모두 구가 도都로 변경되었다. ……14)

여기서 설명하듯이 양장은 양곡을 완납할 수 있는 부호가 맡았다. 이후에 양장은 점차 제국의 관리 통치 체제의 구성원이 되었으며, 징세의 범위를 규정한 것이 '구'였다. 이는 명 후기와 청 시기에 '도都'로 변경되었다. '도'는 더 이상 징세의 범위가 아니라, 새로운 관리 통치 체제의 한 등급이 되었다. 이러한 것들이 명·청 제국의 말엽에 링왕촌에 적용되었을 때, 처음에는 '갑'이 있었으며, 다음에는

---

12) 何奏簧編纂, 丁伋點校, 『民國臨海縣志』, 中國文史出版社, 2006, 195쪽.
13) 何奏簧編纂, 丁伋點校, 『民國臨海縣志』, 中國文史出版社, 2006, 196쪽.
14) 何奏簧編纂, 丁伋點校, 『民國臨海縣志』, 中國文史出版社, 2006, 196쪽.

'리'가 '장莊'으로 바뀌었다. 더 나아가 '장'의 위에 '도'가 생겼으며, 다시 그 위에 위궁향이 있게 되었다. 명목상의 향 - 장 2급 체제는 사실상 향 - 도 - 장 - 갑의 4급 체제였다. 이에 대하여 『중화민국 린하이현 지방지』에 명확히 기재되어 있다.

위궁향 …… 링왕장嶺王莊(15, 6도)의 링왕왕嶺王王은 ……15)

청 제국이 붕괴된 이후 중화민국은 국가기관을 향촌까지 수립하려고 했는데, 그 방법은 여전히 현 이하의 향촌에 겹겹이 한 무리의 행정기구를 설립하는 것이었다. 이의 목적은 제국 시기와 달리 정부의 명령을 기층의 향촌까지 직접 하달하여 중앙정부가 농촌의 각종 경제 자원과 인적 자원을 수월하게 통제하려는 것이었다. 특히 민국民國 24년(1935)에 실시된 보갑제保甲制는 이러한 새로운 목표와 요구를 가장 명확하게 구체화한 것이었다.

이 시기는 링왕촌에서 수많은 신해혁명의 지사들과 중화민국의 장군들이 배출되던 시기였다. 중화민국 정부의 이러한 제도 건설은 링왕 사람들의 혁명적, 계몽적 이상에 부합하는 것이었고, 링왕부터 린하이까지 중화민국 시기 보갑제의 완벽한 표본이 만들어졌다. 린하이는 중화민국 초엽부터 예하에 '구'를 행정단위로 설립하고, 위궁향을 광푸향廣福鄉으로 개명하여 화차오구花橋區 관할에 두었다. 1935년 보갑제를 실시한 이후, 링왕이 속한 광푸향은 둥청구東塍區로 획정되었다. 1937년 둥청구 예하에 편이 설립되어 광푸향은 캉링

---

15) 何奏簧編纂, 丁伋點校, 『民國臨海縣志』, 中國文史出版社, 2006, 94쪽. 여기서 '링왕왕'은 현재의 링왕촌이다. 링왕장 예하에는 링왕왕을 포함한 10개의 촌이 있었으며, '15, 6도'는 링왕장이 15도와 6도의 관할이었음을 말한다.

편康嶺片에 속하게 되었다.[16) 이에 따라 링왕촌은 위로 린하이현에 이르기까지 낮은 등급부터 높은 등급으로 갑, 보, 향(진), 편, 구의 5개 기층 행정관리 등급을 갖게 되었다. 이러한 체제는 어떻게 운영되었으며, 그 효과는 어떠했는가? 우리는 촌의 노인이 기억하는 바를 통해 부분적으로 당시 보갑제를 재현해 낼 수 있었다.

　중화민국 정부 시절에 우리 링왕도 보갑제도를 실행했다. 린하이현 아래에 먼저 둥청구가 있고 다음으로 광푸향, 광푸향 아래에 다시 15개의 보로 나뉘어졌다. 우리 링왕촌에는 두 개의 보保가 있었는데, 와이왕이 제11보이고 상신우, 샤뎬, 리왕이 제12보였다. 두 개의 보는 산황천을 경계로 했다. 보 아래가 갑甲이었다.
　향, 보, 갑의 수장들은 다음과 같이 배치되었다. 향에는 향장이 있었다는 점은 말할 필요가 없고, 향장 밑에 부향장이 있었는데, 향대부鄉隊副로 불렸다. 이들 향대부는 향장을 보조하는 것 이외에 자경단民團, 치안 등을 책임졌다. 보의 경우에도 동일하게 보장이 있고 보대부保隊副가 있었다. 갑은 갑장만 있었는데, 갑이 관리하는 범위가 작았기 때문이다.
　당시 이들을 어떻게 운영하였는가? 먼저 우리 농민들이 향민대表鄉民代表를 선출하고, 향민대표가 다시 향장을 선출했다. 향장을 선거로 뽑았기 때문에 상급 정부가 임명하는 것이 아니었다. 일반적으로 향장은 자신의 향에서 세력이 큰 몇 개 성씨의 가문大姓에 속하고 권위와 명성이 높으며, 세상 물정에 밝은 사람이었다. 또한 다른 성씨의 세력가들과도 관계가 좋았으며 일처리에 밝았다. 당연히 상급 정부와의 관계도 일반적으로 괜찮았다.
　그러나 향장이 직접 아래의 보와 갑을 관리하는 것은 불가능했

---

16) 李爾昌主編, 『歷史文化名村: 嶺王』, 中國文史出版社, 2014, 6~7쪽. 사실상 캉링편과 광푸향은 겹친다.

다. 향장의 임무 대부분은 상명하달식으로 중화민국 정부의 정책을 아래에 전달하여 시행하는 것이었다. 징세, 양곡 징발, 징집처럼 정말 중요한 일은 아래의 보장과 갑장에 의지해야만 했다.

보장은 선출이 아니라, 향장이 임명했다. 보장의 임명은 몇 가지 규칙이 있어서 향장 마음대로 임명하는 것은 아니었다. 가장 단순한 규칙은, 향장이 임명하는 보장은 우선 해당 촌의 현지 가문 사람이어야지 외지인이 될 수 없다는 것이었다. 링왕에서 임명한 보장이 링왕왕의 사람이 아니라 다른 촌의 사람, 예를 들어 탄터우坦頭의 뤼呂씨 가문의 사람이라면, 아무도 이 자의 말을 듣지 않아 징세나 징병 같은 중요한 일이 진행되지 않게 되어 이 보장은 쓸모가 없을 것이기 때문이다. 다음으로 이 사람의 조직 동원, 발언 능력의 수준과 촌에서의 권위가 사람들의 신망을 얻을 만한지 고려해야 한다. 그렇지 못하다면 이 보장은 일을 처리할 수 없을 것이다. 마지막으로 이 사람의 향장과의 개인적 관계를 고려해야 한다. 당연히 앞의 두 조건이 불만족스럽다면, 이 관계가 좋아도 쓸모가 없다. 아울러 갑장은 보장이 임명하는 것으로, 보장과 동일한 조건에 부합해야 했다.

이러한 중화민국의 보갑제도는 효과가 있었는가? 그 효과는 부정적이었다. 토비土匪조차도 대처하지 못했으니, 일본인과 공산당의 유격대는 말할 것도 없다. 징세와 징병 이외에 향장과 향 정부公所는 전혀 일을 처리하지 못했으며, 보장과 보갑의 사적인 관계와 명성을 통해서만 소통이 가능했다. 예를 들어 토비에 대응할 때, 보장과 보갑이 가서 담판하여 몸값과 보호비를 주고서 촌의 안전을 유지했다. 링왕촌을 포함하여 여기 사람들 중에도 지하당과 유격대 활동을 하는 경우가 있어서 많은 경우에 보고도 못 본 체했다. 심지어 1945년 이후에는 토비가 창궐했으나, 향에서 통제할 방법이 없었고 공산당의 지하 무장세력인 '35지대三五支隊'만이 토비와 싸웠다. 35지대가 싼먼三門에서 이곳에 당도하자 토비들은 도주하거나 다른 곳으로 가서 약탈을 계속했다. 한번은 둥청 방면의 거시향隔溪鄉 정부를 습격한 적도 있다. 따라서 중화민국 정부의 보갑제도는 큰 쓸모가 있었다고 할 수 없다. (링왕촌 노인의 구술을 정리하여 윤색)

　이러한 서술에서 알 수 있듯이 보갑제도의 실험은 현대국가의 정치권력이 농촌을 직접 통제하는 하나의 통치 모델을 수립하기는 했지만, 결국 실패로 끝났다. 우리가 보기에 실패의 원인은 다음과 같다. 이 보갑제도의 진짜 목적은 너무 명백하게 농촌의 정치, 경제, 인구에 대한 통제권을 탈취하는 것이었다. 이는 전통적인 종족 자치와 극심하게 충돌하여 결국에는 타협을 할 수밖에 없었다. 사실상 국가의 정치권력은 기껏해야 향급 정도에 이르렀고 촌으로 진입하기 어려웠다. 따라서 상술한 목적이 제대로 실현될 수 없었다. 가장 중요한 점은, 이러한 제도적 파산의 직접적 원인이 정치적인 정당성의 상실 때문이었다는 점이다. 단지 탈취만 있었지 농촌에 대하여 상응하는 안전보장을 제공하지 못했고, '이익을 추구하고 위험을 회피하는趨利避害' 농촌의 생존 철학을 정면으로 위배했다. 오히려 공산당의 토비에 대한 투쟁이 기층에서 광범위한 지지를 받았으며, 이러한 정치적 정당성이 신중국 성립 이후에 링왕과 주변의 촌락에서 통치가 확립되는 데 탄탄한 기초가 되었다.
　'해방解放' 이후 1950년, 링왕촌을 중심으로 링왕향이 새로 수립되었다. 링왕촌의 왕원칭 고거故居가 향 정부의 소재지가 되었다. 이후 새로운 정부는 토지개혁, 토비 잔당 소탕, 반혁명 진압, 삼반오반 등 일련의 정치운동을 통해 링왕에서 부단히 정치적 정당성을 구축했다. 특히 비적 소탕, 반혁명 진압 등은 링왕 사람들의 오랜 우환을 해결해 주었다.
　이러한 정치적 정당성에 기반하여 새로운 정권은 국가 권력의 농촌에 대한 통제라는 미완의 사업을 완성하려고 시도했다. 새로운 정권이 취한 전략은 먼저 공산당의 기층조직, 즉 당지부黨支部를 촌 위에 설립하는 것이었다. 링왕의 기층 당조직 건설, 즉 당지부의 설립은 남하공작대南下工作隊의 링왕 진주와 더불어 토지개혁, 반혁명 진압, 토비 소탕과 함께 동시에 진행되었다. 촌로들의 기억에 따르면, 1950년과 1956년 사이의 일련의 정치운동은 인구의 절대다수를 차지하던 빈농과 중하층 농민貧下中農에게 가장 큰 이익과 혜택을 주었다. 역으로 이러한 과정이 공산당 정권의 정치적 정당성과 인민 대중의 공산당 기층조직에 대한 신뢰를 강화시켰다. 이로 인해 당의 기층조직이 종족 자치의 전통적인 틀을 타파하고 전체 촌락의 정치 사업에서 영도핵심領導核心이 되었다. 이는 현재의 향(진) - 촌 2급의 촌락 통치구조에도 영향을 미쳤다. 우리는 향장을 역임한 바 있는 링왕촌 노인의 구술을 통해 이러한 역사의 일단을 다음과 같이 복원할 수 있었다.

나는 1951년 5월 6일 상부의 비준에 따라 링왕향의 첫 번째 향장이 되었다. 당시 나는 입당하지 않은 상태였고, 1956년에야 입당했다. 그러나 당시 나는 민병대民兵 소조小組의 구성원이어서 토비 소탕과 지주 처단剿匪反霸에 참가했기 때문에 인민이 나를 향장으로 선출하였다. 몇 개월 지나지 않아 다시 부근의 진컹향金坑鄕으로 전보되어 거기서 향장을 했다.
당시 원래의 광푸향을 4개의 향으로 나눈 이유는 관리의 범위를 축소하여 관리를 개선하고, 이미 시작된 토지개혁과 비적 토벌 등을 용이하게 하려는 것이었다. 이곳의 토지개혁은 링왕향이 설립되기 이전에 시작되었다. 국민당 장군의 주택과 토지가 분배되었는데, 그들이 다들 도망가서 남겨진 사람들은 기본적으로 모두 땅이 없는 사람들이었다. 당시 노동력이 있고 일정한 토지를 가졌지만 자신이 직접 노동을 하지 않는 사람은 토지개혁을 할 때 지주로 분류되었다. 따라서 빈곤한 사람들이 토지개혁을 통해 가장 많은 혜택을 받았다.

1949년 11월 링왕이 최초로 해방되었을 때, 해방군은 산둥에서 온 부대였다. 일찍이 토지개혁을 해본 경험이 있던 이들은 이곳에 와서 우리를 데리고 토지개혁을 시작하고 민병을 조직했다. 당시에는 한편으로 국민당과 싸우면서 다른 한편으로는 토지개혁을 해야 했다. 이후에 정부가 문건을 통해 공식적으로 토지개혁을 시작했다. 그러나 사고가 발생했는데, 1950년 3월 부대가 다른 지방을 해방시키러 떠나자 국민당이 남겨 놓은 장교와 토비들이 반격하여 빼앗긴 재산을 되찾아갔다. 이렇게 되자 우리의 토지개혁은 더 나아가지 못했고, 반혁명을 진압하는 조치만이 남았다. 따라서 당시 우리는 커다란 위험과 장애를 무릅쓰고 토지개혁을 해나간 것이다.

우리 링왕은 기본적으로 왕씨들이기 때문에 과거엔 왕씨 내부의 지주와 부농들이 결정권을 가졌고 서민들老百姓은 이들을 따라야만 했다. 이제 토지개혁을 하게 되자 우리는 '사람이 아니라 일을 두고 판단對事不對人'하는 원칙을 세웠다. 당신이 지주로 분류된다면, 토지개혁과 투쟁을 수용해야만 한다. 당신이 누구든 간에 이를 수용하지 못한다면, 강제적인 조치를 취해야 한다.

이후 합작화合作化가 시작되었다. 호조조互助組에서 초급합작사로 다시 고급합작사로 나아갔다. 이 시기에는 노동에 따른 분배가 시행되었다. 우리 링왕의 합작화는 비교적 일찍 시작되었다. 1951년 호조조가 시작되었으며, 토지개혁도 동시에 진행되었다. 이어서 대약진大躍進, 인민공사, 삼면홍기三面紅旗 등이 있었다. 인민공사는 공사-관리구-생산대대-생산소대의 방식으로 관리되었다. 이 시기에는 필요에 따라 분배되었다. (링왕촌 노인의 구술을 정리하여 윤색)

이와 같은 역사 서술을 통해 새로운 정권이 향촌에 침투하는 과정은 정치적 정당성에 의존해야만 하며, 정치적 정당성의 원천은 새로운 정권이 보통의 서민에게 필요한 것을 공급하고, 과거의 사회가 보호하지 못했던 이익을 보호하는 것이라는 점을 알 수 있다. 새로운 정권이 과감하게 현대화 건설을 진행하고 농촌으로부터 자원을 수용하려고 할 때, 현대 국가의 정치권력은 어떻게 해야 향촌을 계속 통제할 수 있을 것인가?

새로운 정권은 지속적으로 정치적 정당성을 재정립해야 했는데, 계속해서 '운동과 혁명'을 조장하고 허구적인 적을 향한 공격으로 합법성을 유지하고 재정립하는 방식을 택했다. 새로운 정권의 집권 경험으로는 이러한 '계속혁명繼續革命'이 성공을 가져온다고 여겨졌기 때문에 의존할 수 있는 것이 이러한 방식뿐이었다.

계속혁명의 방식에 의존하면서 링왕촌도 전국의 수만 개 촌락과 동일하게 반우파투쟁의 확대, 소사청 운동小四淸運動, 대사청 운동大四淸運動, 문화대혁명, 홍위병 운동 등 일련의 정치운동을 겪었다. 결과적으로 여전히 효과를 발휘하고 있는 촌의 당지부 설립 이외에 이 시기 다른 기층정권 건설의 효과는 미미했다. 이와 동시에 촌락 내부의 문화적 자각이 생겨나고 심지어 종족 세력이 재부상함으로써, 개혁·개방 이후 30년 동안 촌락에 대한 통치는 이런 문제들에 직면할 수밖에 없게 되었다.

우리가 보기에 오늘날 링왕촌은 농촌에 대한 60년의 수탈을 겪고 나서 향토 재건의 미래 30년을 바라보는 문턱에 와있다. 또한 링왕의 촌락 거버넌스治理 모델은 대역사의 전환에 따라 조용히 변화하고 있다. 가장 큰 특징은 촌락의 거버넌스가 더 이상은 촌락의 정치권력과 정치 업무를 중심으로 전개되지 않고 촌락의 공공 업무에 기반하여 전개된다는 점이다. 현재 이는 촌락 거버넌스 주체의 다원화

표 2.2 링왕촌 촌락의 통치 구조[17]

시기	향촌 거버넌스 구조	소속 행정구역	비고
북송 상부祥符 (1008~1016)	향鄕 - 리裏	위궁향于公鄕	링왕 왕씨촌 설립 이전
남송 가정嘉定 (1208~1225)	향 - 리	위궁향	위궁향에 3개의 리裏 추가
원 말기~명 초기	향 - 리 - 갑甲	위궁향	링왕 왕씨촌 설립
명 후기~청 초기	향 - 도都(구區) - 리 - 갑	위궁향	
청 옹정雍正	향 - 도 - 장莊 - 갑	위궁향 링왕장 嶺王莊	
중화민국 3년 (1914)	구 - 향鄕	화차오구 광푸향	향 이하는 려閭 - 린鄰
중화민국 24년 (1935)	구 - 편片 - 향 - 보保 - 갑	둥청구東塍區 광푸향廣福鄕	와이왕外王에 11보 설치 샤뎬下店, 상신우上新屋, 리왕裏王에 12보 설치
1951년	구 - 향 - 촌	링왕향嶺王鄕	
1958년	인민공사 人民公社	링왕 관리구管理區 또는 링왕 인민공사 관리위원회管委會	
1968년	인민공사	링왕 인민공사 혁명위원회革委會	
1981년	인민공사	링왕 인민공사 관리위원회	
1984년	구 - 향(진鎭) - 촌	링왕향	
1992년	향(진) - 촌	캉링향康嶺鄕	'구의 폐지, 진의 확대, 향의 병합'撤區擴鎭並鄕 정책으로 인한 링왕향의 캉구향으로의 병합
2001년	향(진) - 촌	둥청진東塍鎭	

17) 李爾昌主編,『歷史文化名村: 嶺王』, 中國文史出版社, 2014, 6~8쪽; 何奏簧
編纂, 丁伋點校,『民國臨海縣志』, 中國文史出版社, 2006, 94쪽.

로 잘 드러난다. 관방을 대표하는 당지부와 촌민위원회라는 두 위원회兩委도 있고, 종족의 참여도 있다. 다른 한편에는 차茶葉 산업을 위한 전업합작사專業合作社와 같은 경제조직이 있고, 노인협회와 가무대歌舞隊 같은 문화단체들도 있다. 이들은 상급 정부의 지도와 자금의 지원 하에 촌의 공공 업무에 참여할 수 있다. 중화민국 정부와 새로운 정권이 모두 해결하지 못했던 국가 권력의 침투와 종족 세력의 저항 간의 모순이 어느 정도 약해졌다고 볼 수 있다. 우리가 링왕촌 촌락의 통치 구조 역사를 정리하여 만든 것이 〈표 2.2〉이다.

2 산수山水 안의 풍수風水

(1) 링왕의 지리적 입지

링왕은 큰 지리적 공간으로 보면 저장성 동부 지역에 속한다. 이 지역은 지리학적으로 확실히 구분되는 지역도 아니고 행정구획에 완전히 부합하는 지역도 아니다. 닝보寧波의 닝하이, 타이저우의 싼먼·린하이·자오장·황옌·루차오路橋·원링溫嶺 등의 지역으로 구성되어 자연지리적으로 유사성이 있고 문화적으로 동질성을 갖는 지리적 범위일 뿐이다. 자연지리적 유사성은 이들 지역이 연해에 위치해 있으면서 동시에 관할 구역 내에 상당히 긴 해안선과 섬들을 가지고 있다는 점이다. 그러나 내륙의 지형 구조는 산지이고, 특히 해안선에 해안 산맥이 걸쳐 있어서 내륙과 해안이 단절되어 있다. 그러나 산지의 해발 고도가 높지 않아 인간의 활동에 결정적인 장애가 되지는 않는다. 이러한 자연지리적 입지 조건에 따라 저장성 동부 지역은 역사적으로 일정한 동질적인 문화를 점차 형성하게 되었다. 즉 산지의 농업문명을 중심으로 하천의 골짜기河谷 평원에 위치한 도시의 상업문명과 해안의 해양 어업 문명이 곁들여 있다. 흥미로운 점은 산지의 비율이 하천의 골짜기 평원에 비해 훨씬 크고 산지·평원·해안 간의 거리가 멀지 않기 때문에 저장성 동부 지역의 세 문화 유형 간에는 명확한 중간지대가 존재하지 않고 현저한 차이도 없어서 서로 섞이는 복잡한 상황이 전개되고 있다는 것이다. 링왕촌이 속한 린하이시는 전체 저장성 동부 지역에서 자연지리적 중심으로서 오랫동안 이 지역의 정치적, 문화적 중심이었다. 〈그림 2. 4〉는 저장성에서 링왕촌의 입지이다.

그림 2.4 저장성에서 링왕촌의 입지

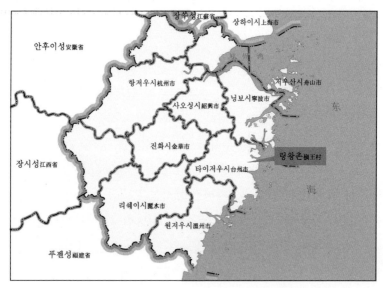

『중화민국 린하이현 지방지』에 따르면, 린하이시는 고대에 린하이현으로서 당 초엽(당 고조高祖 무덕武德 5년)부터 존재했다. 이후에 타이저우부台州府의 관공서인 치소治所가 되어서[18] 20세기 말에 타이저우시 정부가 현재의 자오장구로 이전할 때까지 지속되었다. 고대 타이저우부의 통치 범위는 저장성 동부 지역과 기본적으로 겹쳤기 때문에 린하이가 저장성 동부 지역의 경제·정치·문화의 중심이 되었던 것이다. 린하이는 저장성 동부 지역의 산이 많고 바다에 가까우며 평원이 집중된 하천 골짜기의 지리적 특징을 전형적으로 보여준다. 동남쪽으로 큰 강인 링장靈江이 바다로 나아가면서 큰 평원을 충적시켰다. 서북쪽으로는 양옌산羊岩山이 있어 톈타이天台와 경계를 이룬다. 동쪽에는 뉴터우산牛頭山이 있어 바다와 단절되고, 서쪽과 서남쪽으로는 더 높이 솟은 쿼창括蒼 산맥이 있어 셴쥐와 접하고 있다. 이처럼 동남쪽에서만 선박을 운용할 수 있을 뿐 나머지 방향은 산과 바다로 가로막혀 있다. 그러나 이러한 조건이 저장성 동부의 핵심 지역인 린하이를 철저히 막고 있는 것은 아니다.

남북 방향으로 린하이는 닝보와 원저우溫州를 잇는 육로 교통의 중심이고, 동서 방향으로는 바다의 물고기와 소금, 산의 목재와 특산물이 교차하는 곳이다. 이로 인해 린하이에는 고대부터 역로·관도官道·상업로를 중심으로 하는 육로 교통의 체계가 만들어졌으며, 여기에 링장과 동해의 수운 체계도 더해졌다. 따라서 이곳은 상업과 무역, 인구의 이동이 비교적 왕성했고, 이와 더불어 다구산大固山과 높은 성벽을 통해 방어가 수월했기 때문에 린하이 고성古城이 저장성 동부 지역에서 경제·정치·문화의 중심이 되었다. 『중화민국 린

18) 何奏簧編纂, 丁伋點校, 『民國臨海縣志』, 中國文史出版社, 2006, 10쪽

하이현 지방지』에서 편저자인 허쩌우황何奏簧은 고전적인 풍수 관념을 통해 린하이를 이렇게 묘사한다.

> 타이저우는 저장성 동부의 커다란 주州이다. 린하이는 타이저우의 중심 현縣이다. 가장 높은 봉우리인 쿼창括蒼이 서북쪽에 솟아있다. 링장靈江이 바다로 나아가면서 아름다운 물길이 동남으로 뻗어간다. 예부터 대대로 뛰어난 인재가 나왔으며, 부유하면서도 학문을 중시했다.[19]

링왕촌은 린하이시 둥청진의 동부에 위치하며, 고대에 이 일대는 린하이 둥샹東鄕으로 불렸다. 링왕의 자연지리는 전체 저장성 동부 지역의 상황이 그대로 투영되어 삼면이 산들로 둘러싸여 있고, 나머지 한쪽이 랑컹링瑯坑嶺인데 이곳의 옛 이름은 랑컹링狼坑領이었다. 링왕촌이라는 이름은 이 자락에 위치하여 생긴 것이다. 링왕의 북쪽은 다라이大來 산맥으로 싼먼현과 접하고 있다. 동쪽은 바이옌白岩 산맥인데, 산간의 물줄기가 바다로 나가는 길을 막고 있다. 산간에서 발원하는 세 계류인 산황천, 리좡천, 파훙천이 여기서 합류하여 면적이 그리 크지 않은 하구분지가 충적되었다. 이는 위아래로는 최대 3킬로미터, 좌우로는 최대 2킬로미터 크기이다. 합류한 계류는 동쪽 바다로 나아가지 못해 남쪽으로 틀었다가 다시 서남쪽으로 향하면서 120리華裏(현재는 통상 500미터를 지칭)를 지나 링장으로 흘러든다. 일반적으로 서에서 동으로 흐르는 것과 달리 이 계류가 동에서 서로 흐르기 때문에 '120리의 역류'로 불렸다.[20] 링왕 자연촌, 즉 링왕왕은

19) 何奏簧編纂, 丁伋點校, 『民國臨海縣志』, 中國文史出版社, 2006, 9쪽.
20) 李爾昌主編, 『歷史文化名村: 嶺王』, 中國文史出版社, 2014, 1쪽.

바로 이 작은 분지에 위치하며 세 개의 지류가 촌에서 합류한다.

입지 개념에서 링왕을 살펴보면, 산간의 작은 분지라는 위치로 독특한 지리적 입지 조건을 가지게 된다는 점을 알 수 있다. 『중화민국 린하이현 지방지』에 기재된 고대 역로의 여정에 따라 계산하면, 린하이 현성縣城에서 동쪽으로 링왕이 소재한 캉구까지 정확히 60리가 된다. 캉구에서 계속 동쪽으로 가서 바다에 이르기까지가 다시 60리이다. 동남쪽으로는 하이먼, 즉 현재의 자오장까지 60리이다. 북쪽으로 다라이 산맥을 넘어 쌴먼까지 다시 정확히 60리이다. 따라서 두 개의 고대 역로의 교차점이 바로 링왕이었다. 한 길은 북쪽으로는 닝보, 남쪽으로는 자오장에 다다랐고, 다른 한 길은 동쪽으로는 바다에 이르고, 서쪽으로는 우주婺州에 닿아 물고기, 소금, 목재를 이송하기에 편리했다. 앞서 봤듯이 역사적으로 저장성 동쪽 지역은 산이 많은 지형이라서 강과 바다의 선박 운송을 활용하지 않고는 역로·관도·상업로와 같은 육상 교통을 선택할 수밖에 없었다. 여기에서 링왕의 입지 우위가 분명히 드러난다.

현재의 링왕촌은 여전히 이러한 자연지리적 입지에 속한다. 먼저 농업용지의 주요 유형이 논이며, 주로 세 계류의 부채꼴 퇴적평야洪積扇平原에 분포하고, 하천의 물로 관개한다. 또한 산의 지형에 따라 층층이 여러 겹의 계단식 밭을 개간한 곳도 적지 않다.

다음으로 세 계류가 여전히 전체 촌락의 생활용수와 관개용수의 원천이다. 특히 신중국 성립 이후의 수리 건설로 인하여 링왕촌은 수자원을 더욱 합리적으로 이용하고 통제할 수 있게 되었다.

마지막으로 현재 린하이 시내에서 링왕촌까지 이르는 길은 대부분은 고대의 동서 방향 상업로를 따라 확대되었으며, 도로의 거리도 여전히 약 30킬로미터이다. 린하이 시내에서 동북쪽으로 다롄진大田

鎭, 둥청진을 지나 펀쉐이링 터널과 청치呈岐 터널을 통과하면 링왕촌에 다다를 수 있다. 링왕촌을 지나 북쪽으로 가면, 싼먼현의 현급縣級 도로가 나오며 이는 기본적으로 고대의 남북 방향 역로를 따라 확장되었다.

(2) 링왕의 산수와 풍수

링왕촌 자체로 시선을 돌려보면, 촌의 전체적인 모양이 자연지리적인 산세와 물길을 따라 형성되었고 거주 환경 또한 자연지리적 공간과 어울려 있다. 마을을 둘러싼 산맥, 끊임없이 이어진 물길, 고풍스러운 촌락이 함께 자연 산수의 형세와 인문 취락을 유기적으로 융합하고 있다. 이러한 융합은 한 종족이 주거지를 선택하는 원칙과 이를 확대하는 방법, 궁극적으로는 한 종족이 한 곳에 모여서 사는 종족의 이상형을 드러낸다. 특히 링왕촌을 포함하여 과거 촌락의 인문적 공간의 배치는 필연적으로 '풍수 관념과 유가 윤리의 공간적 체현'이라고 할 수 있다.

왕씨 가문의 사람들이 보기에 링왕 왕씨가 근대에 인문 분야에서 융성을 이룬 것에는 링왕촌의 풍수가 크게 작용했다. 현재 링왕촌에서 진행 중인 촌락규획, 역사문화 발굴, 관광업 개발 계획 등에는 모두 '아홉 용이 춤추는 비취와 세 물길이 겹치는 황금九龍舞翠 三水夾金'이라는 풍수의 논리가 맞닿아 있다. '아홉 용'은 동·남·북 세 방향에서 링왕을 둘러싼 산이 링왕에 뻗어 있다는 것이다. 캉구 분지의 산맥에서 아홉 개의 봉우리를 볼 수 있는데, 북쪽에서 남쪽으로 열거하면 마오터우산貓頭山, 다샤양산大下洋山, 파홍산發紅山, 첸산前山, 구두이산, 허우산後山, 수위안산, 촨베이산船背山, 뎬허우산殿後山

이다.[21] '세 물길'은 앞서 언급한 세 계류이다. 서에서 동으로 흐르는 산황천, 서북에서 동남으로 흐르는 리좡천, 북에서 남으로 흐르는 파훙천이다. 리좡천과 산황천이 먼저 합류하고 나서 산황천과 링왕 왕씨의 옛 사당 앞에서 합류하여 세 계류가 캉구천이 되는 것이다. '세 물길이 겹치는 황금'의 의미는 추측컨대 세 계류가 합류하는 모양이 흡사 화살 같아서, 높은 데서 보면 과거 전서체의 '금金'자와 비슷하기 때문일 것이다.

그림 2.5 링왕촌의 풍수
'아홉 용이 춤추는 비취와 세 물길이 겹치는 황금九龍舞翠 三水夾金'

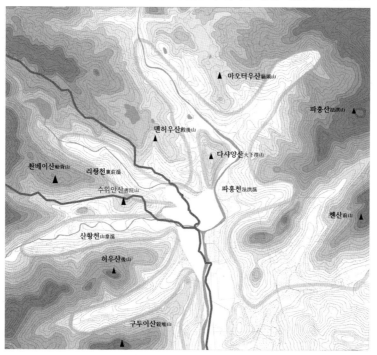

21) 李爾昌主編, 『歷史文化名村: 嶺王』, 中國文史出版社, 2014, 303쪽.

우리는 이러한 논리가 왕씨 가문 사람들에게 대대로 이어지며 점차 변화하고 재구성되었을 것이라고 여긴다.

링왕의 인문 공간의 배치는 또한 생존의 지혜가 체현된 것으로 볼 수 있는데, 산천에서 최대한 이익을 취하면서 다른 한편으로는 자연적 지리와 기후로 초래되는 재해를 피하고자 했다. 먼저 아홉 산이 둘러싼 분지는 세 개의 계류에서 충적되어 형성된 비옥한 토지를 가지고 있었고, 이 계류를 통해 관개가 가능했기 때문에 산간 지역에서는 얻기 힘든 양질의 농지 자원이었다. 이는 종족의 번성을 위한 기본적인 물질을 보장해주었다. 다음으로 링왕에는 여름철 빈번한 태풍과 가뭄의 위험이 있었다. 바다로부터 거리가 가까웠지만, 주변에 높이 솟은 산맥이 있어서 태풍의 직접적인 영향을 받지 않을 수 있었고 세 개의 계류가 여름철 생활용수와 관개용수를 보장해 주었다. 또한 현지조사에서 발견한 것인데, 링왕의 모든 길은 부근의 산기슭과 연결되어 있다. 노인들의 기억에 따르면, 과거에는 길이 모두 처마로 연결되어 비가 와도 우산이 필요 없었다. 산기슭과 연결된 길은 왕씨의 선조들이 산골짜기의 바람으로 공기를 통하게 하여 여름의 무더위를 경감시키기고 전염병의 발생을 방지하려는 것이었다. 길 위의 처마는 봄·여름·가을에 비가 많은 링왕의 기후를 고려한 실용적 대책이었다. 또한 처마가 연결되어서 한 곳의 화재가 마을 전체로 번지는 상황을 막기 위해 모든 민가에 방화용 박공벽山墙이나 마두장馬頭墙(지붕 양 측면에 더 높이 올린 담장)을 설치하는 등 여러 방비가 되어 있었다.

〈그림 2.6〉은 현재 링왕촌 민가의 배치도이다. 짙은 색이 옛 민가이다.

그림 2.6 현재 링왕촌 민가의 배치도

3 촌락 안의 국가

링왕 왕씨 종족 취락의 초창기부터 '경독을 통한 가문 계승'이라는 사회구조가 점점 확립되었다. 사실상 경독을 통한 가문 계승은 농경, 유학 공부, 그리고 종족 간의 상호작용을 통해, 안정화된 사회구조뿐만 아니라 명·청 제국의 영향력이 이 마을에 확장되는 과정이라고 볼 수 있다. 구체적으로 말하자면, (1) 링왕촌의 초창기 시조들은 농경, 유학 공부, 종족 세 가지 요소를 유기적으로 결합시켜 '경독을 통한 가문 계승' 모델을 개창하는 데 있어서 가장 직접적인 공헌자였다. 이들은 종족을 지속시키고 종족 간의 경쟁에서 생존의 공간을 획득하여 공고화시켰다. (2) 대역사 속에서 보면, 이러한 '경독을 통한 가문 계승' 모델은 명·청 제국 시기 정치·경제·사회문화 각 영역의 보수화 경향과 내권화 경향에 적합했다. 다음에서 우리는 촌락 초창기의 몇 가지 사례를 통해 '경독을 통한 가문 계승' 구조가 형성되는 과정에서 제국의 영향력이 마을에 어떻게 확장되는지를 보여주고, '경독을 통한 가문 계승' 개념을 설명할 것이다.

(1) 사례 1: '호적 말소' 사건

개조 왕하오가 링왕으로 이주한 직후, 왕씨 사람들의 호적은 아직 기존 부의 도읍 호적에서 민가 호적民籍으로 변경되지 않아서 토지를 합법적으로 얻을 수 없었다. 따라서 장남파의 2대 왕웨이량이 모든 왕씨 사람의 호적을 군인 호적이나 소금 생산 호적으로 바꾸었다.[22] 이를 통해 토지를 배분받았는데, 본래는 그 대가로 관부官府를 위해 병역을 하거나 소금을 만드는 요역을 해야 했다. 그러나 집안

사정이 나쁘지 않았던 왕씨 가문은 다른 사람이 대신 복무하도록 할 수 있었다. 또한 토지의 획득으로 수익을 더 늘리게 되었다.

이러한 방식으로 왕씨는 토지를 확보했지만, 그 전제는 관부가 실제 호적 조사를 하지 않는다는 것이었다. 왕웨이량 이후에도 원나라, 팡궈전方國珍 반란 등을 거치면서 관부가 조사할 여력이 없었기 때문에 별 문제가 되지 않았다. 그러나 명나라 초기에 접어들어 이러한 방식으로 토지를 획득했던 왕씨 집안은 커다란 위기를 맞았다. 이 시기는 모두 새로 정비를 해야 했던 시기로서 양곡 징수가 매우 어려웠다. 많은 양장과 양관糧官들은 관부처럼 매우 가혹하게 일을 처리했다. 당시 양장의 직위를 상속했던 왕웨이량의 장남 왕퉁王童은 가혹하게 일을 처리하지 않아 양곡 납부가 많이 지체되었다. 나중에 왕퉁은 처벌을 받아 타향으로 쫓겨나 객사하였다. 객사 이후 시신을 호적 소재지로 이송하는 과정에서 호적 조사를 다시 받아야 했다. 이로 인해 왕씨 사람들이 가짜 군인 호적과 소금 생산 호적으로 토지를 몰래 분배 받은 사실이 관부에게 들통이 났다. 결국 왕퉁의 죽음으로 왕씨 장남파 사람들이 모두 연루되었다.

당시는 명 초기여서 권위를 세워야 했던 때였고 황제 또한 일벌백계로 부자들을 누르려고 했다. 따라서 왕퉁의 다섯 살에 불과한 어린 아들까지 포함하여 모든 왕씨 장남파의 사람들이 실제 군인 호적과 소금 생산 호적으로 변경되어 하이먼 요새와 해변의 염전에 가서 부역을 해야 했다. 다만 왕퉁의 둘째 동생인 왕저는 관직에 있어서 이를 피할 수 있었다. 호적이 말소된 이후 왕저가 필사적으로 구명을 했지만, 관부는 왕퉁의 어린 아들만 풀어줬을 뿐 모든 가족의 호

---

22) 何奏簧編纂, 丁伋點校, 『民國臨海縣志』, 中國文史出版社, 2006, 187-191쪽.

적은 변경된 채로 남았다. 몇 세대 이후에 군인 호적을 가진 사람들은 모든 가족이 방어 지역으로 이동해야 했으며, 소금 생산 호적을 가진 이들은 모두 먼 해변으로 가야만 했다. 따라서 지금 링왕에 남아 있는 장남파는 거의 모두 왕저의 후손들이다.

(2) 사례 2: 과부 천샤오누陳小奴를 둘러싼 성씨 간 갈등

왕저의 종손 중에서 왕런지王忍齋란 사람이 있었다. 왕런지는 촌의 이웃인 궈씨 집안의 한 감생監生(국자감의 학생)과 같이 부의 향교府學에서 공부를 했다. 둘은 모두 과거시험을 통과하지 못하였다. 그러나 집안이 좋았던 궈씨는 공물을 바쳐 감생의 자격을 얻었다. 이로 인해 둘은 사이가 나빠졌다. 그러나 궈씨 감생은 왕런지와 사이가 좋은 척 하면서 항상 그를 초대해 술을 마시곤 했다. 어느 날 둘이 술을 마실 때, 마침 관부의 차사差使 하나가 촌에 왔다. 궈씨 감생이 왕런지를 유도하려고 이렇게 말했다.

"런지 형, 당신의 호가 런지(가루가 되어도 참는다로 해석 가능)이니 혹시 정말로 관부에서 파견한 저 개새끼가 박살을 내 가루로 만들어도 여전히 참겠군요. 당신 집안이 군역도 하고 유배도 하고 이런 개새끼 때문에 해를 입었다고 당신이 말하지 않았나요!"

왕런지는 본래 성미가 급하여 이 말을 듣자마자 흉악한 관리를 쳐다보고는 갑자기 뛰어올라 술김에 그를 땅에 내리꽂았다. 이 상황을 부추긴 궈씨는 왕런지가 때리다 지쳐 땅에 쓰러지자 자기도 차사에게 발길질을 더하다가 숨이 끊어진 걸 보고서야 멈췄다. 그러나 왕런지는 이를 알지도 못하다가 술이 깨고 나서야 자신이 사람을 때려 죽였다는 걸 알게 되었다. 왕런지는 책임감이 강한 사람이라서 즉각

자수를 했고 이후 관부의 판결로 참수되었다. 그러나 부유한 집안 출신의 궈씨 감생은 아무런 처벌도 받지 않았다.

궈씨 감생은 갈수록 방자해졌다. 왕런지의 조카인 왕싼거우王三苟가 산에 가서 나무를 하다가 호랑이에게 잡혀 동굴로 끌려갔다. 부인인 천샤오누가 이걸 보고서 끌어당겨 겨우겨우 싼거우를 다시 데려왔지만, 이미 죽어버리고 말았다. 궈씨 감생은 이 일을 알고 천샤오누에게 흑심을 품었다. 그녀의 미모를 보고 첩으로 삼으려고 한 것이다. 천샤오누는 응하는 것처럼 가장하고는 담을 넘어 밖으로 도망쳐서 장옌탄薑岩潭이란 연못으로 달려가 물에 뛰어 자살했다. 궈씨 감생은 죄악이 드러날까 두려워 관부에 이 일을 알리지 않았다. 마을 안에서 결탁을 하여 열녀의 행실을 숨기고 위에 알리지 못하게 한 것이다.

한편 왕런지의 아들인 왕류王鏐는 자신의 부친처럼 향시鄕試를 통과하지 못했지만, 현의 향교縣學 출신으로 고향에 은거하면서 훈장 노릇을 했다. 나중에 현직 타이저우부 부윤府尹의 아들을 가르치게 되어 부윤의 신뢰를 얻었다. 부친과 형수의 복수를 하려던 차에 이 기회를 빌어 부윤에게 두 사건을 고했다. 부윤은 즉각 사람을 보내 궈씨 감생을 조사하도록 했고, 그가 왕런지에게 살인을 부추기고 열녀를 모욕한 두 죄목을 밝혀 하옥하였다.[23]

상술한 두 개의 사례와 개조 왕하오가 링왕으로 이주한 이야기를 보자면, 여러 우연적인 사건이 겹친 결과로 보이지만 이 배후에는 필연적인 복선이 있었다. 남송 말 이후 몇 세대를 거치면서 점차 시

---

23) 『台州王氏宗譜』總卷.

정의 혼탁한 생활에 염증을 느끼고, 정치적 상황에 대해 분노와 불만을 갖게 된 왕씨 사람들은 결국 향촌으로 가기로 결정하였다. 그러나 이주는 일정한 위험을 감수해야만 했다. 기존 시정의 생활에서는 몇 대에 걸쳐 벼슬하는 사람이 없었을지라도, 풍부한 유산과 이전 왕조에서 얻은 명성에 기대고 도시의 각종 상업활동에 의존하여 먹고 살 만하게 지낼 수 있었다. 그러나 일단 향촌으로 이주하자 문제가 발생했다. 생계를 토지에 의존해야만 했던 것이다.

토지의 수량은 일정한 공간 내에서 유한할 수밖에 없다. 더욱이 링왕과 같은 작은 분지에서 생산량이 가장 높은 경작지는 계류가 충적시킨 분지에 집중되어 면적이 수백 무畝에 지나지 않았다. 이런 곳은 다른 종족과의 쟁탈전에 직면해야만 했다. 또한 후손들이 증가하면서 본래도 많지 않던 토지가 계속 나뉘어져 빠르게 토지가 부족해졌다. 이로 인해 어떻게 합법적으로 후손들을 위해 충분한 면적의 토지를 얻을 것인가가 선조들이 고려해야 하는 중요한 문제가 되었다.

따라서 우리는 사실 왕웨이량은 이 문제를 해결할 방법을 찾고자 했던 것이라고 본다. 그의 방법은 모든 가족들을 민가 호적보다 한 단계 낮은 호적으로 변경하여 대량의 토지에 대한 합법적인 소유를 획득하고, 요역을 대리시키는 방법으로 호적의 등급 문제를 회피하는 것이었다. 그러나 명이 건국되어 일벌백계가 진행되는 상황에서 계속 숨거나 피할 수가 없었다. 결국 가족들의 호적이 실제로 군인 호적과 소금 생산 호적으로 변경되었고, 관부의 요구로 부역도 해야 했다. 이 일로 인해 상당수의 종족 사람들이 부득이하게 군대를 따라 외부로 이전하거나 해변으로 옮겨야만 했다.

링왕 왕씨는 가족이 흩어져서 흔적을 찾을 수도 없게 되는 대가를 치렀지만, 명 초기의 일벌백계 제도는 호적제도를 통해 링왕 분지에서 왕씨의 소유권을 완전히 확립시켰다. 이에 따라 왕씨는 이후의 생존 경쟁에서 경제적 기초를 확보하게 되었으며, 씨앗만 있다면 땅에 심어 뿌리를 내리고 싹을 틔울 수 있게 됨으로써 계속 살아갈 수 있다는 희망을 갖게 되었다. 현재 우리는 당시 토지분배에 대한 자료를 얻을 수는 없지만, 기본적으로 이 시기의 링왕이 자경농을 주체로 하는 토지제도를 확립했다고 추측할 수 있다.

이와 동시에 왕저와 왕류는 링왕 왕씨의 발전에 새로운 가능성을 제공하였다. 왕저의 발탁은 우연한 사건이었지만, 그의 출세는 독서를 통해 관리가 되는 것이 사회적 지위 상승의 유력한 수단임을 보여주었다. 또한 명성을 얻은 이후에 왕저는 많든 적든 종족의 사람들을 도왔다. 이로 인해 그의 직계인 왕옌원王彦溫, 왕런지, 왕류 또한 농사를 지으면서도 손에서 책을 놓지 않았고, 갈수록 개선되는 과거제도를 통해 출세를 실현할 수 있기를 희망했다. 왕류는 과거에 합격하지 못했지만, 독서를 통해 지방정치에 참여할 기회를 얻을 수 있었다. 그리하여 자기 종족과 다른 종족이 경쟁할 때 자기 종족의 이익을 더 많이 쟁취할 수 있었다.

요컨대 독서는 벼슬을 하든 말든 종족을 생존 경쟁에서 유리하게 만들어 준다. 토지에 기초한 농경이 종족을 위한 물질적, 경제적인 생존 조건을 제공한다면, 유가 경전에 기초한 독서는 종족을 위해 일정한 범위 내에서 정치와 명성의 우위를 제공한다. 또한 이러한 우위는 역으로 종족의 물질적, 경제적 생존 조건에 대한 경쟁(토지 경쟁에서 제일 잘 나타난다)에서 확고한 입지를 제공한다. 더 나아가 물질적, 경제적 우위는 종족, 촌락의 문화·교육을 융성시켜 독서인을 더욱 더 증가시킬 수 있다. '경'과 '독'은 종족이 모여 사는 링왕 왕씨들이 부단히 발전시킨 두 가지 기본조건이었다. 또한 경·독의 결합은 링왕의 전통 촌락사회 구조를 명·청 제국의 체제 하에서 점차 정형화시켰다. 이는 우리가 오늘날 '향토사회'라고 논하는 거대한 개념과 관련하여 역사적이고 구체적이며 특화된 운영 방식을 창출하였다.

우리는 이제 여기서 '경독을 통한 가문 계승'이라는 개념을 정식으로 제시한다. 이는 링왕촌처럼 (1) 종족이 모여 거주하며, (2) 벼농사 농업을 주요한 생계로 삼고, (3) 인간과 토지의 모순이 역사적 변화 속에서 부단히 격화되는 전통 촌락 유형의 사회구조와 연결되어 있다. 이 개념은 이후의 이야기와 분석에서 계속 등장할 것이다.

제3장 토지, 농경 그리고 향토성
土地、農耕與鄉土性

1 토지 이야기

전통적 농경 생계모델 하에서 인구 증가에 따라 링왕촌의 인구와 토지 간 모순이 점점 격화되어 토지를 둘러싼 모순과 충돌이 벌어졌다. 이러한 링왕촌 토지 이야기는 사실상 중국 토지제도 변천의 축소판으로 볼 수 있다. 마을 사람들과 이야기하는 과정에서 사람들은 토지를 둘러싼 갈등을 언급하기 싫어하거나 일부러 회피하곤 했다. 이에 우리는 파편화된 자료의 수집과 재구성을 통해 토지 이야기를 최대한 복원해 보았다.

(1) 향신鄕紳과 토지

링왕촌 토지 이야기는 원元 말엽 링왕촌이 생겨난 시기로 거슬러 올라가야 한다. 그러나 당시 토지제도를 보여주는 역사적 증거, 예를 들어 토지 계약서나 매매 문서 등이 없어서 그때의 상황을 정확히 엿볼 수가 없다. 따라서 링왕촌 토지 이야기의 발단을 링왕촌 왕씨 종족의 족보인 『타이저우 왕씨 족보台州王氏譜志』에 나오는 토지 기록에서 찾아보려 한다.

현존하는『타이저우 왕씨 족보』는 1990년대 초반에 편찬되었는데, 당시 마을의 한 노인이 보관하고 있었던 청나라 광서光緖 33년(1907)에 편찬된 광서판 왕씨 족보에 따라 편찬된 것이다.1) 따라서 현존 족보 중 적어도 청나라 중후반부터는 왕씨 조상에 대한 기록이 상대적으로 정확하고 상세하다고 볼 수 있다.

족보에서는 청나라 건륭乾隆 시대부터 광서 시대까지 왕씨 조상들이 '재산을 잘 관리하였다善理財', '넓은 땅과 많은 집을 구입하였다廣置田業', '개인이 소유한 땅의 수익으로 학교를 개설하였다以私田辦學' 등등의 내용이 누차 언급된다. 족보에서 이러한 투자를 한 왕씨 조상의 전기를 비롯한 여러 기록을 보면, 이들은 모두 이른바 향신鄕紳의 신분을 가지고 있었다. 이들 향신들은 자신의 집안에서뿐 아니라 전체 왕씨 종족에서 중추적 역할을 하였다. 이 역할을 할 수 있는 조건은 이들 향신이 경제, 문화, 교육 측면에서 보유한 위상과 그리고 이를 통해 지역 향토사회에서 얻는 인정이었다. 그중 한 향신과 토지 간의 상호작용 사례를 통해 링왕촌의 토지 이야기를 시작해 보자.

이야기의 주인공은 타이저우 왕씨의 중요한 지파 중 하나인 링왕 왕씨 차남파嶺王王氏老二房에 속한 왕정신王正心이다. 왕정신은 타이저우 왕씨의 제24대이고 옹정雍正(1723~1735) 시대에 태어나 가경嘉慶(1796~1819) 시대까지 살았다. 족보에 기록된 그의 명名은 원창文昌이며 자字는 루중如忠이다. 그중에서 '루如'자는 항렬을 표시한다. 그러나 당시 사람들은 항상 '정신 선생正心先生'이라는 호號로 그를 불렀다. 부친은 왕싱더王性德이고 숙부 중 한 명이 왕후이더王徽德이다. 왕후이더는 청나라 시대에 링왕 왕씨 중 처음으로 벼슬을 했던

---

1) 족보 편찬 관련 내용은 제4장 참조.

왕스팡王世芳의 족보에 기재된 이름이다. 즉 왕싱더는 왕스팡의 세 번째 동생이었으며, 왕스팡은 왕정신의 당숙이 되는 것이다.[2]

왕정신은 왕싱더의 세 번째 아들이다. 왕정신이 출생한 후 얼마 안 지나 부친이 세상을 떠나, 그의 어린 시절에 영향을 준 것은 숙부들이었다. 그 영향으로 왕정신은 청소년 시절부터 숙부 왕스팡처럼 유학 경전을 공부하고 과거시험을 통해 벼슬하는 길을 가기로 결심하였다. 이를 위해 그는 린하이로 가서 이미 퇴직한 왕스팡과 동백선생東白先生이라는 교사의 지도를 받으며 유학 경전을 공부하였다. 그러나 나중에 왕스팡은 황제의 명령을 받아 린하이를 떠나고 동백선생도 외지로 유학을 가버렸다. 왕정신은 다른 이의 지도를 받지 않았고 집안에 생계문제도 생겨서 학업을 포기하고 고향에 돌아가 자작농이 되었다. 결국 고향 링왕촌으로 돌아간 왕정신은 가족을 돌보며 농업 활동에 온 힘을 쏟아, 지역사회에서 가장 부유한 부자가 되었다.[3]

여기까지는 학문을 포기하고 농업에 종사하게 된 한 향신이 어떻게 부자가 되었는지에 대한 이야기이다. 왕정신의 전기는 또한 그가 부자가 된 이후 어떻게 근검절약으로 가계를 유지하고 지역사회에서 겸손하게 행동하며 고향 사람에게 보답을 하였는지를 기록하고 있다.

> 선생(왕정신)은 본인 스스로 검약을 실천하고 검소한 생활을 창도하였다. 또한 담백하며 겸손하고 자만하지 않았다. 더구나 선행과 의로운 일을 즐겨 하고 기부를 자주 하였다. 12석石의 땅을 따로 구입하여 그 수확을 학교 설립에 이용함으로써 후대 교육에 노력하였다. 흉년이 들면 가난한 사람을 도와주고 쌀값을 낮춰 판매하고

---

2) 저자 미상, 「正心公傳」, 王家康 等 編, 『台州王氏譜志』.
3) 앞의 글

채무를 탕감하였다. 종족 중 많이 가난하여 장례식조차 못 하는 사람을 구제하고 관까지 사 주었다.[4]

전기로 보면 유교 윤리와 경전의 영향을 받았던 한 향신이 고향에서 유학을 창도하고 빈곤한 사람을 구제한 이야기만을 보게 된다. 이 이야기는 또한 하나의 전형적인 경독을 통한 가문 계승의 스토리로서, 이 속에서는 하나의 종족이 집단적으로 거주하는 향토사회의 특유한 온정이 흘러넘치고 있다溫情脈脈. 그러나 온정이 흘러넘치는 이면에 향신 지주와 일반 자작농 간 토지점유의 불균형이 엄연히 존재했다는 사실은 이런 스토리에서 부각되지 않는다. 사실상 고대 정권은 향촌에 대한 효과적 관리 능력이 부족하여, 유교적 교육을 받은 향신에게 관리 책임을 위탁할 수밖에 없었다. 이로 인해 향신은 향촌의 실제적인 공공서비스 제공자가 되어 농민과 정부 사이의 교량과 중추가 되었다. 이러한 일을 맡는 대가로 향신은 더 많은 토지를 점유하고 경제적 우위를 갖게 되었다. 게다가 이들은 원래 문화와 교육적 우위를 갖고 있고 지역사회에서 명성도 쉽게 얻을 수 있기 때문에 사실상 일반 농민을 완전히 능가한 지역사회 집단이었다.

그러나 왕정신의 전기에 기록된 흘러넘치는 온정이 존재할 수 있는 결정적 기반은 바로 유교 윤리와 종족 관념이 이들 향신에게 가하는 도덕적 제약이다. 도덕적 제약은 자작농과 향신 지주의 합리적 행동의 범위를 규정한다. 즉 어떻게 행동하면 인仁이나 의義로 인정될 수 있는지, 어떻게 행동하면 근검으로 인정될 수 있으며, 종족과 낯익은 사람으로 형성된 사회熟人社會에서 어떻게 행동하면 효제孝悌와 선린善隣으로 인정될 수 있는지에 대한 규범들이다. 이러한 행

---

4) 앞의 글

동의 범주를 잘 지켜 자작농의 본보기가 되는 것이 바로 향신 지주로서의 필요조건이다. 반면 '돈벌이를 위해 무슨 짓이든 다 할 수 있다', '일은 하지 않고 놀고먹기만 한다', '품행이 단정하지 않고 가족과 사이가 안 좋다' 등의 행위는 자작농이 땅을 잃거나 지주가 집안을 망치게 되는 원인으로 간주되어 주변 사람들의 멸시를 받게 된다. 족보 기록과 링왕춘의 민간설화에서 이와 관련된 다양한 행위에 대한 이야기를 찾아 볼 수 있다. 왕정신의 둘째 아들인 왕톈줴王天爵의 전기는 부정적인 사례를 보여준다.

왕톈줴는 종족, 이웃사람과 친하고 비난을 받은 적이 없는 사람이었다. 그의 조카인 진위안金元은 두 집안의 생계를 유지해야 했기에 톈줴는 그의 가난함을 동정해서 땅과 집을 주고 혼례도 대신 치러 주었다. 그러나 진위안이 결혼한 뒤 나태해져 땅과 집을 잃고 부인도 떠나 다시 톈줴의 집에 가서 기식을 하였다. 톈줴는 진위안을 죽을 때까지 먹여 주었다. 한번은 진위안이 톈줴의 재화를 몰래 훔쳐 다른 사람에게 고발되었다. 톈줴는 몰래 훔치는 것도 내 앞에서 가져가는 것과 똑같다고 얘기하였는데, 화내는 표정이 하나도 없고 비난하는 말도 없었다. 융린用霖이라는 다른 조카도 있었는데, 그의 부친과 조부가 모두 문인 출신이고 본인도 공부를 잘 하고 지역에서 같이 과거시험을 공부하는 이들 중 뛰어났다. 그러나 그는 도박에 빠지고 결국 추위와 굶주림에 처하게 되어 톈줴의 집에 찾아 갔다. 톈줴는 그를 목욕시키고 먹이고 가르치고 공부까지 시켰다. 또한 융린 모친의 생계가 어렵다는 걸 알고 음식과 일용품을 제공해 줬지만, 며칠 안 지나 융린은 또 도박하러 도망쳤다가 다시 빈털터리로 숙부 집에 찾아갔다. 톈줴는 지난번과 똑같이 그를 대접하였다. 이런 일이 예닐곱 차례 반복되다가 마침내 융린은 완전히 행방불명되었다. 융린의 모친이 죽을 때까지 톈줴는 필요한 것을 제공해 주면서 소홀한 적이 한 번도 없었다.[5)]

이 이야기는 전통 유교 윤리가 행위에 가하는 규범적 제약을 극명하게 표현하고 있다. 왕톈췌가 구제불능의 두 조카를 누차 구제한 이야기를 통해 한편으로 왕톈췌의 행위를 긍정하며 다른 한편으로 두 조카의 행위를 극단적으로 부정하였다. 이러한 두 극단의 사례를 통해 유학적 교화는 더 쉽게 받아들여지고 지주와 일반 농가 간 토지 점유의 격차도 합리화되었다.

더 장기적인 시각으로 보면 향신이라는 신분은 대대로 승계할 수 없었던 반면, 양지가 음지로 되고 음지가 양지로 되듯 자작농과 지주 신분이 서로 바뀌곤 하였다. 따라서 촌락의 권력 구조는 불변이 아니었으나, 유교적 도덕의 명의로 흘러넘치는 온정만은 바뀌지 않았다. 향신들은 유교적 도덕과 윤리에 따라 종족과 촌락의 후대에게 유학 교육의 기회를 제공해 주어야 하였고, 이러한 교육을 통해 신분의 유동성이 유지될 수 있었다.

요컨대 향신을 중추로 형성된 전통적 토지제도는 '온정이 흘러넘치는' 유교적 도덕으로 뒤덮여 상당히 강한 안정성을 가지고 있었다. 이는 심지어 하나의 초안정超穩定 구조라고 할 수도 있다. 그러나 이러한 안정성을 뒷받침하는 것은 생산성이 낮은 전통 농업생산이었다. 따라서 전체 촌락사회는 내부의 안정성을 유지하기는 쉬워도 외부의 위협에 저항하기 어려웠다. 관료와 귀족을 중심으로 한 토지 겸병, 극심한 자연재해와 전란, 토비와 도적 등이 이러한 위협에 속했다. 그러나 일단 외부의 위협이 지나가면 향신을 중추로 하는 토지제도가 다시 재건되어 온정이 계속 흘러넘칠 수 있었다.

그러나 청나라 말엽부터 시작된 커다란 사회변혁의 소용돌이 속

---

5) 王家康等 編, 『台州王氏譜志』卷三.

에서 이처럼 도덕으로 유지된 안정성과 촌락의 온정은 현대적 요소의 도입에 따라 점점 무너져갔다. 마을 노인들의 기억과 문헌 기록을 통해 청나라 말엽부터 중화민국 시기까지 링왕촌의 토지제도 변화를 살펴보자.

(2) 부재지주

링왕촌의 노인들과 이야기하며 지주가 화제로 나오자 노인들은 중요한 정보를 제공해 주었다.

우리 아버지 세대의 얘기에 따르면 청나라 후반 때 우리 링왕촌 지주들의 출신을 따져보니 일부 왕씨 사람 중 외지에서 장사한 사람과 벼슬한 사람을 제외하면, 많은 지주들은 싼먼, 린하이의 거상들이고 심지어 닝보의 상인도 있었대. 링왕촌의 모든 경지가 거의 다 이들 거상의 손에 있었고, 왕씨 사람들이 장악한 토지는 이들 거상보다 더 적었다네. 우리 왕씨 사람들은 돈이 있어도 여기 땅을 사지 않고, 주변의 마을에서 땅을 구하는 경우가 많았다는 거야. 싼먼과 닝하이에 가서 땅을 산 사람도 있었고 말야.

나중에 민국 시기 링왕 왕씨에서 고위 관료와 장군이 나왔지만 이들 중 고향에 돌아가서 땅을 되찾은 사람은 없더라고. 이들은 진보적인 사상을 가지고 있었거나 링왕촌을 떠난 후 아예 귀향하지 않았어. 어쨌든 이들은 땅을 되찾을 생각이 없었던 것 같아. 예를 들면 왕룬王綸이 돌아가시기 직전(1930년대 중반)에 한 번 고향에 방문한 적이 있는데 그때 자기 집에 있는 모든 토지 매매 계약서를 태워버렸을 뿐만 아니라 사촌 형들의 집에 가서까지 계약서를 태우려고 시도해서 집에 계신 노인들이 당연히 그를 막았지. 그런데 왕룬은 이런 물건들이 장래에는 소용없고 차라리 태우는 게 더 좋다고 노인들에게 얘기 했어. 당시 집안 노인들이 다 이해를 못 했지만 토지개혁 시기에 가서야 그가 잘했다는 게 드러났지. 토지계약 문서가 없으면 지주로 분류될 증거가 없으니까. 그래서 어떤 사람은 왕룬이 그때부터 이미 장래에 공산당 천하가 될 거란 걸 알았던 것 같다고 추측했어.

사실상 링왕촌에 거주하는 사람들은 청나라 후반이나 민국 초반에 거의 다 지주의 땅에서 소작하고 있었어. 우리 세대는 다 알고 있는 사실이야.[6]

우리는 '개앙문開秧門(모내기의 시작이라는 의미)'이라는 농업 생산 관행[7]을 조사하면서 이처럼 지주가 링왕촌에 거주하지 않는 상황을 파악하였다. 제보에 의하면 지주가 촌에 거주하지 않는 경우, 지주는 '마름做頭'와 '곁마름二建'이라는 인물을 통해 농사의 진행 절차를 안배하고 소작농을 관리하였다고 한다. 마름과 곁마름은 농사에 가장 능숙하고 촌민들 사이에서 명성이 높으며 지주의 신뢰도 받아야 한다.

이러한 마을사람들의 이야기는 페이샤오퉁이 강촌江村에 대한 연구에서 언급한 '부재지주'라는 토지제도와 연관된다. 강촌의 부재지주제를 현대식 법률 용어로 해석하려면 먼저 농지의 소유권과 사용권이 분리되어야 한다. 즉 농지 소유권과 사용권의 분리가 부재지주 출현의 전제조건이며, 이 전제 위에서 지주는 소유권만 갖고 소작인이 사용권을 갖는다. 일반적 지주-소작 관계와 달리 부재지주는 농기구나 경작을 돕는 소와 같은 생산수단을 제공하지 않고 소작인이

---

6) 촌민과의 인터뷰에서 정리함.
7) 개앙문의 관행은 본장 제2절 참조.

스스로 이를 구입해야 한다. 지주와 소작인 간의 계약 관계를 보면, 소작인은 원래 자경농이었으나 모종의 원인으로 그 농지를 지주에게 팔고 지주가 다시 그 농지를 판 사람에게 빌려 주어, 기존의 자경농이 소작농이 된 것이다. 만약 지주가 자금 부족 때문에 이 농지를 다른 지주에게 팔더라도 이 거래는 소작인에게 직접적 영향을 미치지 않아, 기존의 소작인이 여전히 같은 농지를 경작할 수 있다.

그러나 이러한 계약관계를 다른 측면에 보면, 지주가 소유한 농지를 소작인이 빌려 경작하면 지주에게 지대地租를 낼 의무가 생긴다. 소작인이 내는 지대로 지주는 정부가 규정한 세금을 납부하고 남은 부분을 자신의 소득으로 갖게 된다. 따라서 소작인이 지주에게 내는 지대는 정부가 규정한 세금보다 더 높고, 소작인의 농업 소득에서 지대가 차지하는 비율이 자작농이 정부에게 납부하는 세금의 비율보다 더 높다. 이러한 상황에서 만약 흉작이나 전란이 발생하면 소작인은 자신과 가족이 삼아남기 위해 지주에게 지대 감면을 요구하거나 납부를 거부할 것이다. 계약에 따르면 이러한 행위에 대해 지주는 소작인의 소작 자격을 박탈할 수 있다. 즉 기존의 소작인을 쫓아내고 새로운 소작인을 찾아서 소작시키는 것인데, 이렇게 하면 중요한 문제가 생길 수 있다.

소작인을 쫓아내는 것의 실질적 어려움은 기존의 소작인을 대체할 수 있는 사람을 쉽게 찾을 수 없다는 데 있다. 부재지주는 직접 토지를 경작하지 않는다. 만약 부재지주가 외부의 사람을 불러와서 마을 사람을 배척하면 이 외부 사람들은 마을 공동체의 환대를 받을 수 없을 것이다. 정당한 이유로 지대를 못 낸다고 하면 마을사람들은 같은 마을 출신 사람의 숨통을 조이려고 하지 않을 것이다. 이러한 상황에서는 지주가 나중에 지대를 거둘 수 있다는 희망을 갖고 소작인의 연체를 용납하는 것이 지주 본인의 이익에 일치한다. 이러한 상황은 지주의 위상을 실질적으로 위협하지 않는다. 왜냐하면 나중에 소작인이 지대를 낼 능력이 있다면 지주가 약속된 방법으로 소작인이 미납한 지대를 갚도록 할 것이기 때문이다.[8]

상기한 페이샤오퉁의 기술처럼, 링왕촌과 같이 종족 중심으로 집단 거주하는 향토사회에서 외부 사람을 자기 마을로 갑자기 데려와서 땅을 경작시키는 것은 불가능하다. 소작농들이 지대를 낼 수 있는지와 무관하게 사실상 이들은 대체될 수 없다. 이런 상황에서 링왕촌의 토지는 영원히 링왕 사람들의 토지가 된다. 비록 토지의 소유권은 왕씨에게 장악되지 않을 수도 있지만 '링왕 사람'이라는 자격을 가져야 링왕촌의 땅을 경작할 수 있다. 따라서 링왕촌에서 부재지주제 혹은 소위 영구 소작永佃制의 의미를 갖는 토지제도가 19세기 후반에 이미 출현하였다고 판단해 볼 수 있다.

그러나 링왕촌의 부재지주제와 관련된 1차 자료가 없어서 페이샤오퉁의 분석처럼 링왕촌에서도 고리대를 통해 부재지주제가 확립되었는지를 확인하기 어렵다. 또한 링왕촌의 토지제도에 대한 자료가 많이 파편화되어 있어서 페이샤오퉁이 묘사한 강촌의 부재지주제와 같다고 단언할 수도 없다. 현존 자료로 보자면, 링왕촌의 토지제도는 부재지주제가 도시의 금융·상업자본이 농촌 토지를 장악하는 수단이자 농촌에 대한 투자라는 페이샤오퉁의 지적과 일치하지 않는다. 왜냐하면 링왕촌과 카이쉬안궁촌開弦弓村(강촌의 진짜 이름)의 지리적 입지가 전혀 다르기 때문이다. 당시 링왕촌 인근의 저장 동부 지역이 강촌 인근의 상하이와 같은 국제도시들과 경제적 위상이 같

---

8) 費孝通,『江村經濟』, 上海人民出版社, 2007, 146쪽.

다고 할 수는 없다. 따라서 19세기 말의 링왕촌 부재지주제는 전통 향토사회의 향신 계층에 좌우되었을 가능성이 더 크고, 강촌처럼 도시에 거주하고 향신 계층에서 벗어난 상인과 관료 계층에 좌우되었을 확률은 낮다. 그러나 이때의 향신 계층은 이미 도시와 향촌을 왕래하여 활동 반경도 향촌을 중심으로 활동하던 기존의 향신과 차이가 있었다. 향신 계층의 이러한 변화를 파악하기 위해 다시 족보의 기록으로 돌아와 한 향신의 이야기를 살펴보자.

이 향신의 성명은 왕스저우王師周라고 하고 '쌍계선생雙溪先生'이라는 호로 불리기도 하였다. 족보에 기록된 성명은 행렬자인 런仁자를 갖는 런아이仁愛이고 앞서 나온 왕정신의 직계 후손이었다. 왕스저우는 형제 4명이 있고 형과 첫째, 둘째 동생은 모두 린하이현에서 유학을 공부하였다. 그들 중 형인 왕루성王魯聲이 과거시험에 떨어진 뒤 훈장이 되었고 다른 두 명의 동생은 모두 도중에 유학 공부를 포기하였다. 스저우는 혼자 무예를 배우다가 역시 포기하고 상인이 되었다. 족보에 수록된 왕루성이 쓴 왕스저우의 전기는 그의 경력을 다음과 같이 밝히고 있다.

부친께서 돌아가신 뒤 돈을 하나도 남기지 않으셨지만, 우리 형제 네 명이 지금 가지고 있는 재산을 합하면 고인이 남길 수 있었던 유산보다 훨씬 많다. 이는 모두 왕스저우의 노력 때문이다. 처음에 그는 열네 살 나이에 집안의 재산을 가지고 스푸항石浦港(현재의 닝보시寧波市 상산현象山縣 석포진石浦鎭)에서 장사를 시작했다. 스푸항의 한 거상이 그의 능력을 알아보고 비밀리에 사람을 보내 그에게 전권을 주겠다며 초빙하려고 시도했다. 나는 장사의 원리를 이해하지 못하고 동생들도 어리기 때문에 스푸 거상의 초빙을 거절하라고 했다.[9]

상기한 왕스저우의 창업 이야기는 그가 활약한 청나라 말엽에 새로운 변화가 생겨났음을 보여준다. 앞서 왕정신이 활약하던 시대에 근면절약과 가족의 동원 및 관리를 통해 재화를 축적하고 땅을 확보하여 향신이 되는 방식이 이제 변하였다. 게다가 이러한 변화는 내부적 원인보다는 외부적 원인으로 생겨났다. 더 큰 배경 속에서 보면, 이 시기에 서양 열강들이 이미 함포를 통해 중국 시장을 개방시켜 중국의 상품이 대규모로 자본주의 세계로 수출되었으며, 이로 인해 저장성 동부의 연해 지역에서도 상품경제가 크게 발전하였다. 이러한 배경 속에서 저장성 동부 지역 향촌 출신의 향신들이 왕스저우처럼 농경과 과거시험을 위한 유학 공부라는 장기간 견지해온 가문 유지의 원칙(소위 경독을 통한 가문 계승의 원칙)을 더 이상 따르지 않고 상업을 통한 가족의 재화와 자본의 축적이라는 새로운 목표를 세우게 되었다. 그러나 이 목표는 아직은 전통적 유교 윤리와 종족 관념의 견제를 받고 있었기에, 왕스저우는 형의 권고에 따라 스푸항 거상이 주는 이익을 포기하고 부자가 될 기회를 놓친 것이다.

그렇더라도 왕스저우 형제들은 분명히 아버지 세대보다 성공을 거두었고, 왕스저우는 축적한 자금으로 농업 노동에서 완전히 벗어났다. 이런 사실은 왕스저우의 전기에 기록되어 있다.

> (왕스저우가) 고택 남쪽에 별장을 지었다. 별장이 맑은 계류와 가까워 세속의 때를 씻어낼 수 있다고 하였다. 손님의 방문을 반기고 꼭 좋은 술로 손님을 접대하곤 하였다. 집안일, 가축 기르기, 농사일 등 모든 일은 다른 사람에게 시켰다.[10]

---

9) 王魯聲, 「雙溪先生榮傳」, 王家康等 編, 『台州王氏譜志』.
10) 앞의 글

왕스저우의 이야기에서 그의 조상인 왕정신과 비교하여 가장 중요한 차이점은 재화 축적의 방식에 있다. 왕정신은 농업을 통해 재화를 축적하였지만 왕스저우는 농사가 아닌 장사로 돈을 벌었다. 후자의 방식은 '농업에 대한 상업의 투자'라는 의미를 가지지만 페이샤오퉁이 제시한 강촌의 부재지주와는 다르다. 왕스저우는 링왕촌을 떠나지 않았을 뿐만 아니라 링왕촌에 별장을 지어 과거 은자들의 삶을 즐겼다. 전통적 유교 윤리가 여전히 그의 사고와 행동에 영향을 미치고 있었고, 따라서 링왕촌의 토지제도를 강촌처럼 농촌 토지에 대한 도시자본의 투자라는 형식으로 바꾸지 못하였다. 왕스저우는 유교 윤리의 영향뿐만 아니라 종족의 영향도 여전히 받고 있었다.

> 마을에서 해결하기 어려운 것이 있으면 모두 왕스저우의 주장을 따랐고, 그의 주장을 받아들이지 않는 사람이 없었다. 그는 학당을 설립하고 문화와 교육을 진흥시켜 가난한 집안의 자제들에게 도움을 주었다. 이런 좋은 일을 할 수 있는 기반은 그의 재력으로서, 왕스저우는 그야말로 지역사회의 지도자이자 우리 왕씨 종족의 장성長城이다.[11]

왕스저우에 대한 족보의 이러한 칭송은 그가 조상처럼 향신의 책임을 다하고자 했음을 보여준다. 그러나 왕스저우는 유교 윤리와 종족 관념의 영향을 많았을 뿐만 아니라, 어릴 때 이미 어른처럼 경험이 풍부하고 인간관계를 잘 처리하였다[12]는 점도 주목할 만하다. 사실 그는 마을 바깥의 세계에서 쌓은 경험을 통해 세상에 큰 변화가

---

11) 앞의 글
12) 앞의 글

도래할 것임을 알고 있었다. 그는 스스로를 링왕촌의 마지막 향신 세대로 만들었다.

유신維新(1898년의 무술변법) 국면이 시작된 후 그는 자식과 조카 들을 해외유학 보냈다. 마을에 문창각文昌閣이 있었는데 그는 사촌 동생 푸시福溪와 함께 투자해서 그 건물을 두 채의 학교로 개조하 고자 하였다.13)

왕스저우와 같은 세대는 '마지막 향신'의 책임을 다하는 동시에 서구 신학新學을 배우게 되는 새로운 국면을 열었다. 이는 그 다음 세대인 왕원칭, 왕어王堮, 왕룬, 왕강王綱, 왕짠야오王贊堯 등의 사람 들이 청 조정에 저항하는 혁명의 길로 가는 복선이 되었다. 왕스저 우 본인의 외아들인 왕이자이王儀齋도 1907년에 일본으로 가서 토빈 학교東斌學校에서 예비사관 과정을 공부하였다. 이들은 모두 청나라 말엽과 중화민국 초기 정치·군사적 급변과 혼란에 빠지면서 경독을 통한 가문 계승의 전통에 벗어나게 된다.

왕스저우의 스토리는 링왕촌 부재지주제 형성 초기의 한 단편일 뿐이다. 자료의 부족으로 인해 청나라 후반부터 중화민국 시기까지 의 링왕촌 토지제도 변화과정을 전반적으로 고찰하는 것은 무리이 겠지만, 전체 역사의 관점으로 링왕촌 부재지주제의 발전 추이를 엿 볼 수 있다.

첫째, 근대 상업의 발전과 유교 윤리와 종족 관념의 약화에 따라 토지의 소유권은 향신 계층으로부터 부재지주 계층으로 이전되었다. 점점 많은 토지의 소유권을 마을에 거주하지 않고 마을에서 인간관

---

13) 앞의 글

계가 아예 없는 외부 상인 혹은 관료가 장악하게 되었다. 이들 상인과 관료는 마을에서 인간관계가 없을 뿐 아니라 기존의 향신처럼 향촌 업무의 지도자이자 마을의 공공서비스를 제공하는 주체로서 책임을 지지도 않았다. 이로 인해 기존의 마을에서 '흘러넘치는 온정'도 점점 사라지게 되었고, 부재지주와 소작농 간의 관계는 순수한 지주-소작 관계로 변모되었다. 그러나 농업생산의 불확실성과 위험의 불가피성 등으로 인해 소작농은 상공업처럼 지속적이고 안정적인 수익을 유지하기 어려운 반면, 토지의 투자자인 부재지주는 소작농의 농업 수익 중 일부를 빼서 지대 수익을 획득하는 것을 목적으로 삼고 있었다. 이러한 소작농과 부재지주 간의 갈등은 전통적 인간관계의 영향 속에서 어느 정도 완화될 수는 있지만(예를 들어 소작농은 지주에게 내야 하는 지조를 체납하더라도 지주에게 쉽게 쫓겨나지 않음), 부재지주 배후의 도시상업 자본의 수익 극대화의 경향은 이러한 인간관계의 저항을 와해하고 지주와 소작농의 직접 갈등을 야기한다. 부재지주제의 본격화로 토지의 소유권과 사용권이 분리되어 부재지주(자본)와 소작농이 각자 소유권과 사용권을 갖게 되면서, 사실상 양자가 모두 토지에 속박되었다. 즉 지주는 투자한 토지를 가지고 농업생산을 통해 기대수익을 얻기가 어렵고 위험성도 높아졌고, 소작농도 한 해 동안 고생해서 얻는 소득이 별로 안 남고 지주에게 빚을 지는 경우가 많아져서 양자 간의 갈등이 심해졌다.

둘째, 부재지주제의 영향 하에서 토지의 생산물은 기존처럼 촌락 사회 내에서 자급자족 형식으로 소비되지 않고 도시로 수출되어 근대 도시사회 발전의 원동력 역할을 하였지만, 그 대신 촌민의 소득이나 촌락의 공공재가 더 이상 될 수 없었다. 촌락이 토지 이외의 부업副業, 수공업, 향촌 소공업 등 기타 산업을 통해 가외 소득을 얻지 못하면, 향촌의 장기적 쇠락을 초래할 수밖에 없었다.

셋째, 향촌의 쇠락은 소작농 계층의 저항을 초래하였고, 근현대의 서양 사조와 문화의 유입은 이러한 저항에 새로운 명분을 부여하였다. 가장 빈곤한 농민은 계몽과 혁명의 사조와 결합되어 각양각색의 '주의主義'의 깃발 아래에서 기존의 제도들을 타파하는 역할을 하였다. 기존 제도의 타파 속에서 향신-자작농 구조, 전통 유교 윤리, 종족제도와 관념도 함께 무너져갔다.

여기서 강조할 점이 두 가지 있다. 첫째는 중화민국 시기까지만 해도 부재지주제가 중국 농촌토지 제도의 주류가 아니었다는 점이다. 중국 내륙의 광활한 농촌 지역에서는 전통적 향신 구조가 여전히 작동하고 있었다. 둘째는 부재지주제가 근대화의 산물이긴 하지만, 그것이 향촌을 근현대사회로 진입시키지는 않았다는 점이다. 사실상 부재지주제는 농업생산을 도시자본에 종속시키고 더 나아가 농업을 자본주의 세계시장에 편입되게 만들었다. 따라서 부재지주제는 자본주의 세계 체계의 경제적·정치적 종속물의 역할을 하며, 중국 연해지역 농촌에 광범위하게 존재하였다.

2 농경과 농경문화

(1) 전통적 농경 생계모델

링왕촌의 전통적 농경 생계모델은 벼와 밀이란 두 가지 곡류 작물의 재배를 기초로 하였다. 벼와 밀의 재배는 보통 윤작과 연작의 방식을 섞어서 진행하였다. 첫해에는 이모작 방식으로 올벼早稻와 늦벼晚稻를 심고 늦벼를 수확한 뒤에 바로 겨울밀冬小麥을 파종하였다. 그 다음해 초여름에 겨울밀을 수확한 뒤 다시 늦벼를 심고 수확한 후 셋째 해에는 다시 올벼와 늦벼 연작의 방식으로 반복 진행하였다. 즉, 3년간 '올벼-늦벼-겨울밀-늦벼-올벼-늦벼'의 방식으로 6번 수확을 할 수 있다. 벼와 밀 이외에도 수확량이 많은 곡류 작물인 고구마, 토란, 노란 콩 등을 보조 식량으로 심었고 소규모로 환금 작물 재배와 가금·가축 사육 위주의 부업도 하였다. 이렇게 곡식에 치중된 과거 농경 생계모델이 형성된 원인은 앞의 1장에서 언급한 링왕촌의 자연지리학적 구조와 2장에서 언급한 인구의 팽창과 밀접하게 관련된다.

링왕촌의 자연지리학적 입지는 농지로 개척될 수 있는 토지의 면적을 한정시키는 동시에 농지의 구조와 유형을 한정시켰다. 2014년까지 링왕촌의 총 경작지 면적은 1,033무畝이고 그중에서 평야지대의 논의 면적은 420무(약 28헥타르)에 불과하며 주변의 언덕에서 개간한 계단식 논과 밭의 면적은 각각 270무(약 18헥타르), 343무(약 22.8헥타르)이다. 2014년까지 링왕촌의 총인구가 2,269명이므로 일인당 경작지 면적은 0.45무(약 0.03헥타르)에 불과하다. 사람은 많고 땅이 부족한 문제점이 여전히 심한 것이다.[14] (〈그림 3.1〉 참조)

링왕촌 평야지대에서 개간된 논의 면적과 비교하면 주변 산지와 언덕을 활용하는 계단식 논밭의 면적은 더 크다. 이는 링왕촌 주민들이 인구 증가와 토지 부족 간의 갈등을 해결하기 위해 대대로 '산에게 밭을 요구向山要田'했던 과정을 반영한다. 청나라 초기 이후, 링왕촌 인구의 급증으로 마을 초창기에 평야지대의 논에만 의지했던 벼농사 기반의 생계모델이 더 이상 새로 증가한 인구의 수요를 만족

---

14) 李爾昌主編, 『歷史文化名村: 嶺王』, 中國文史出版社, 2014, 334쪽.

그림 3.1 링왕촌의 경작지 유형별 면적(단위: 무)

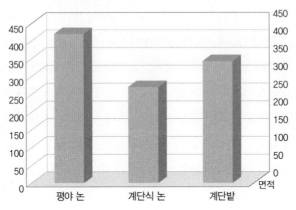

시킬 수 없게 되었다. 따라서 링왕촌의 선조들은 리좡천와 파훙천이라는 두 개의 계류를 따라 양쪽의 언덕에서 계단식 논을 개간해, 더 높은 상류에서 관개수로를 지어 개간한 계단식 논으로 물을 끌어왔다. 현재에도 리좡산裏莊山, 파훙링法洪嶺, 주뤄아오竹箬鼟, 구아오穀鼟 등 산기슭과 산언덕에서 끊임없이 이어지는 계단식 논을 볼 수 있다. 이러한 계단식 논의 개간은 벼농사를 바탕으로 한 생계모델의 지리적 경계를 확장시켰다.

그러나 경사가 가팔라서 지하수 수위의 유지가 어려운 언덕이나 관개수로 건설이 불가능한 언덕은 계단밭으로 개간될 수밖에 없었다. 이러한 계단밭에서는 처음에 밀 등 밭작물을 심었다가 나중에 고구마 등 다수확 작물의 도입으로 다수확 작물을 위주로 재배하게 되었다.

명나라 말기, 청나라 초기에 이르러 몇 가지 다수확 작물이 서양으로부터 도입되었는데, 고구마·옥수수·감자 등의 작물을 이 시기부터 중국에서 심게 되었다. 더 큰 역사적 시각에서 보자면 중국의 인구가 소위 '강희·옹정·건륭 태평성대康乾盛世' 시대에 1억 명에 다다른 것은 이러한 다수확 작물의 도입 그리고 경사가 심한 산과 언덕의 대규모 개간과 일치한다. 특히 링왕촌처럼 산지가 많은 중국 동남부의 경우, 논으로 개간될 수 없었던 가파른 계단밭에서 다수확 작물이 전통 작물을 대체하였다. 그러므로 이 시기부터 다수확 작물의 도입은 산지와 언덕의 계단식 이용과 함께 벼의 연작과 벼-밀 윤작을 기반으로 한 전통적 농경 생계모델의 한계를 효과적으로 보완하였다. 한편으로 전통적 농경 생계모델은 인구의 급격한 증가에도 불구하고 200여 년간 지속적으로 유지되었고, 다른 한편 농경 생계모델의 이러한 변혁은 기존의 벼, 밀 등 곡류의 낮은 생산성이란 구멍을 메꿔 급격한 인구 증가의 전제조건이 되었다. 청나라 초기부터 말엽까지 200여년 동안 링왕촌 인구의 폭발적 증가도 다수확 작물의 도입과 '산에게 밭을 요구'하는 것과 관련이 있는 것이다.

벼-밀-벼 연작의 생산방식이 다수확 작물과 결합되는 근세의 생계모델은 링왕촌이 위치한 작은 분지의 모든 지력이 최대로 발휘되게 만들어 계속 급증하는 인구의 식량 수요를 만족시켰다. 오늘날에도 이러한 생계모델의 잔존된 영향력을 링왕촌의 특징적 음식에서 엿볼 수 있다. 예를 들어 토란면芋頭面이라는 음식의 경우, 밀가루로 만든 국수를 고구마 전분으로 만든 당면豆面(당면의 현지 명칭)과 함께 돼지기름으로 만든 육수에 넣어 끓여 전분 함량이 높은 토란을 추가해서 만든다. 이렇게 전분과 유지가 많은 음식은 농민들이 농사로 소모한 열량을 보충하기에 좋다. 또 링왕촌 일반 가정에서 항상 먹는 떡年糕 볶음은 쌀로 만든 떡 이외에도 토란, 감자채, 당면 등 보조적인 식재료도 많이 넣는다. 촌락의 문화와 풍습이 많은 변화를 겪었더라도 혓속 습관은 상대적으로 유지되곤 한다. 이러한 음식을 통해 그 당시 링왕촌 선조들이 인구가 많은데 땅이 부족한 상황에서 식량부족의 문제를 어떻게 해결했는지를 알 수 있다.

그러나 근세의 농경 생계는 식량부족의 문제를 해결하였지만 노동력을 집약적으로 작은 면적의 땅에 투입하게 만들었다. 그러므로 땅의 생산성에 의해 결정되는 곡식의 생산량에 의해 인구가 제한되는 동시에, 곡식 생산량의 제한으로 인구는 땅에 속박되었다. 이러한 제한은 농민의 한 해의 삶을 토지와 농사에 둘러싸이게 만들었다. 이러한 농경 생계모델을 바탕으로 농사 절기와 관련된 농경 생활모델이 생겨났다.

(2) 농경 생활모델과 농경문화

전통적 농경생활은 농민의 생계에 따라 전개되었다. 농사는 절기에 따라야 하기 때문에 한 해의 특정한 기간이나 시점에 특정한 농사를 지어야 한다. 향토사회에서는 이렇게 해마다 순환하고 반복되는 절기에 따라 시간을 계산하는 체계가 형성되고 특정한 절기와 관련된 의식, 관습과 금기 등 문화적 표징도 생겨난다. 링왕촌의 노인들 인터뷰를 통해 절기를 중심으로 전통적 농경생활과 농경문화를 엿보자.

> '한 해의 계획은 봄으로부터 세워야 한다一年之計在於春'라는 속담이 있잖아. 그래서 춘절春節이 지나면 한 해의 바쁜 농사를 시작해야 하지. 현재에도 우리 링왕에서 음력 2월 2일이 되면 작은 행사를 하는데, 이걸 '종자 파종種子下地'이라고 불러. 사실 이날은 그냥 모든 종자를 땅에 뿌려 한 해의 경작을 시작한다고 하늘의 보우를 비는 날이야. 그래서 볍씨뿐 아니라 채소, 토란, 고구마 등 나중에 그해에 심을 종자들을 모두 땅에 한 차례 뿌려야 해. 과거에는 현재와 다르게 이날은 의례도 치르고 벼농사를 실질적으로 시작하는 날이기도 했어. 왜냐하면 과거에는 현재와 달리 볍씨가 논에서 잠깐

자라야 모가 생겨나고 모내기를 할 수 있었으니까. 그야말로 '모종을 기르는 것'이지. 그래서 과거에는 정말로 음력 2월 초에 한 해의 농사를 시작하는 거였어. 인민공사 시기(1950년대 말~1980년대 초) 기술이 진보되어서 논에서 기르는 모종을 실내의 전용 모종실育秧房에 옮겨 길렀어요. 그래서 모가 봄에 항상 나타나는 갑작스러운 꽃샘추위倒春寒에 죽지 않게 되었지. 지금은 이런 모종실조차 필요 없이 모를 그냥 사서 내면 돼. 그게 현재 모내기 방식이고 예전보다 힘이 많이 안 들지.

사실 과거 '종자 파종'의 행사가 끝난 후에도 아주 바쁘지 않았어. '종자 파종'은 모종 기르기 같은 할 일들을 미리 준비하는 셈이야. 과거에는 평야지대 논에서 두 번 심어야 하고 '식량 중심의 경작以糧爲綱'[15]의 시기에는 심지어 세 번 심으라고 하니까 모종 기르기처럼 수확과 직접 관련된 일은 일찍 잘 해야지. 그리고 고구마 등의 씨도 이때 파종해야 하는데 왜냐하면 춘절이 이미 지나고 남은 식량이 얼마 안 돼서 밥을 먹을 때 '꼼꼼한 계산(精打細算, 남은 식량을 고려하여 작물들의 혼합을 계산)'이 필요하니까, 그래서 고구마나 토란이나 이런 식량은 일찍 파종해야지. 5월이나 6월에 진짜 농번기가 되면 고구마나 토란은 큰 역할을 하게 돼.

벼농사로 치면, 우리 마을 땅은 평지의 땅과 산지의 계단식 논밭 간의 차이가 있어서 경작을 시작하는 시간이 달라. 평지는 음력 3

---

15) 중국 정부가 추진한 '식량 중심의 경작以糧爲綱' 정책에 따라 링왕촌에서 1958년부터 '일년삼숙一年三熟' 농법이 도입되었다. 저장 지역은 아열대 기후로 한 해에 세 번 벼를 수확하기 어렵다. 따라서 실제 일년삼숙 농법은 '겨울밀-중올벼中稻-늦벼'라는 방식으로 행해지다가, 나중에 정부가 지력을 더 엄격하게 이용하라고 지시했기 때문에 '봄철의 다수확 작물-올벼-벼의 이모작連作稻' 농법으로 전환되었다. 이 농법으로 벼의 세 번 수확이 이루어졌다. 李爾昌 主編, 『歷史文化名村: 嶺王』, 中國文史出版社, 2014, 340쪽.

월초부터 청명淸明까지 기간 동안 땅을 갈고 물을 끌어와서 모내기를 준비해. 계단식 논은 더 늦게, 보통 청명 이후부터 해. 평지는 일 년에 두 번 벼를 심고 계단식 논은 보통 한 번만 심어서 더 늦게 하는 법이지. 이런 시간상의 규칙은 평지 땅에 전부 적용하진 않아. 만약 지난해 겨울에 밀을 심었으면 밀 수확까지 기다려야 해. 보통 여름이 되어야 시작할 수 있지.

보통 우리는 청명을 기준으로 한 해의 경작을 시작하는 시점을 삼아. 청명절 때는 쑥 즙과 찹쌀가루를 섞어 만든 '쑥떡艾草靑團'을 먹어야지. 여기서 쑥은 쓴 맛이 있어서 우리는 청명절 이후 남은 달을 '고월苦月'이라고 불러. 그 뜻은 고월이 되면 진정한 농번기가 오고 고생을 많이 겪을 거란 뜻이지.

땅을 갈면 그 다음에는 모내기지. 우리 링왕에서 과거에는 모를 내기 전에 '개앙문開秧門'이라는 의례가 있었어. 지금은 볼 수 없는데 생산대生産隊 시기까지만 해도 있었어. 개앙문은 보통 입하入夏 전에 치러. 모내기를 시작하는 첫날 치르지. 이날은 하늘과 땅에 계신 모든 신령께 제사를 지내고 우리 마을의 가을 풍작을 기원하는 거야.

개앙문은 간단히 말하면 세 개의 큰 그릇에 제물을 담아 밭머리 田頭에 가서 천신과 지신에게 절하고 풍작을 비는 거야. 우리가 오늘부터 본격적으로 농사를 시작하니 모든 신들이 우리 마을을 가호하시길 기원한다는 뜻이지. 이날 전에 땅을 미리 갈고 땅에 물도 채우고 모종도 잘 키워 놓고 그래서 좋은 날짜를 잡아 모내기를 시작하면 돼. 신령에게 드리는 세 그릇의 제물도 일정한 규칙과 의미가 있어. 보통 첫째 그릇에 돼지고기를 담고 둘째는 두부, 셋째는 사탕과 과자를 담아. 두부는 우리 방언에서 '頭富'랑 발음이 같아서 두부를 먹으면 가장 빨리 부자가 될 수 있다는 뜻이야.

노인들에 따르면 과거 개앙문은 큰 행사였대. 과거엔 땅을 부자들이 갖고 있었잖아. 이 사람들이 보통 마을에 거주하지 않고 마을에서 '마름做頭'이라는 사람을 고용해서 부잣집의 모든 재산을 관리하고 농사 진행을 주관하며 모든 소작농을 조율했대. 그래서 이 마름이라는 사람은 인민공사 시기의 생산대장生產隊長의 역할과 비슷하게 땅과 관련된 모든 일, 언제 무엇을 심는지, 언제 풀을 뽑는지, 언제 거두어들이는지를 다 관리한 거야. 추수 후 곡식을 지주집으로 옮길 때까지 모든 일을 이 마름이 담당하는데, 지주집의 문으로 들어간 뒤에는 곡식과 관련된 일체의 일이 그와 상관없어지고 지주가 혼자 처리해. 땅과 관련된 일은 모두 마름이 담당하고, 수확의 처리는 모두 지주가 알아서 하는 거지. 지주집에는 마름이라는 사람을 제외하고 '곁마름二建'이란 사람도 있어. 곁마름은 마름의 보조인데 마름이 눈코 뜰 새 없을 때 마름을 도와주거나 마름의 일을 나눠서 담당해. 곁마름도 수확한 후의 일에 아예 개입하지 못해. 하지만 이들은 농사 이외에도 지주집의 돼지·소·양·닭·오리 등 가축, 가금을 기르기도 하고 술을 담그는 일도 담당해.

개앙문을 하는 날이 되면 마름과 곁마름은 먼저 첫 번째 모를 낼 땅을 택하고 지주 집안의 머슴과 날품팔이들을 모아 그 땅에 데리고 가서 제물을 땅에 펼쳐 두고 지주를 모시고 땅에 가. 그 다음에 지주가 집안 농사꾼들에게 격려하는 말과 풍년을 비는 말을 몇 마디 하고 농사꾼들이 같이 천신, 지신에게 절을 하고 개앙문의 의례를 마무리하지. 지주는 보통 마을에 거주하지 않지만 개앙문처럼 한 해의 가장 큰 행사 때엔 마을에 직접 참가하러 와야 해. 의례가 끝나면 참가자들이 모여 바로 땅 옆에서 잔치도 해. 잔치가 다 끝나면 개앙문 행사가 모두 끝나는 거지.

개앙문 같은 행사를 치르면 거의 음력 4월이 되잖아. 음력 4월 초는 보통 입하 절기야. 과거엔 입하 때 우리 링왕에서 '제하祭夏'라는 제사가 있었어. 제하는 여름을 주관하는 신령에게 올여름에 비바람이 순조롭고 벼가 잘 자라도록 올가을의 풍작을 비는 거야. 제하 때 우리는 '석병통席餅筒'이라는 음식을 먹어. 석병통은 밀가루로 만든 춘권春卷처럼 얇은 전으로 당면, 달걀, 건두부豆腐幹와 수육을 싸서 기름에 튀겨 만든 음식이야. 이때 수육은 거의 기름진 고기로 만들어. 그리고 기름에 튀겨서 한 입 깨물면 기름이 다 입 밖으로 흘러. 이 음식은 일부러 사람을 살찌게 만드는 거야. 왜냐하면 입하 이후 소위 중노동을 해야 하잖아. 논에서 모내기하는 거 말야. 과거에 모내기는 모두 인력으로 모를 하나씩 내고 집안의 모든 식구들을 다 동원해야 했지. 딱 이때 날이 점점 더워지고 기름진 음식을 먹어야 힘든 일을 할 수 있는 셈이야. 어떤 집안은 흑설탕紅糖이나 생강엿薑糖에 계란을 넣어 끓여 먹기도 해. 과거에 계란은 얻기 어려운 음식물이라 계란을 직접 먹는 건 큰 일을 할 거라는 뜻이었어. 계란은 또 우리 생각에는 음陰의 속성을 갖고 있어서 정력 보강滋陰 효과가 있어. 여름의 햇빛 아래서 일할 때 양陽만 많이 맞아서 음이 부족하면 몸에 열이 많아지거나 더위를 쉽게 먹을 수 있는데, 계란을 먹으면 피할 수 있다는 거야. 그래서 우리는 '제하'를 '음하陰夏'라고 부르기도 해.

제하와 동시에 '소의 생일'이라는 행사도 있어. 소의 생일은 음력 4월 8일인데, 보통 입하 날과 가까워서 제하의 행사와 같이 치러. 소의 생일은 또한 '경우절耕牛節'이라고도 해. 왜 소에게 생일을 쇠냐면, 과거에 모두 경우耕牛로 땅을 갈았잖아. 땅을 다 갈고 나서 모를 내면 소들이 고생을 많이 해서 이제 쉬어야 하잖아. 그래서 사람들이 소에게 생일을 축하하거나 경우절이란 명절을 정해서 소에게 잡곡밥을 주고 감사를 표하는 거지. 이런 잡곡밥을 또 '파리밥蒼蠅飯'이라고 불러. 왜 이렇게 부르냐면 이 밥은 흰쌀에 팥, 녹두, 누에콩, 노란 콩 등 콩류를 넣어서 흰색 밥 위에 붉거나 푸른 머리의 파리가 여러 마리 있는 모습과 같아서 이렇게 부르게 되었어. 이 밥을 먹으면 파리를 죽도록 끓여서 먹는다는 뜻이 있어서, 그해 여름에 파리 등 해충이 없기를 기원하는 뜻도 있어.

소의 생일은 집집마다 각자 여는 행사가 아니라 몇 개 가족들이 합쳐서 치러. 과거 링왕엔 소가 결코 많지 않았어. 집집마다 소를 기를 수 없거든. 그래서 일반적으로 몇 개 인근의 농가들이 합쳐서 한 마리의 소를 구입하여 기르거나 친척 집들이 함께 하나의 소를 쓰지. 어쨌든 네 집이 오늘 땅을 갈면 네 집이 소를 쓰고, 우리 집이 내일 땅을 갈려면 내일 우리 집이 소를 쓰는 방식인데, 이런 방식은 '공용共用'이라고 해. 또 어떤 돈 좀 있는 집이 소를 기를 수 있으면 소를 길러서 친척, 이웃에게 빌려 주기도 하는데, 이건 '호조互助'라고 해. 호조는 소뿐 아니라 다른 면에서도 농번기에 늘 있더라고. 예를 들면 모내기할 때 네 집에 손이 모자라면 우리 집의 사람이 네 집에 가서 도와주고, 품삯工錢 이런 건 아예 안 줬고 그냥 그 집에서 밥 먹으면 돼.

제하와 소의 생일이 지나면 올벼의 모를 거의 다 낸 거야. 상반기의 가장 고생 많고 힘든 기간이 다 지난 거지. 이후 3개월이 지나서 음력 6월과 7월 즈음이 되면 올벼 수확기가 되어 늦벼의 모를 내야 해. 이때 우리 링왕에는 올벼 수확과 관련해서 두 가지 농사랑 연결된 행사가 있어. 하나는 소서小暑 전, 장마梅雨가 끝나고 복날이 시작되기 전으로 '보도保稻'라는 행사야. 보도는 올벼의 풍작을 빈다는 뜻인데, 이때 올벼가 이미 익어 수확하기 직전이지. 그래서 우리 마을은 도사道士를 불러와 마을 밖에 도장道場을 설치하고 도장의 가운데 향안香案(향을 올려놓는 상)을 놓아 둬. 향안 위에 돼지 머리·생선·통닭 등 제물을 두는데, 이 제물들이 총 세 개의 머리와 여섯 개의 눈이 있어서 우리는 이들을 '삼두육안三頭六眼'이라고 부르지. 제물들을 향안에 차린 뒤에 도사가 경문을 낭독하며 법사法事를 하고 전체 마을사람들이 도사를 따라 무릎을 꿇고 절을 해. 절을 하면서 자기 집 올벼의 풍작을 위해 기원하기도 해.

다른 하나는 본격적인 올벼 수확기가 되면 각 농가마다 수확 전날 새벽에 해가 돋기 전에 일어나서 자기의 땅에 가서 전두신田頭神(논두렁의 신령)을 모시는 건데, 이건 '보도'와 달라. 보도는 모든 마을이 같이 하는 일인데, 전두신을 모시는 것은 각 집이 나눠서 하는 거야. 전두신을 모시는 것도 올해의 풍작을 빈다는 뜻을 가지고 있지만, 더 중요한 건 올벼 수확 과정의 안녕을 기원하는 거야. 왜냐하면 이때 이미 소서를 지나 복날에 들어서 무더위가 기승하는 중이거든. 그래서 벼베기나 탈곡하는 것이나 곡물을 햇볕 밑에 말리는 것이나 모두 힘든 일이지. 더구나 이런 힘든 일이 끝나자마자 바로 늦벼의 모를 내어야 해. 복날 기간에 자주 날씨가 심하게 가물거나 태풍이 불어서 전두신을 모시는 것은 재해가 없도록 기원하는 셈이지.

이 두 행사 전 음력 6월 6일에는 '개 목욕狗洗澡'이라는 개를 목욕시키는 중요한 행사가 또 있어. 이건 집에 기르는 개나 고양이를 목욕시키는 행사야. 이때는 곧 무더위가 올 시기이고 올벼 수확기가 아직 시작되지 않아서 이 틈을 이용해 집의 대청소와 방역을 해야 해. 그래서 이때에는 집에서 기르는 동물을 목욕시킬 뿐 아니라 쑥잎을 태워 연기로 모기와 다른 해충을 집에서 쫓아내기도 해. 이런 행사는 복날이 시작한 뒤에 전염병의 유행을 막기 위한 거야.

올벼의 수확기가 끝나자마자 평지 논에 늦벼도 심어야 해. 늦벼에게 가장 해를 많이 끼치는 재해는 바로 복날의 가뭄伏旱이야. 늦벼는 보통 음력 7월경 모를 내고 이때는 바로 절기 중에서 대서大暑이지. 대서는 한 해 가운데 가장 무더운 날씨를 대표하는 절기라 흔히 몇십 일 동안 비가 전혀 안 내려. 그래서 과거엔 이때가 되면 우리 마을에서 기우제求雨를 진행해야 했었어. 우리는 이를 '용왕에게서 물을 찾는다向龍王取水'라고 해.

용왕에게서 물을 찾는 방법은 두 가지가 있어. 하나는 물뱀이나 미꾸라지 등 용과 비슷한 동물을 용으로 삼아 병에 담아 넣고 마을 사람이 전부 출동해서 이들을 깊은 산에 있는 용담龍潭으로 들고 가. 마을사람들은 장로를 따라서 계속 징과 북을 치면서 용담까지 가. 용담은 우리 인근 산속에 있는 깊은 연못이야. 용을 담은 병을 들 사람은 반드시 마을에서 가장 잘 생기고 복을 타고난 젊은 남성이어야 해. 용담에 도착하면 병을 열어 용을 물에 풀어놓는데, 이는 '용을 바다로 풀어준다縱龍入海'라는 뜻이야. 이래야 용왕이 우리 마을을 보호해 줄 수 있대.

다른 한 가지 방법은 전체 마을사람들이 모두 이러한 한 병의 '용'을 들고 용왕의 사당龍王廟 혹은 용왕을 모시는 산신당山神廟에 가는 거야. 용왕의 앞에 가서 병에 있는 '용'을 풀어 땅에 놓고 뜨거운 햇볕에 쬐어 말리는데, 이런 방식은 용왕이 비를 내리도록 압박하는 거야. 용왕이 비가 내리게 해주지 않으면 인간과 같은 가뭄의 맛을 용왕에게도 보게 한다는 뜻이지.

보통 이런 일을 하면 며칠 내에 비가 꼭 내려. 그래서 과거 관부가 이런 방식이 영험하다고 생각해서 용왕에게서 물을 찾는 행렬을 길에서 마주치면 행렬에게 양보하기도 했어. 지금은 이런 걸 하지 않아. 우리도 우리 지역에서 복날에 태풍이 많다는 사실을 알게 되었지. 며칠 지나면 반드시 태풍이 올 거고, 태풍이 오면 비도 오잖아. 그래서 '복날의 비는 곡창의 쌀이다伏天的雨就是糧倉的米'라는 말은 틀림없는 자연의 법칙인 거지.

늦벼의 수확기는 보통 음력 9월 9일 중양절重陽節 전후이고 양력으로 치면 보통 10월 상순이나 중순이야. 이때 날씨가 점점 서늘해지고 집집마다 곡창의 곡식도 가득해지고 농사활동도 점점 줄어들지. 그래서 이때 이후의 마을 행사는 거의 농사와 관계가 없어져. 예를 들어 음력 10월 13일 우리 지역은 노야묘老爺廟에서 노야에게 생일 잔치를 열고, 동지冬至에 조상 제사뿐 아니라 겨울신에 대한 제사도 지내서 하늘이 주신 수확에 감사를 드려. 이때에는 집집마다 '첨원甜圓'과 '편식扁食'을 만들어서 먹는데, 바로 탕위안湯圓과 교자餃子야. 탕위안은 단맛이니까 농한기의 분위기와 맞아. 첨원을 먹으면 농사일을 하지 않고 춘절도 곧 올 때이니, 삶도 날로 달콤해질 것 같은 느낌이 들어. 그래서 동지부터 청명까지 이 기간을 '첨월甜月'이라고 불러.

우리는 〈표 3.1〉을 통해 마을사람들이 서술한 농사와 세시풍속의 관계를 정리했다.

표 3.1 링왕촌의 농사와 세시풍속

일시/절기	농사 활동	세시풍속
음력 2월 2일	모종 기르기	종자 파종種子下地
청명절淸明	땅 갈기, 물로 땅을 채우기 등 모내기 전의 준비 작업	쑥떡艾草靑團을 먹는다. 직계 조상의 산소에 가서 제사를 지낸다.
입하入夏 전	모내기 시작	개앙문開秧門
입하入夏 (음력4월 8일)	본격적인 모내기	제하祭夏 소의 생일
음력 6월 6일	올벼 익기 전	개 목욕狗洗澡
소서小暑 전	올벼 수확기 직전	보도保稻
대소大暑 (올벼 수확의 첫째 날 이른 아침)	올벼 수확	전두신田頭神 모심.
대소 이후, 복날의 가뭄이 가장 심한 시기	늦벼 생장기	용왕에게 비를 기원한다.
동지冬至	농한기	조상에 대한 제사와 겨울신에 대한 제사祭冬를 지낸다.

주요 내용	비고
논에 심는 벼의 모종 기르기를 통해 농가들이 한 해 농사의 시작을 축하하고 풍작을 기원한다.	모종 기르기 시작 시간은 농지 유형에 따라 다르다. 현재 기본적으로 종자 파종 행사는 잘 치르지 않는다.
	고월苦月의 시작
과거에는 마름做頭과 곁마름二建이 온 마을의 농가를 인솔해서 논두렁에 제물을 두고 모내기의 순조로움을 기원하고 첫 번째 모를 논에 냈다. 지주가 첫째 모를 낸 뒤에 축사를 하고 마을사람들이 다함께 야외 잔치를 열었다.	이 관습은 생산대 시기까지 이어졌다. 현재에는 사라졌다.
석병통席餅筒, 흑설탕紅糖 계란탕, 생강엿薑糖 계란탕 등을 먹는다. 모내기 등 힘든 농사에 소모한 체력을 보충한다. 소에게 파리밥蒼蠅飯을 만들어 소가 땅을 가느라 고생한 데 감사를 표한다. 동시에 여름에 파리와 모기 등 해충이 없도록 기도한다.	
집을 대청소하고, 개와 고양이 등 집에서 기르는 동물을 목욕시켜 모기, 파리, 거미줄 등을 없애고 전염병을 예방한다.	올벼 수확을 위해 준비 작업을 한다.
도사를 불러와서 경문을 읽는다. 마을 입구에서 제물을 올리고 전체 마을사람들이 함께 신령에게 절을 한다. 이 행사는 올벼의 풍작을 기원하는 것이다.	이미 사라짐.
각 농가가 각자 경작하는 땅에 가서 전두신에게 제사를 지내 올벼 수확 과정의 순리를 기원한다.	이미 사라짐.
용왕에게 비를 내려 달라는 제의	이미 사라짐.
조상과 신령의 비호에 감사하고 단맛의 음식을 먹는다.	단맛은 농한기(첨월甜月)의 시작을 상징한다. 종족 사당이 사라지면서 기존 동지 제사는 전체 마을사람들이 치르는 방식에서 각 농가가 각자 집에서 치르는 방식으로 변했다.

3 경독을 통한 가문 계승과 향토성

앞에서 왕씨 종족 시조들의 링왕촌 개척의 스토리를 서술하며 '경독을 통한 가문 계승耕讀傳家' 개념을 이미 제시한 바 있다. 경독을 통한 가문 계승은 링왕촌의 전통적 사회구조에 대한 묘사이자, 링왕촌과 비슷한 전통 촌락사회의 사회구조적 특징에 대한 개괄이다. 사실상 경독을 통한 가문 계승은 가문 구성원들이 모여 대대로 하나의 지리공간에 정착하고 작물을 심고 벼농사를 주요 생계수단으로 삼아, 인구의 증가와 땅의 부족이라는 모순이 갈수록 격화되는 전통 촌락사회의 구조적 특징이라고 할 수 있다.

'경耕'은 땅을 정교하게 경작하는 벼농사 위주의 농업생계와 대응하며, 전통 촌락사회의 물질적 기초가 된다. 다른 형태의 농업생계가 아닌 벼농사 위주의 농업생계가 형성된 원인은 한편으로 중국 남방의 자연·지리적 환경의 영향과 제한을 받기 때문이고, 다른 한편으로 링왕촌과 비슷한 사람들이 가족을 중심으로 모여서 대대로 정착해온 촌락사회 발전의 역사적 맥락 때문이다.

이러한 촌락 공동체의 대부분은 초창기에 식량에 대한 확보가 가장 중요했다. 식량을 확보해야만 가문의 번영과 흥성이 유지될 수 있다. 따라서 촌락 공동체 초창기 때의 주요 모순은 식량부족이었다. 그러나 가문이 점점 정착되면서 촌락 공동체의 주요 모순은 인구가 증가할수록 땅이 모자라는 것으로 바뀌었다. 그러므로 특정한 지역 내 땅의 면적이 제한된 상황에서 같은 지역 내의 다른 성씨 가문 간 토지 점유의 불균등으로 인해 경쟁과 충돌이 초래된다. 지역사회에서는 이러한 경쟁과 충돌을 세 가지 방법으로 조율한다. 첫째는 경쟁에 대한 제한을 완전히 풀어 주어, 토지소유권을 놓고 자유롭게 경쟁하며 재력이 있는 사람이 땅을 가질 수 있게 하는 방법이고, 둘째는 공권력의 조절에 의존하여 토지소유권을 조율하는 방법이며, 셋째는 향촌 내부의 여론을 통해 도덕적인 압력으로 토지점유의 균형을 유지하는 방법이다. 거시적 역사 시각으로 보자면 명·청 제국은 첫 번째 방법을 배제하고 나머지 두 가지 더 보수적이고 내향적인 방법을 택하면서 명·청 시대 향촌 거버넌스의 기초와 맥락이 마련되었다. 즉, 향촌 거버넌스의 기초는 종족宗族 집단들의 땅에 대한 점유이고, 그 맥락은 종족 집단들이 공권력과 향촌 내부의 담론 권력을 일정한 정도로 장악해야만 토지 점유와 관련된 경쟁에서 우위를 유지할 수 있다는 점이다.

2장에서 언급한 왕류王鏐의 스토리는 공권력에 접근하여 담론 권력을 갖게 되는 비법이 '독서'를 제외하면 없음을 보여준다. 다시 말하자면 유학의 경전書을 공부讀해야만 지역의 여타 종족공동체와의 경쟁에서 우위를 갖게 된다.

'독讀'은 일종의 도덕적 교화의 과정이자 문화 변용의 과정이다. 즉 향토 문화가 유교 문화와 접촉하며 점점 유교 문화 요소가 받아들여지며 향토 문화의 일부로 융합되는 과정이다. 과거엔 공부를 잘하면 벼슬을 할 수 있다는 것은 당연한 일이었지만, 독의 진정한 목적은 벼슬하는 데에 국한되지 않고 가문의 흥성과 발전에 있었다. 따라서 '아침엔 소를 치는 목동이지만, 저물녘에는 천자에게 등용된다朝爲放牛郎 暮登天子堂'라는 말은 유학 공부의 가장 좋은 결과가 벼슬하는 것이라고 제시하는 듯 하지만, 그것은 유학 공부의 전부가 아니다. 유학을 공부해서 과거 시험을 통해 단계적으로 수재秀才, 거인擧人, 진사進士가 되고 최종적으로 관직을 얻는 것은 물론 자신의 종족 공동체에게 실질적인 이익과 높은 명성을 가져다 줄 수 있지만, 이러한 방식을 통해서만 종족에게 기여할 수 있는 것은 아니다. 사실상 관리가 될 수 없더라도 한 독서인이 지역에서 발휘할 수 있는 역할은 중요했다. 독서인은 지역에서 유교를 해석할 수 있는 능력과 자격을 갖춤으로써 지역사회의 도덕적인 여론을 좌지우지할 수 있을 뿐만 아니라 신사 계층의 일원으로 지역사회의 자치에 참여할 수 있다.

그러나, 향촌의 독서인은 농업생계에 종사하는 시간이 일반 농민보다 적기 때문에 독서인의 기본 생계를 유지하는 데에 문제가 생길 수 있다. 이 문제를 해결하기 위해 종족 단위에서 족전族田이란 제도가 설치되어, 족전 수확의 일부로 과거 시험을 통과하지 못하고 자립할 수 없는 독서인이 먹고 살도록 한 것이다. 족전은 전체 종족의 사람들이 교대로 경작하고 그 수확은 제사 등 종족 행사 외엔 대부분 종족 내의 독서인에게 준다. 그러므로 '경'과 '독'간의 상생관계가 매개되고 이 상생관계는 종족 공동체가 대대로 번영과 발전하는 동력이 된다. 이것이 바로 '가문의 계승傳家'의 뜻이다.

링왕촌 노인들의 기억 속에서 링왕 왕씨의 족전은 토지개혁 시기에 이르러서야 비로소 '땅이 없는 빈농貧農, 중하층 농민下中農에게 땅을 분배하라'는 공산당 정책에 의해 없어졌다. 그러나 경을 통해 독을 격려하고, 독을 통해 가문을 빛내는 관습의 맥은 지금까지 흔적이 남아있다. 사실상 링왕촌 사람들이 후손들의 교육을 중시하는 분위기는 명·청 시기부터 근대까지 링왕촌이 저장 동부 지역사회에서 지속적으로 인정을 받고 명망을 지킬 수 있었던 원인이라고 볼 수 있다.

링왕촌은 인재가 많이 나오고, 가문이 계속 번창하며, (사람들이) 시와 글을 잘 쓰고, 민간의 풍속도 아름답다. 그래서 장사꾼들이 모이고 각종 기물, 식재료, 일용품이 모두 여기서 거래되었다. 지역에서 가장 인기가 있고 번영한 곳이라고 할 수 있다.[16]

경독을 통한 가문 계승이라는 향토사회의 운영방식으로 형성된 사회구조는 항상 '초안정超穩定 구조'라고 간주되었지만 명·청 제국시대 말기로부터 근대로 전환하는 역사과정에서 외부적 요소의 압력 때문에 초안정 구조는 동요되고 경독을 통한 가문 계승이라는 모델도 큰 위기에 직면하게 되었다.

---

16) 저자 미상, 「王氏宅居記」, 王家康 等編, 『台州王氏譜志』 總卷.

제4장 향촌 민속의 부흥
復興的鄉俗生活

1 재생산된 향촌의 민속

(1) 왕씨 족보의 수정·재편찬

링왕촌에서 가장 큰 성씨인 왕씨 집안의 족보는 명나라 성화成化 2년(1466) 첫 번째 족보 편찬으로부터 1994년까지 총 아홉 차례의 수정과 재편찬을 거쳤다. 이 아홉 차례의 수정과 재편찬 가운데 여섯 번은 명나라 시기에 했고 특히 이 중 다섯 번은 명나라 가정嘉靖 38년(1559)부터 천계天啓 연간(1621~1627)까지 불과 70년의 짧은 기간 안에 이뤄졌다. 이 여섯 차례의 수정으로 확인된 계보와 전기의 내용은 나중에 청나라 동치同治와 광서光緒 연간 두 차례 재편찬의 원본이 되었다. 1994년의 재편찬 작업은 광서 연간의 목활자 인쇄본에 기초해 재편찬하여 읽기 편하도록 계보와 전기를 합했을 뿐이다. 아쉽게도 1994년 족보 재편찬 작업 완성 이후 기존의 광서 목활자본은 유실되었다. 그러므로 현재까지 남아 있는 판본은 1994년에 재편찬된 『타이저우 왕씨 족보台州王氏譜志』밖에 없다. 현재 이 판본의 「총권總卷」, 「링왕 장남파 중 안쪽·바깥쪽 분파의 분권嶺王大房裏外四分卷」, 「링왕 장남파 중 대청 분파의 분권嶺王大房廳西三分卷」, 「링왕 차남·삼남 분파의 분권嶺王二三房派卷」이라는 4권은 링왕촌에 보관되어 있고 나머지 10권은 왕씨 자손들이 집중적으로 거주하는 타이저우의 촌락에 보관되어 있다.

중국 동남부의 집성촌들은 보통 5세대를 경과하면 수정 혹은 재편찬 작업을 실시하곤 하되, 종족 구성원 숫자의 변동 정도에 따라 수정이나 재편찬 중 하나를 선택했다. 그런데 왕씨 족보 수정과 재편찬의 시간 간격은 이러한 규율에 따르지 않았다. 우리는 1994년판 족보에 수록된 여러 판본의 족보 서언譜序을 찾아 검토하고, 〈표 4.1〉에서 족보 수정·재편찬의 배경을 분석하였다.

족보 수정·재편찬의 시간 간격에 대해 우리는 1994년 족보 재편찬 작업을 주도한 왕자캉王家康 선생으로부터 많은 설명을 들었다.

> 원래 우리 조상은 후손들에게 3년마다 족보를 수정하라는 규정을 내리셨는데, 그걸 실제로 어떻게 지킬 수 있겠나? 이 시간 간격을 그대로 준수하긴 어렵지. 예컨대 우리의 지난 번 수정은 그 전의 수정과 80년의 간격이 있고, 지난 번 수정은 지금과도 20년 정도의 간격이 있지. 우리 왕씨는 명나라 때 족보의 수정과 재편찬을 꾸준히 했었는데, 20년, 15년 심지어 몇 년에 한 번씩 수정을 한 적도 있어. 실은 전체 타이저우 지역의 우리 왕씨 인구수가 대략 만 명 정도 증가하면 한 번 수정을 해야 해. 이 인구수는 우리 링왕촌의 인구만 따지는 것이 아니라 타이저우 지역에서 우리와 관계가 있는 사람들을 다 족보로 추가해야 하고.[1]

앞의 왕 선생이 언급한 규정은 물론 원칙적인 규정일 뿐이다. 이런 원칙은 왕씨 족보의 수정·재편찬 시간 간격이 그렇게 불규칙적

---

1) 족보 편찬자에 대한 인터뷰 기록.

표 4.1 왕씨 족보 수정 및 재편찬의 시기와 배경

	수정·재편찬 시기	특징, 배경과 비고
명	성화成化 2년 (1466)	족보 제목은 『태임링왕왕씨족보台臨嶺王王氏族譜』, 편자 미상. 최초 왕씨 조상의 이야기를 서술한 자는 왕씨가 링왕촌에 정착한 후의 제 3대 후손인 왕앙王昻(1368~1402)이라고 전해짐. 따라서 최초의 족보 편찬도 왕앙의 서술에 근거하였다고 추정할 수 있음. 그러나 이 판본의 서언에서 링왕 왕씨 시조인 왕하오王皞가 아들 여섯 명을 낳았다는 기록은 분명히 그 후의 어느 판본과도 일치하지 않기 때문에 이 판본에 대해 의심이 제기됨.
	가정嘉靖 38년 (1559)	기존의 족보가 병란兵亂에 유실되어 나중에 고증을 통해 재편찬하였음.
	만력萬曆 원년 (1573)	기존 가정판 족보에 대한 수정임. 기존의 가정판 족보를 편찬할 때 서두르느라 지파의 계보와 전기가 포함되지 않았기 때문에 이번 수정 때 추가했음.
	만력萬曆 25년 (1597)	기존 만력 원년판에 대한 수정임. 수정 작업의 주도자가 천陳씨 집안의 도움 덕분에 『성원姓源』이라는 문서에서 타이저우 왕씨가 진양晉陽으로부터 후베이湖北의 샹양襄陽을 거쳐 타이저우까지 이주하였다는 기록을 찾았기 때문에 이 기록을 족보에 추가시켰음. 또한 25년 동안 증가한 인구와 타이저우 지역의 같은 진양 왕씨로 인정된 사람들을 추가하였음.[2]
	만력萬曆 35년 (1607)	화재 때문에 기존 족보의 전기 부분이 유실되어 계보도世系系譜圖만 남았음. 따라서 족보 재편찬의 주도자인 왕쥔춰王君綷가 사직하고 고향으로 돌아온 후에 계보도를 참고하여 동향의 문인文人인 정허링鄭鶴齡과 함께 족보 전기를 다시 고증하여 재편찬 작업을 실시하였음.
	천계天啓 연간 (1621~1627)	수정 원인 미상.
청	동치同治 8~9년 (1869~1870)	족보 재편찬의 주도자인 왕즈싼王植三에 따르면, 기존의 왕씨 족보는 강희康熙 갑인년甲寅(1647) 삼번의 난三藩之難 때 유실되었음. 족보의 총권은 왕스팡王世芳의 노력에 의해 보존되기는 했지만 표지와 권수·권미가 모두 유실되어 재편찬할 수밖에 없게 되었음. 또한 주변의 타이저우 왕씨 사람들이 같은 종족의 조상을 모르고 자기 가정의 조상에게만 제사를 지내는 현상까지 나타나, 최초에 왕즈싼의 삼촌인 왕줘안王倬庵이 재편찬 작업을 주도했다가 왕즈싼이 이어받아 보존된 총권을 기초로 각 지파의 계보를 다시 편찬하였음.
	광서光緒 33년 (1907)	원인 미상.

으로 변동한 것을 설명해주지 못한다. 그러나 상술한 수정·재편찬의 구체적 원인과 왕 선생이 언급한 원칙적 규정을 결합하여 역사적 시각 속에서 보면 몇 가지 단서를 찾을 수 있다.

첫 번째 단서는, 족보 수정·재편찬의 시간 간격이 짧은 시기는 대체로 저장 동부 지역이 상대적으로 평화롭고 안정된 시기였다는 점이다. 역으로 시간 간격이 긴 시기는 전쟁이 일어나고 사회가 덜 안정적인 시기였다. 예컨대 명나라 성화成化 2년(1466) 이전에 저장 동부 지역은 홍무洪武, 영락永樂 연간에 이어진 발전을 거쳐 사회가 잘 운영되고 있었다. 더구나 이 시기에 링왕 왕씨 중 고위급 관료와 학자가 나왔기 때문에, 족보 편찬을 통해 국가의 태평을 찬양하는 동시에 가문을 빛내려는 목적이 있었다.

그러나 좋은 때는 오래 가지 않아, 링왕 왕씨 첫 번째 족보 재편찬 직후의 다음 해인 명나라 성화 3년(1467)에 이웃나라 일본이 전국戰國 시대에 들어서면서 명나라와의 우호통상 관계가 깨졌다. 일본 각지에 할거한 다이묘들이 무력을 통해 해상무역을 독점하려 하거나 해적질을 했다. 이로 인해 왜구가 극성을 부렸고, 또 그 이전의 정통正統 4년(1439)에 왜구가 이미 타오주桃渚(링왕촌 동쪽 30km에 위치한 타이저우의 해양 방어 요새)를 침공한 바가 있어 지척에 있는 링왕촌으로서는 일종의 '머리 위의 칼'이었다.

이러한 열악한 국면은 가정嘉靖 34년(1555)에 명나라가 척계광戚繼光을 임용하여 원앙진법鴛鴦陣을 통해 왜구와 대항했을 때 비로소 역전되기 시작했다. 링왕 왕씨 두 번째 족보 편찬 시기, 즉 가정 38년(1559), 척계광의 군대는 닝보寧波, 타이저우, 원저우溫州 등 지역을

---

2) 이러한 관행은 '인조귀종認祖歸宗'이라고 불림.

왕복하며 왜구를 진압하였다. 이로 인해 상륙한 왜구 수가 점점 줄고 사회가 안정화하였다. 그러나 전란이 끝나지 않은 상황에서 링왕 왕씨의 계보에서 지파를 확인하기 어려웠다. 가정 40년(1561)에 이르러 척계광 군대와 왜군이 타이저우에서 몇 차례 큰 전투를 벌였고 특히 린하이와 셴쥐仙居의 접경지대인 상펑링上峰嶺과 바이쉐이양白水洋에서 매복전을 통해 왜군을 전멸하여 저장성 내의 왜구가 거의 진압되었다. 그 후 만력萬曆(1573~1620)과 천계天啓(1621~1627) 시기에 링왕 왕씨 족보는 4차례의 수정·재편찬을 거쳤다. 이 4차례의 수정·재편찬의 직접적 목적을 보면, 가정제 시기 편찬된 족보에 대한 보충 및 유실된 부분에 대한 보완이 목적이라고 족보 서언에 명기되어 있다. 이런 면에서도 왜란 이후 저장 동부 지역의 사회경제적 회복이 반영되었다는 사실을 확인할 수 있다.

청나라 군대가 만주에서 관내로 진입한 후, 저장 동부 지역은 남명南明 조정 등 청나라를 반대하는 세력과 청나라 조정 간의 군사충돌 및 그 세력들의 내부 반란에 오래 시달렸다. 이런 배경 하에 한족 유림과 만주족 조정 간의 긴장이 지속되었다. 대大역사의 관점에서 보자면 이러한 긴장관계는 '백방은 사건白榜銀案'과 '두 향교의 수업 거부 사건兩庠罷學案'3)이라는 두 사건에 반영되었고, 링왕촌의 소小

---

3) '상庠'은 유학 학교이다. '양상兩庠'은 타이저우부와 린하이현에 속한 두 유학 향교를 뜻한다. 이 두 사건은 청나라 순치順治 18년, 즉 1661년에 발생하였다. 당시 타이저우부 지사知府인 궈웨수이郭曰燧는 린하이 향교 생원生員 자오치팡趙齊芳이 납부한 백방은白榜銀(백지에 공고하여 이름 붙여진 세금의 명칭)이 요구한 총액보다 3량이 부족하다는 이유로 그를 산 채로 때려 죽였다. 실제로 부족한 3량의 은은 탐관에게 빼앗긴 것이라 자오 생원은 억울하게 죽은 것이었다. 이 사건이 이른바 '백방은 사건'이었다. 이 사건 발생 후, 타이저우부 향교와 린하이현 향교, 즉 '양상'의 사림과 생원들이 그를 때려죽인 것이

역사의 층위로 보면 링왕 왕씨 중 왕징롼王景鸞이라는 사람이 명나라 멸망 후 자살하여 명나라에 충성을 표현한 것으로 반영되었다.

명나라 말엽부터 청나라 초엽까지 저장 동부 지역사회 내부에서는 미묘한 긴장 속에 관·민 관계가 유지되다가 강희제(1662~1722 재위) 초기에야 안정되었다. 그러나 몇 년 안 지나 삼번의 난三藩之亂이 발발하여 삼번 중 푸젠성을 다스린 정남왕靖南王의 군대가 저장성에 진군하면서 큰 혼란을 야기하였고 링왕촌도 이 혼란 속에 있었다. 다행히 왕스팡王世芳이 마을사람들을 모집하여 링왕촌 외곽에 돌벽을 짓고 동산에 포대砲臺를 설치하여 링왕촌을 요새화시켰다. 이렇게 해서 링왕촌이 안정되었다. 그 이후에는 큰 전쟁이 없었지만, 타이완 정씨鄭氏 정권(정성공 세력)의 청나라에 대한 저항과 백련교白蓮敎 반란 등에서 저장 동부지역 또한 전장이 되었다. 청나라 말엽에 이르러 산지가 많은 타이저우 지역에 현지인의 방언으로 록콕(lok-kok)綠殼[4]이라는 토비 혹은 산적이 갑자기 많아졌다. 심지어 현

선비를 욕보인 것이라고 여겨 불만을 품게 되었고, 불만이 점점 쌓여 결국은 집단 수업 거부가 발생하였다. 궈 지사는 "생원들이 바다로 접근해 역모를 꾸며 예측하기 어렵다.諸生近海 謀且叵測"(청나라에 대항하여 푸젠성과 타이완에서 활동하던 징씨 정권 등과 결탁했을 수 있다는 의미)는 이유로 일부 생원들을 유형에 처하고 군역에 내몰았다. 이것이 '두 향교의 수업 거부 사건'이었다. 이 두 사건으로 인해 타이저우 사림과 청 조정 간의 극한 불신이 초래되었다. 이후 백 년 동안 린하이는 진사進士조차 배출하지 못했다. 丁伋著, 『堆沙集』, 中國社會科學出版社, 2007, 108쪽.

4) 혹자의 고증에 따르면, '록콕'이라는 말이 나타난 시기는 대략 1850년 즈음이라고 한다. 제1차 아편전쟁 시기(1840~1842)에 임칙서林則徐가 광둥에서 모집한 수군水師이 전쟁이 끝난 이후 해산되면서 일부가 타이저우 인근 해상의 섬으로 도망하여 도적이 되었다. 이 군인들은 임칙서가 구입하여 개조했던 서구식 배를 타고 타이저우 연안 지역의 촌락을 약탈하곤 하였다. 타이저우 연안의

지인들은 '타이저우의 인구 절반은 록콕'이라고 농담을 하기도 했다.

이러한 배경에서 족보의 편찬은 어려워졌다. 동치同治·광서光緖 연간(1862~1908)에 이르러서야 태평천국의 실패와 한족 단련團練(한족 신사들을 중심으로 조직된 지방의 자위 무장세력) 군대의 등장으로 지방의 치안이 상대적으로 안정되었다. 그리하여 링왕 왕씨는 비교적 짧은 시간 내에 두 차례의 족보 수정을 했다. 그 이후 중국 사회가 계속 불안과 혼란 속에 있었기 때문에 1990년대에 사회적·정치적 환경이 안정된 이후에야 링왕 왕씨는 1980년대에 등장한 종족부흥宗族複興의 기회를 타고 족보를 재편찬하였다.

두 번째 단서는, 긴 시간 간격을 거친 재편찬이 사회의 구조적 조정에 기반하여 진행되었다는 점이다. 따라서 족보의 재편찬은 사회의 구조적 조정 과정에서 고난을 겪은 사람들을 종족의 깃발 아래 단결시켜 종족의 구심력을 발휘하려는 목적이 있었다. 이에 반해 상대적으로 짧은 시간 안에 몇 차례 재편찬을 한 것은 모두 봉건제국이 붕괴하기 직전의 거대한 역사적 전환점, 즉 명나라의 만력, 청나라의 동치·광서 시대에 발생했다. 대역사의 시각에서 보면, 이들 시대는 모두 봉건제국이 새로 등장한 사회·경제 속에서 지속적으로 유교 체제를 유지할지 아니면 새로운 체제로 전환할지를 선택해야 하는 기로에 직면한 시대였다. 결국 명나라든 청나라든 봉건왕조들은 모두 전자를 선택한 이후 제국의 붕괴와 멸망의 길을 가게 되었다. 소역사의 시각으로 보면, 이러한 시기에 링왕 왕씨의 빈번한 족

주민들은 이들의 배의 겉이 서구식 선박처럼 초록색이어서 이들을 녹각綠殼, 즉 '초록색 외각의 배를 탄 도적'이라고 불렀다. 이 명칭은 타이저우 지역에서 점점 도적이나 강도의 통칭이 되었다. 丁伋著, 『堆沙集』, 中國社會科學出版社, 2007, 168쪽.

보 재편찬은 종족세력과 종족적 정서가 사회경제적 배경의 전환기에 대두했음을 보여 준다. 소역사에 나타난 종족에 대한 강조는 대역사에서 봉건왕조들이 택한 길에 상응한다. 조정이나 민간은 모두 새로 등장한 사회경제적 요소를 적으로 간주하고 있었다. 이러한 맥락은 링왕 왕씨의 광서판 족보에 잘 표현되어 있다.

나의 일생은 다른 잘 하는 건 없지만 종족의 화합이라는 의義에 있어서 유독 조심스러웠고 태만하지 않았다고 할 수 있다. 실은 우리 왕씨 종족이 짐승과 구별되는 것은 오직 강상綱常(삼강오륜을 뜻함)이란 두 글자에 있다. 더구나 내가 노쇠한 여생에 이러한 우승열패의 공리公理가 갈수록 선명해지는 경쟁세계를 보게 된다. 그들 오랑캐外夷는 짐승犬羊과 같아서 족속族屬이라는 주의主義도 없고 성명姓名이라는 관계도 없으면서 연합하고 상하가 한마음으로 뭉치고 승냥이와 이리의 악독한 수단을 자의적으로 사용하며 우리 중국인의 고혈膏血을 씹어먹고 우리 영토를 침략하고 우리 변경을 탈취하면서도 자기 스스로 문명의 나라라 자인하고 우리를 야만이라고 경멸한다. 아, 이는 우리가 종족주의宗族主義를 따르지 않아서 갈수록 약해지고 점점 병약한 지경에 도달했더라도 스스로 모르는 것이다.

종족이란 것은 천연적인 사회이다. 사회는 사람으로 결합되는 것인데 종족은 하늘의 질서로 결합되는 것이다. 만약에 한 집에서 부친이 자식들을 격려할 수 있고 형이 동생을 불러 모을 수 있다면 그 집은 하나의 마음과 의지를 가질 수 있다. 이로써 관계를 한 집으로부터 오복五服(상복을 같이 입어야 하는 혈연 관계)까지 확산시키고 오복으로부터 구족九族까지 확산시키면 이러한 같은 조상, 같은 성씨를 공유하는 사람들이 서로 뭉치고 돕고 공리와 공익을 위해서 싸우지 않는 것이 없는 법이다. 과연 그렇게 된다면 몸이 팔을 움직이듯이, 팔이 손가락을 움직이듯이 천만 명의 왕씨의 사람들이 한 사람 같을 것이다. 그렇게 된다면 어찌 가난하고 약할 수 있겠는가?

오늘날부터 대저 우리 왕씨 자손이면, 각자가 각자의 종족주의를 보존해서 갈수록 문명개화하고 경쟁하는 세계에서 스스로 자기를 살려야 한다. 타 민족의 사회주의5)란 것을 할 수 없이 받아들여 오히려 우리에게 야만을 더하게 해서는 안 된다. 이러한 요구를 잘 지킬 수 있다면 이 족보도 영광이 있을 것으로 여겨진다.6)

이러한 링왕 왕씨의 장로長老가 1907년에 큰소리로 외친 목소리는 그때 청나라의 소위 신정新政과 같은 당시 사회의 보수적 경향을 보여 준다. 하지만 몇 년 뒤 이러한 보수적 목소리는 신해혁명의 총포 소리에 밀렸고, 보수적 경향의 만청晚淸 정부는 링왕 왕씨 출신자가 포함된 혁명군의 총검으로 뒤집혔다. 비록 혁명 이후 위안스카이袁世凱가 중국사회를 또 다른 봉건왕조로 끌어가려 시도했지만 결국 링왕 왕씨 출신들을 포함한 혁명가들은 중국이라는 방대하면서도 노쇠한 제국을 현대화의 길로 밀어가게 되었다. 이 길은 백년 이후의 오늘날까지 계속되고 있다.

백년이 지나 우리는 새로운 기로에 서 있다. 기로 한 쪽의 도로 표지판에는 '서구적 현대화'라고 쓰여 있지만, 그동안의 역사적 교훈은 이 길 역시 함정이 많다는 사실을 보여준다. 다른 한 쪽의 도로 표지판에는 '다원적 현대화'라고 쓰여 있다. 이 길은 어디로 향하는지 알수도 없고 이 길을 간 적이 있는 사람조차 없다. 그러나 이 길은 어쩌

---

5) 여기서 사회주의는 오늘날의 사회주의를 말하는 것이 아니라, 당시 중국에 유입된 서구 사회학의 개념에서 전통사회(공동사회: Gemeinshaft)에 대비되는 현대사회(이익사회: Gesellshaft)와 이 현대성이 기반하는 사회구조를 의미한다.
6) 王懷寶, 「原跋」, 『台州王氏譜志』 總卷. 저자인 왕화이바오王懷寶는 광서 33년(1907년)판 족보 편찬의 주도자 중 한 명이었다.

면 역사가 유구하고 다원적인 중국사회에 가장 적합할지도 모른다. 다원적 현대화는 전통에 뿌리를 박고 전통을 재구성해내는 방식이다. 1990년대 링왕 왕씨 족보의 재편찬을 한 사례로 들 수 있다.

1980년대 후반과 1990년대 초반에 주변 마을들이 다 족보를 편찬하고 있었어. 전국 다른 지역에서도 족보를 다시 편찬하는 열풍이 한참 불었지. 이런 건 우리도 알고 있었지만 …… (행동으로 옮기진 않았는데) 나중에 인근의 캉구康谷 궈郭씨, 탄터우坦頭 뤼呂씨 가문들이 족보를 다시 편찬했다는 소식이 우리에게 큰 자극을 줬어. 이 가문들이 항상 우리 왕씨 집안에 시집을 오곤 했는데 우리 왕씨가 아직 족보가 없으면 말이 안 되지. 그래서 어떤 사람이 나에게 "네가 고문古文 기초가 탄탄하다니 네가 해 보면 어때?"라고 얘기했어. 나는 당시에 좀 곤란하다고 생각했는데, 하나는 돈이 없고, 다른 하나는 주도할 수 있는 사람이 없어서였어. 전통적으로 족보를 고치거나 다시 만들면 반드시 '수사首事'란 사람이 있어야 돼. 수사가 없으면 사람을 동원할 수 없단 말야. 나는 편찬은 할 수 있지만 조직과 동원 재능은 없었지. 그런데 결국 다들 나보고 수사가 되라고 요구해서 내가 어쩔 수 없이 낯가죽 두껍게 수사가 되었어.

가장 먼저 해야 할 일은 기부를 모으는 거였지. 그때 농민들이 먹을거리에는 걱정이 없었지만 돈은 부족해서 농민에게 1인당 3위안을 기부하라고 요구했어. 도시에서 일하는 사람들에게 좀 더 요구할 수는 있었지만 그다지 많지는 않았어. 당시 월급이 적었으니까. 그런데 상상도 못하게 나중에 기부하는 사람들이 점점 많아지고 기부금도 많아졌어. 한 번에 100위안을 내는 사람들도 있었고, 우리 마을 출신 사업가 사장님老板들이 많이 기부했어. 나중에 합산해보니 2만 위안이 넘었어. 그래서 족보를 만들 수 있게 되었지.

하지만 내가 혼자서 족보를 만들 수 없잖아. 왜냐면 다른 마을의 왕씨 사람들도 족보에 기록해야 하니까 이 마을들의 지도자와 합의해야 하는데 나는 그런 일을 혼자서 할 수가 없으니까. 나중에 왕치

쾅王敔匡이 와서 날 도와 줘서 일이 순탄하게 되었어. 왕치쾅은 지금 86세인데, 처음에 린하이시에서 학교 선생님을 하다가 1957년 반우파투쟁 때 우파로 분류되어 우리 마을로 복귀해 20년 정도 살았어. 1978년에 다시 복권되어 린하이시의 한 국유기업에서 일하다가 퇴직하고 다시 링왕촌으로 귀촌했어. 그때는 바로 그가 퇴직한 직후였어. 그가 고졸이고 말도 잘하고 당시 몸도 건강해서 여기저기 가서 지방간부들과 교섭하는 일에 제격이었지.

그런데 편찬하는 일은 내가 할 수밖에 없어. 왕치쾅이 나보다 교육수준이 높은데 그는 신식 학교만 다녀서 족보 편찬을 전혀 몰라. 족보는 고문古文으로 써야 해서 편찬은 다 내 몫이고 외부와의 연락은 다 치쾅에게 맡겼어. 이렇게 3년이 지나서야 지금 우리가 보는 족보가 완성되었어.7)

링왕촌 조상 숭배의 현황은 두 가지 측면으로 요약될 수 있다. 하나는 조상 숭배의 형식과 의례가 사라지고 있다는 것이고, 다른 하나는 조상 숭배의 핵심인 종족 관념이 족보의 재편찬으로 인해 여전히 강한 영향력을 유지하고 있다는 것이다. 이러한 종족 관념의 영향력이 '현대화'와 지니는 길항관계에 대해서는 관점에 따라 평가가 달라질 것이다. 우리는 종족 관념의 영향력이 현대화에 잠재적 추동력으로 작용한다는 입장에 서 있다. 김광억이 보여주듯 종족은 국가의 공적 권력과 타협을 하는 인민의 전통적 공간이며, 중국에서 미래에의 전진은 언제나 과거의 것을 수반하며 직선이 아닌 나선형으로 변화가 진행되어온 것이다.8)

---

7) 왕자캉과의 인터뷰 기록.
8) 김광억, 『혁명과 개혁 속의 중국 농민』, 집문당, 2000.

(2) 혼인 관습의 변화

링왕촌의 혼인관습은 저장 동부 지역 농촌의 전통 혼인관습의 축도라고 볼 수 있다. 링왕촌의 혼인관습은 중매做媒, 택일擇期, 예물禮金 합의, 혼례, 신방 들기入洞房, 신부집 인사回門 등 기본 절차를 포함한다. 이 글에서는 링왕촌 노인들의 옛날 혼인관습에 대한 기억을 통해 전통 혼인 관습에 접근해 보자.

옛날엔 우리 지역에서 남녀가 결혼하려면 중매쟁이의 말이 꼭 필요해. 우리 지역에선 중매하는 걸 '소일자 보내기送小日子'라고 불러. 무슨 의미냐면 집에서 결혼할 수 있는 연령, 보통 20세 미만의 자녀가 있으면, 가장이 중매쟁이를 찾아서 주변에 적합한 결혼 대상이 있는지를 알아봐. 중매쟁이는 이러한 혼인 정보를 많이 갖고 있는 사람이지. 그러면 중매쟁이가 여러 가지 정보를 소개해 줘. 어떤 집안의 아들이, 어떤 집안의 딸이 어쩌고저쩌고 하는 거지. 만일 누가 마음에 들고 두 집안도 엇비슷하면, 중매쟁이를 따라 그 집에 가서 구경하고 정보를 확인하고 상대방의 생각도 약간 알아볼 수 있는데 이걸 '상대방 집안 살펴보기望人家'라고 불러.

상대방 집안 살펴보기를 하고 나서 양측이 다 괜찮다고 생각하면, 점쟁이를 불러서 사주팔자生辰八字를 봐야 해. 둘이 서로 맞는지, 상극인지 아닌지를 잘 확인해 봐야 돼. 서로 맞고 상극이 아니면 좋은 날짜를 잡는데 이 날짜가 바로 '소일자小日子'야. 소일자엔 뭘 하냐면 신랑 측이 붉은 비단으로 약간의 은전을 싸서 포목과 합쳐서 중매쟁이를 통해 신부 측에 보내. 이게 바로 '소일자 보내기'지. 실제로는 소일자란 날짜에 신랑 측이 신부 측에게 계약금을 보내는 거야. 신부집이 그 돈을 받아들이면 혼약이 성립돼. 어느 쪽이 번복하면 안 되고, 만일 신부집이 받아들이지 않으면 혼약 성립이 안 되지.

소일자 보내기가 지나면 그 다음은 '대일자 보내기送大日子'야.

그게 무슨 말이냐면, 보통 소일자 이후 며칠이 지나면 신랑 측이 다시 중매쟁이를 통해서 신부 측에 찾아가 혼례의 구체적인 일을 상의하게 돼. 이번 만남에서 신부 측은 여러 가지 요구를 할 수 있는데, 예를 들어 혼례 당일 자리를 몇 개 마련해야 할지, 누구를 초청해야 할지, 신랑 측이 예물함을 몇 개 가져와야 될지 등을 미리 요구할 수 있어. 그리고 옛날엔 혼례 잔치를 크게 할지 작게 할지는 다 술과 고기의 수량으로 따졌는데 지금은 돈으로 바뀌었지.

일반적으로 신랑 측은 신부 측의 요구를 다 받아들여야 하고 흥정은 절대 안 돼. 요구가 다 충족되면 그 다음엔 결혼의 길일을 잡는데 이는 바로 '대일자大日子'야. 아주 옛날에 '대일자 보내기'는 결혼 당일 이틀 전날이었어. 신랑 측에 사람들이 모여 예물함을 신부집으로 옮겨가고 신부가 시집갈 때 가져가는 혼수도 가져와서 신방을 정리해. 나중에 '대일자 보내기'를 혼례 당일과 합치는 경우가 많아졌는데, 혼례를 더 으리으리하게 보이도록 하려는 거지.

대일자를 정하고 나면 결혼 준비를 시작할 수 있지. 혼례 당일 아침에 신랑 측은 큰 꽃가마를 마련해서 최소 인부 4명이 메어 옮겨야 해. 물론 인부가 많을수록 위용이 넘치겠지. 그런데 인부의 수는 반드시 4의 배수여야 하더라고. 예를 들어 8명, 16명. 왕원칭王文慶의 한 조카가 결혼했을 때, 우리도 가서 봤더니 꽃가마를 16명이 메고 있었어. 가마 뒤 행렬에 예물함을 든 사람도 있었고, 예물함 든 사람만 따져도 200명이 넘었어. 거창한 장면이었지.

꽃가마 앞에는 신랑 집이 불러온 나팔, 화고花鼓를 연주하는 취타수들이 있고, 취타수 앞에는 또 한 명이 있는데 이 사람이 바로 전체 행렬의 인솔자야. 그는 행진하면서 폭죽을 터뜨리기도 해야 해. 그는 우리 지역에서 '가마 인솔자帶轎'라고 불려. 신부를 맞이하는 행렬의 총 담당자거든. 그는 신랑 집에서 공인하는 가장 복이 많고 덕담을 잘하며 머리도 잘 돌아가는 사람이어야 돼. 복이 많다는 기준은 재운이 좋고, 명망이 높으며, 부모가 잘 계시고, 아들을 많이 낳았다는 거지. 족보를 만든 왕자캉도 해방 이후 몇 번 이 인솔자를 맡았어.

신부를 맞이하는 행렬이 신부 집에 도착하면, 인솔자가 행렬에 나와 신부집 문을 두드려. 이때 신부 측의 사람들이 문을 잠그고 신랑 측에게 우리 지역 말로 '개문포開門包(문을 여는 값)'를 달라고 해. 개문포도 예물의 일종인데 보통 대일자 보내기를 하면서 이미 양측이 합의하지만, 이때는 관습상 신부 측이 합의 금액보다 더 많이 달라고 해. 이렇게 많이 달라고 하는 걸 '바가지 씌우기敲竹杠'라고 불러. 이때엔 인솔자도 말 잘하는 장점을 살려야 해. 신부 측과 잘 흥정도 하고 양측의 체면도 잘 유지해야 하잖아. 한번은 왕자강이 인솔자를 했을 때 합의한 개문포는 280위안이었는데 결국 신부 측이 308위안까지 달라고 했고 그만큼 돈을 주고 나서야 문을 열어 줬지.

문을 연 뒤에 신부 측은 폭죽을 터뜨려 신부를 맞이하는 행렬을 영접하고 신랑 측 사람들에게 차, 과일, 딤섬點心 등 간식을 대접해. 이른 아침부터 신부를 맞이하는 절차를 진행하니까 이때가 보통 점심시간이잖아. 그래서 간식으로 배를 좀 채워야 해. 간식을 간단히 먹고 신랑 측은 예물함을 하나씩 하나씩 신부 집 안으로 옮겨 주는데 이 과정은 시간이 좀 걸려, 보통 두 시간 가량. 이런 일이 다 끝나야 신부 측은 정식 식사로 모든 사람을 대접해. 이게 바로 '정석正席'이지. 정석에서 '구대완九大碗'을 먹고 '노주老酒'를 마셔야 해.[9] 식사가 다 끝나면 보통 늦은 오후인데 이때 신랑은 신부를 꽃가마에 태우고 신랑 집으로 출발해.

신부가 집을 떠날 때 꼭 자기 엄마와 서로 얼싸안고 울어야 해. 우리 지역에선 이때 곡소리가 슬플수록 더 좋다고 생각해. 우리 지역에선 이를 '곡가哭嫁(시집가면서 곡한다)'라고 불러.

신부가 신랑 집에 도착한 뒤 가마를 내려 중매쟁이와 들러리의

---

9) '구대완'은 아홉 개의 큰 그릇에 각종 고기요리를 담아 한꺼번에 식탁에 올리는 요리이다. '노주'는 저장 지역에서 유행하는 오래 묵은 양조주인 황주黃酒를 뜻한다. 저장 지역에는 딸이 태어나면 부모가 찹쌀로 술을 양조해서 오래 묵혀 딸의 결혼식에서 마시는 관습이 있었다.

손을 잡고 신랑 측이 바닥에 깔아 놓은 붉은 융단을 걸어야 해. 더 예전엔 화로를 건너야 했는데 나중에 붉은 융단으로 화로를 대체했지. 융단을 걸어가는 건 시집에 정식으로 들어간다過門는 의미야. 그 다음에 신랑 측이 신부에게 붉은 봉투를 주고 이 봉투로 '편식扁食(만두)'이나 '뢰원攂圓(탕위안과 유사)'을 빚으라고 해. 물론 진짜로 빚는 건 아니고, 빚는 척하며 신부가 현모양처임을 보여 줄 뿐이지. 그 다음에는 신혼부부가 사람들 앞에서 세 번 절하는 의식을 한 후에 바로 연회를 시작해. 이런 과정은 다른 지역과 별 차이가 없어.

연회 식사가 늦게 시작하니 식사가 다 끝나면 거의 밤 12시쯤 돼. 밤 12시 넘으면 신랑과 신부가 신방에 들어야 해. 이게 바로 '신방 들기入洞房'란 의식이야. 우리 마을의 신방 들기 의식에서는 '신방으로 보내는 사람送洞房人'이 가장 중요해. 이 사람도 말을 잘 해야 해. 이 사람이 손으로 붉은 촛불을 받쳐 들고 덕담을 노래로 부르며 신랑·신부를 동방의 침대까지 데리고 가. 그리고는 신혼부부의 이불을 털어 다시 침대 위에 깔아 펼치고는 그 이불 안에 다섯 개의 붉은 색을 칠한 계란도 놓지. 다섯 개의 홍색 계란은 오자등과五子登科(아들들이 모두 과거 급제한다는 뜻)와 다복다남多子多福을 의미해. 이런 일을 다 진행하고서 신방으로 보내는 사람은 촛불을 불어 끄고 문을 닫고 동방에서 나가는데, 이 과정에서 그는 끊임없이 덕담으로 신혼부부에게 복을 빌어줘야 해.

우리 마을 '신방 놀리기鬧洞房' 관습은 좀 특이해. 신혼부부 둘이 반드시 필요한 물건들, 예를 들어 요강이나 실내화 등을 미리 숨겨. 신혼부부가 이런 물건을 찾을 수 없어서 밖에 기다리고 있는 사람에게 달라고 하는데, 이때 이 사람은 신혼부부에게 돈을 달라고 할 수 있지. 일단 모든 물건들을 다 찾으면 신혼부부를 놀리던 사람들이 폭죽을 터트려. 이제 하루의 혼례 절차가 다 끝난 거지만, 다음 날의 손님 배웅送客과 답사答謝(초청한 손님에게 하는 감사), 그리고 셋째 날의 신부집 인사回門 등의 절차도 있어. 이런 절차가 다 치르면 혼례가 끝난 거지.[10]

링왕촌의 이러한 전통적인 혼인관습은 잘 유지되다가 1960년대 이후에야 큰 변화가 발생하기 시작했다. 그중 가장 큰 변화는 혼례 당일 신랑 측이 신부를 맞이하고 신부 측이 신부를 시집으로 보내는 방식에서 발생하였다.

문화대혁명이 시작되자마자 우리 링왕촌의 이런 결혼 습속이 비판을 받았어. 비판의 이유는 허례허식과 낭비라는 거지. 결혼하면 많은 예물함과 돈을 주고받고, 많은 사람을 시켜 가마를 메고, 이런 게 다 봉건제도의 잔재 아니냐, 다 타도해야 하지 않느냐는 거야. 그래서 당시 린하이 시내의 홍위병들이 각 읍내의 길목에 검문소를 설치해 꽃가마, 예물함, 신부를 맞이하는 행렬을 다 막았어. 이를 잡아서는 예물함 안의 예물과 돈을 다 몰수하고 가마를 깨부수고 행렬에 있는 사람들을 모두 연행하고 비판을 받게 했지. 그래서 그 이후 문화대혁명 기간 동안 가마로 신부를 맞이하는 건 감히 못했어. 그때는 신부가 어떻게 시집을 갔냐면 스스로 빨간색 우산을 쓰고 갔어. 그런데 소일자 보내기, 예물이나 개문포 같은 돈과 관련된 풍습은 계속 되었어. 다 암암리에 상의해서 주고받았지. 그래서 문화대혁명 때 정말로 바뀌었던 건 신부가 가마를 타고 시집으로 가는 걸 빼고는 없어. 심지어 소일자 보내기, 예물과 개문포 비용은 날로 높아졌어, 내가 결혼했을 때 대일자엔 개문포를 320위안으로 정했었어. 이 돈은 결혼 당일 바가지 씌우기로 더 낸 돈은 포함 안한 거야. 문화대혁명이 끝난 후 예물과 혼수 이런 거 다 회복되었고 지금은 어마어마하게 높아. 꽃가마만 자동차로 바뀌었을 뿐이야. 우리 지역에서 농촌 사람들이 결혼하면 과정과 절차는 거의 예전과 똑같은데 내용만 개량되어서 그야말로 '옛것과 새것의 결합土洋結合'이지.[11]

10) 링왕촌 노인회관에서 인터뷰한 기록.
11) 링왕촌 노인회관에서 인터뷰한 기록.

오늘날 링왕촌의 혼인관습에서 전통적인 혼인관습의 형식은 남아 있지만 이념은 이미 근본적으로 변했다. 전통 혼인 풍속의 내재적 이념은 부모의 명父母之命이자 중매쟁이의 말媒妁之言이라는 점에 있다. 전통사회 혼인의 기초는 단지 남녀의 결합이나 둘의 뜻을 맞 춘다는 것만이 아니라, 양성兩姓, 즉 두 개의 가문이 서로 결합하는 데에 있다. 이러한 결합을 통해 일반 영농 가족이 농업 생산의 위험 요소를 해소하고, 두 가족 혹은 성씨의 연합이 결성되며, 이 연합이 지역사회에서 두 가족의 정치적·경제적·도덕적 지위를 강화하는 기반이 된다. 따라서 전통적 혼인 관계의 형성은 혼인 자체의 의미 를 넘어 지역사회의 권리 관계에 대한 재조정이라 할 수 있다.

이러한 의미에서 보자면 전통적 혼인관습은 앞에서 언급한 혼인 의 지리적 권역, 인척 관계 등과 함께, 전통 촌락사회의 생계모델, 관리제도, 그리고 사회구조와 연관을 지닌다. 전통 촌락사회가 탈향 토성 시대에 이르면 이러한 혼인 관련 관습들이 점점 내포를 잃고 외연만이 남게 되며 외연도 현대사회 혼인관계의 원칙에 좌우된다. 이러한 전통적 혼인관습이 현대의 혼인 관계 속에서 어떻게 다양하 게 변주되는지에 주목할 필요가 있다.

(3) 장례 관습의 변화

링왕촌의 전통적 장례 관습은 중화인민공화국 성립 이후 몇 차례 의 풍속 개량, 장례 절차 간소화, 화장의 보급 등 변화를 거쳐 많이 바뀌었지만 기본 절차가 크게 변하지는 않았다. 그중 임종送終, 경야 守靈, 발인送葬, 칠칠재做七 절차, 그리고 망자가 죽기 전에 풍수 원 칙에 따라 묫자리를 알아보고 선택하는 절차까지 총 5개는 필수 절차로 존속하고 있다. 링왕촌의 장례에서는 '고인을 가장 크게 보라逝者爲大', '죽은 자를 살아있을 때처럼 대하라事死如事生' 등 유교적 장례 윤리를 여전히 최대한 따르며, 장례 관습도 효도를 다하고 종족이 화해한다는 점을 목적으로 삼는다.

그러나 현대사회에서의 장례는 자원의 최대 절약이라는 요구에 부합해야 하므로 전통적 장례 의례와 충돌이 발생한다. 이것이 바로 최근 몇 년간 향촌지역에서 퍼지는 '장례 개혁殯葬改革'이 마을사람들 사이에서 갈등을 자주 일으키는 근본적 원인이라 할 수 있다. 우리는 여기서 이 문제를 본격 논의하지는 않을 것이되, 링왕촌에서 직접 참여했던 한 장례식에 대한 조사기록으로 링왕촌의 장례 의례와 관습을 재현해 보이며 이러한 의례와 관습의 의미를 생각해보고자 한다.

날짜: 2015년 3월 25일
장소: 링왕촌 향산구로香山九老(향산의 아홉 노인) 패방牌坊,
    샤뎬下店 왕룬王綸 고택
날씨: 맑음 후 흐림.

오늘은 왕룬 장군의 유해가 난징南京 탕산湯山에서 고향으로 이송된 날이다. 오후 2시쯤 한 제보자에 따르면 충칭重慶에 거주하고 있는 왕룬 장군의 외손자와 외손녀가 이미 난징에 가서 장군의 유해를 탕산의 묘지에서 발굴했고 미국과 캐나다에서 온 장군의 둘째 아들과 손자 한 명이 난징에서 모여 지금 고속도로로 링왕촌에 서둘러 오는 중이라고 하였다. 장군과 같은 분파房派에 속하는 사람들은 향산구로 패방에서 행사장을 마련하면서, 다른 마을사람들이 패방에 모여 장군 유해를 맞이하도록 조직하고 있었다.

패방에 와서 의식에 참가하는 마을사람들이 시간이 갈수록 많아져 최대 약 200명에 달했다. 일부 여성 주민들이 흰 수건을 참가자에게 나누어 주며 꼭 수건으로 팔뚝이나 머리를 휘감아야 한다고 분부하였는데 이는 '상복 입기披麻戴孝'를 간소화한 것이다. 우리는 주변 마을사람들과 이야기를 나누며 "옛날에는 누가 어떤 상복을 입는지에 대해 다 규칙이 있었어. 적자適子만 삼베옷과 흰색 두건을 입을 자격이 있었지만 지금은 모든 사람들이 평등해졌지.", "왕룬은 항일전쟁에 참가한 민족영웅이니까 모든 사람이 다 왕룬 장군에게 상복을 입어야 맞아." 등의 말을 들었다.

불꽃과 폭죽이 마을입구 패방부터 왕룬 고택까지의 길 양측에 쭉 놓이는 동안, 패방 아래와 왕룬 고택 바깥에 모여 있는 사람도 많아졌다. 우리가 아는 린하이시의 지식인과 전현직 지도자들도 몇 명 있었다. 이들은 물론 공식적 신분을 밝히지 않고 개인 신분으로 참가하였다. 왕룬의 국민당 장군으로서의 신분은 약간 애매모호하지만, 지방 공산당과 정부 지도자의 참석을 통해 그의 이장이 마을 안팎에서 크게 주목받는 다는 걸 알 수 있었다.

5시 반 쯤 자동차 3대가 수위안산書院山의 커브길을 돌아 우리 앞에 나타난 후 패방 건너편의 '링왕 문화회랑嶺王文化長廊' 앞에 정차하였다. 마을사람들이 즉시 불꽃을 쏘고 폭죽을 터뜨렸다. 이는 잡귀를 쫓으며 장군의 영혼을 영접하는 것이다. 동시에 몇 명의 마을사람들이 세 대의 차 중 유골함靈骨盒을 실은 차 옆에 가서 문을 열어 차 안의 사람에게 영구를 어떻게 차에서 내리는지 가르쳐 주었다. 이들의 가르침에 따라 차안의 사람들이 천천히 하차하자 문 옆에 서서 큰 검은색 우산을 씌워 햇볕을 막아주었다. 그 뒤에 왕룬 장군의 장손이 양손으로 붉은 천으로 가린 유골함을 들고 차에서 내렸다. 충칭에서 온 왕룬의 친족들은 왕룬의 사진, 꽃바구니, 애도 화환, 충칭시 중국국민당 혁명위원회重慶市中國國民黨革命委員會와 쓰촨성 인민정치협상회의四川省人民政治協商會議 등 기관이 기증한 제문을 들고 옆 차에서 내렸다. 차에서 내린 사람들이 마을사람의 지도에 따라 한 행렬을 이루었다. 행렬의 맨 앞에는 왕룬의 외증손이 왕룬의 사진을 들고 걸어가고, 그 뒤에 왕룬의 조카가 향로를 들고 장군의 영혼에게 귀갓길을 안내하였다. 향로 옆에 연로한 노인 한 명이 타인의 부축을 받아 느릿느릿 걷고 있었는데 그는 왕룬의 둘째 아들이었다. 그 뒤에 유골함에 큰 검은색 우산을 씌우는 이와 유골함을 양손으로 들고 있는 이가 있었는데, 우산을 씌운 이는 왕룬의 외손자이고 유골함을 든 이는 왕룬의 장손이자 앞의 노인의 장남이다. 이 두 남성 뒤에 여성 두 명이 각각 꽃바구니와 화환을 들었는데 이들은 모두 왕룬의 외손녀이다.

검은 우산을 쓴 것은 링왕촌의 관습에 따라 한 것이라고 한다. 왕룬 장군 유해의 귀향은 소위 '이장改葬'으로서, 이장할 때 일반 안장과는 달리 사자의 영혼은 이미 오랫동안 저승에 있어 이승과 완전히 분리되었기 때문에 햇빛을 하나도 못 보게 해야 한다는 것이다. 반면 일반적인 안장을 할 때는 보통 49일을 거쳐야 하는 칠칠재 의식이 아직 끝나지 않아 사자의 영혼이 아직 이승과 저승의 경계를 넘지 못한 상태이므로 이때는 보통 검은 우산을 안 쓴다고 마을 사람이 이야기해 주었다.

장례 행렬이 패방으로 천천히 이동하여 마을 안으로 들어가자 팔뚝이나 머리에 흰색 수건을 휘감은 마을의 왕씨 친족들도 이 행렬에 들어가 장군 고택으로 서서히 따라갔다. 행렬이 행진하는 길 양측에선 폭죽 소리가 일제히 울리고 불꽃들이 하늘로 날았다.

이 행렬의 내부 구성에는 일정한 규칙이 있다. 왕룬 장군의 친족을 바로 뒤에 따라가는 이들은 왕룬과 같은 오복五服에 있고 항렬이 가장 높은 사람들이다. 이들의 이름에는 '보伯'란 글사가 들어 있다. 보伯자는 링왕 왕씨 차남파老二房 하샤뎬 분파下店派에서 왕룬이 속한 지파에 특유한 항렬자로, 이들은 왕룬과 고조부가 같다. 이들 뒤에는 같은 지파 중 항렬이 낮은 이들이 따라가고 그 뒤에 이어 오복 이외 혹은 다른 분파의 왕씨 동족들이 따라간다. 이 행렬의 구성원들은 주로 남성이다. 이 남성들 뒤에 이어지는 사람은 주로 여성으로 보통 왕씨 남성과 결혼한 중년과 노년 여성이다. 옛날 예법에 따르면 이들 왕씨 집에 결혼해서 거주하는 여성들도 왕씨로 간주된다. 행렬의 끝 부분은 우리처럼 왕씨가 아닌 사람들이다. 행렬의 실제 행진 때 이 규칙을 정확히 따르지는 못했지만 기본적으로 종족의 친소 관계에 따라 이뤄졌다.

행렬이 산황천山皇溪 계곡을 따라서 갔다가 링왕교嶺王橋와 샤뎬교下店橋 다리를 건너 차남파들이 모여 사는 샤뎬편下店片에 진입하였다. 샤뎬역 입구의 왕스팡王世芳 고택과 다른 장군들의 고택을 지난 행렬은 골목을 통해 북쪽으로 갔다가 왕룬 고택 정문에 도착하였다. 행렬은 정문 앞에 멈추고 행렬 중 일부 사람은 경문을 외우며 유골함을 정문 바깥 처마 밑의 탁자에 놓았다. 유골함이 사람이 살고 있는 공간 내로 진입하면 안 된다는 관습이 있기 때문에 유골함을 정문 밖에 놓아 둘 수밖에 없다. 장군의 사진은 본채正房 가운데의 제상 위에 설치되고 본채 양쪽에는 화환, 꽃바구니, 제문 등이 각각 놓여 있었으며, 제상 위에 과일 등 제물들도 가득 놓여 있었다. 본채 앞의 '안마당道地'12)에 원형의 큰 식탁들이 설치되어 있는데 이는 오늘 저녁의 환영 만찬과 내일의 공식 장례식을 위해 마련된 것이다.

실내 배치가 다 끝난 후 사람들이 실외에 머물던 영혼을 실내로 모셨는데, 소위 '영혼을 모시는 것'은 향로를 실내로 옮기는 행위로 표현된다. 향로를 장군의 영정 앞에 둠으로써 장군의 영혼이 장군 생가에 돌아온 것을 의미한다.

그 다음 마을주민들은 장군의 후손과 이장 행사 참가자에게 만찬을 준비하여 베풀었다. 장군의 아들과 조카 등 연세가 많은 이들은 본채의 상석에 앉고 같은 식탁에 장군의 손자와 외손들이 앉았다. 가까운 친척들은 본채 근처의 안마당에 앉고 외가의 친족이나 일반 외부 참가자들은 정문과 가까운 마당이나 곁채, 회랑에 앉았는데, 이러한 잔치의 좌석 배치도 종족의 친소 윤리를 잘 보여 준다.

---

12) '道地'는 본채, 정문, 사랑채 사이에 있는 안마당의 현지 방언 표현으로 표준어로는 '톈징天井'이다.

그림 4.1 왕룬 유해의 이장 행렬

만찬 전에 잠시 에피소드가 있었는데, 사람들이 틀에 표구된 제문의 포장지를 뜯자 장군의 아들이 갑자기 부들부들하며 "'공共'자를 보이지 마."라고 소리 질렀다. 사람들이 모두 놀라며 영문을 몰랐는데 알고 보니 제문에 왕룬 장군의 공적을 기리는 문구 중 '反袁革命, 再造共和(위안스카이에 반대하고 공화를 재건한다)'는 문구가 있는데, 그는 '공화共和'의 '공共'자가 '공산당共産黨'의 뜻이라고 오해한 것이다. 나중에 노인의 생애를 알아보니, 어렸을 때 모친과 함께 중국 대륙을 떠나 타이완에 갔다가 다시 미국으로 이민을 가서, 중국 대륙의 변화를 잘 모르고 공산당에 대한 이데올로기적 편견이 아직 남아 있어서 '공'자를 보자마자 공산당에 대한 반감이 터져 나온 것이다. 이번 이장으로 이 장군 아들의 마음에 조금 변화가 생길 수도 있을까?

날짜: 2015년 3월 26일
장소: 샤뎬下店 왕룬王綸 고택,
      파홍산法洪山 왕룬 소속 지파의 가족묘지
날씨: 흐린 후 가랑비.
아침 9시 반 왕룬 장군 유해의 이장 의식이 왕룬 장군 고택에서

펼쳐졌다. 사회자는 링왕촌 노인협회 회장이었지만, 실제 전통적 제사 의례를 진행한 것은 마을에서 덕담을 가장 잘 하고 풍수를 아는 이였다. (잠시 그를 풍수가라고 부르자.) 사실 이 이장 의식에는 두 가지 담론 구조가 있다. 하나는 노인협회장의 입을 통해 나오는 현대식 추도회의 형식이고 다른 하나는 풍수가의 휴대용 스피커로 나오는 전통식 장례 관습이다. 우리의 관찰에서 이 두 가지 담론구조가 서로 안 어울리는 장면이 많이 발견되었다. 풍수가가 전통적 제의 절차를 아직 끝내지 않았는데 사회자가 갑자기 들어와서 제의를 끊어 버린 경우도 있었고, 풍수가가 절차를 다 끝냈는데 사회자가 다음 절차를 원활하게 진행하지 못한 경우도 있었다. 나중에 사회자에게 물어보니 사회자는 "나도 이런 옛날 의식을 잘 모르지, 그 사람(풍수가)을 보면서 절차가 대충 끝나는 것 같으면 내가 마이크를 잡고 내 부분을 진행하는 식이었지."라고 대답하였다.

이장 의식의 절차는 다음과 같이 이루어졌다.

첫 번째, 사회자가 의식의 시작을 발표하고 개회사를 낭독하였다. 개회사의 내용은 다음과 같다. "지도자와 내빈 여러분, 그리고 항일명장抗日名將 왕룬 장군의 자손 및 친족 여러분, 서기 2015년 청명절淸明佳節에 국민혁명군 육군중장, 군위원회 참모단 부단장, 베이핑北平(베이징의 옛 이름) 군사분회 부참모장이었던 항일명장 왕룬 장군의 영령과 유해가 육조고도六朝古都인 난징의 탕산진湯山鎭 칭룽산靑龍山에서 고향 링왕으로 귀환하셨습니다. 저희는 여기서 유해의 이장 의식을 봉행하고자 합니다. 전체 기립하고 장군의 영령에게 경의를 주십시오. 악단은 연주하고, 불꽃과 폭죽을 쏘라!" 이때 참석자들이 모두 기립하여 묵도하고, 악단이 추도곡을 연주하며 사람들은 불꽃을 쏘아 올렸다.

두 번째, 장군의 영정에게 생화, 꽃바구니, 화환을 바치는데 이 과정은 왕룬의 외손녀와 두 명의 손자가 집행하였다. 어제 장군 유해를 맞아들일 때에는 장군의 장손(장군의 큰 아들은 자식이 없으므로 둘째 아들의 큰 아들)만 있었다. 장군의 둘째 손자(장군 아들의 둘째 아들)는 이미 중국에 도착했지만 여권유효 기한이 이미 지난 바람에 공항에 체류했다가, 나중에 린하이시 지방정부의 보증을 받아 입국하였지만 부친, 형과 동행하지 못하고 전날 밤 늦게 혼자 링왕촌에 도착하였다.

세 번째, 영령에 대한 분향이다. 풍수가의 지도에 따라 아들, 조카, 손자, 외손(녀)의 순서로 한 명씩 영정 앞에 둔 향로 안에 향 세 개를 피워 꽂았다. 분향을 올린 사람의 범위는 왕룬 장군의 친족에 한하였다. 친족들이 모두 향을 올린 뒤 사회자가 "분향 끝上香畢"이라고 선포하였다.

네 번째, 영령에게 술과 음식을 올렸다. 음식은 이미 제상 위에 놓여 있어 음식 관련 별도의 의식이 진행되지는 않았고 술과 관련된 의식만 진행되었다. 분향 올리기와 마찬가지로 풍수가 의식의 진행을 지도하였고, 그의 지도에 따라 제사를 올리는 이들이 먼저 제상 위의 주전자를 들고 주전자 안의 백주를 작은 잔에 따라 영정에 올렸다. 술과 음식은 세 번 올렸는데 첫 번째는 아들과 조카가, 두 번째는 손자와 외손녀, 종손들이, 그리고 세 번째는 증손과 외증손들이 나와서 올렸다.

다섯 번째, 전체 기립하여 추모곡 연주와 함께 세 번 허리를 굽혀 절하면서 장군을 추모하였다. 그리고는 장군의 자손, 동족, 일반 조문객 순서로 한 명씩 장군의 영정에 무릎 꿇고 엎드려 절하였다. 한 명씩 절하는 동안 풍수가는 옆에서 영혼을 위로하는 노래—가사를 알아들을 수 없었지만—를 부르면서 그들에게 절하는 방식을 가르쳤다.

여섯 번째, 악기 연주를 끝내고 제문을 읽었다. 제문을 읽는 순서는 원래 링왕촌을 대표하는 링왕촌 공산당 당지부 서기, 미국과 캐나다에 있는 왕룬의 아들 일가를 대표하는 왕룬의 손자, 충칭에 있는 왕룬의 딸 일가를 대표하는 왕룬의 외손녀, 그리고 모든 링왕 왕씨를 대표하는 왕룬의 종손으로 정하였다. 그런데 왕룬의 아들이 갑자기 일어나 할 말이 있다고 하였다. 그는 나이도 있고 중풍에 걸린 적이 있어서 스피커를 써도 그의 말을 알아듣기 어려웠다. 자신이 어렸을 때 부친을 잃고 부친의 고향인 링왕촌을 한 번도 방문하지 못하다가 타이완으로 떠난 후 다시 미국으로 이민하여 링왕촌과의 인연이 거의 끝났다고 여겼는데 이번에 이렇게 뜨거운 환대를 받을 줄은 상상도 못했고 너무 감동적이라고 하였다. 그의 말이 끝나자 모두 박수를 쳤다.

그의 즉흥 발언에 이어 그의 큰 아들이자 장군의 장손이 제문을 읽었다. 이 장손은 캐나다에 정착한 지 오래되어 현지인들이 대신 써 준 제문을 제대로 읽지 못해서 결국 왕룬의 외증손녀가 대신 제문을 읽었다. 사실 제문은 옛글이 섞여 있고 주로 왕룬 장군의 생애와 경력에 대한 내용이라 외증손녀에게도 어려웠다.

그 다음 왕룬의 외손녀는 자신이 속한 정치협상회의가 기증한 제문을 읽었다. 제문을 읽고서 그는 눈물 나도록 감동을 받았다며 링왕촌 촌민의 뜨거운 환대와 초대에 감사하는 말을 하고, 어제 장군의 옛 무덤을 파묘起靈할 때 발생한 에피소드를 들려주었다. 파묘할 때 난징 현지의 풍습에 따라 친족들이 유해 발굴의 현장에 갈 수 없어서 마음속으로 예약한 영구차가 꼭 제 시간에 와 주기를 기도했는데 외할아버지의 유해가 햇볕에 너무 오래 있을까 염려되었기 때문이라고 하였다. "결국 영구차는 유해가 발굴하자마자 도착했습니다. 우리 외할아버지가 저승에서도 고향에 가고 싶어 하시는구나라고 생각했습니다." 이어서 링왕촌의 서기와 링왕 왕씨의 대표도 제문을 읽었다.

마지막 일곱 번째 절차로 항일전쟁 시기의 군가를 연주하였다. 이장 의식에서 연주된 군가는 모두 항일전쟁 시기 국민당 진영의 군대를 찬양하는 군가들로서 왕룬과 관련된 장성전투長城抗戰(1933)에서 서북군西北軍의 공적을 찬양하는「대도 진행곡大刀進行曲」, 국민혁명군의「육군 군가陸軍軍歌」등이었다. 군가를 연주하는 동시에 사회자가 의식을 마무리하고 출관 의식의 시작을 선포하였다.

출관 행렬은 어제 유해를 맞을 때의 행렬과 비슷하지만 행렬의 맨 앞에는 연주단이 섰고, 연주단 뒤에는 두 사람이 측백나무의 가지를 들고 있었다. 측백나무 가지는 향로와 같이 영혼을 인도하는 역할을 할 수 있다고 여겨진다. 측백나무 가지 뒤에는 유골함을 든 장군의 친족들과 왕씨 동족이나 일반 참석자들이 따랐다. 왕룬 가족의 묘지는 링왕촌 근처의 파훙산 중턱에 있다.

고택에서 나와 샤뎬교下店橋로 리좡천裏莊溪을 건넜다. 샤뎬교에서 참석자들이 모두 못 하나와 붉은 실 하나를 받았다. 못은 손에 지참하거나 주머니에 넣어야 하고 붉은 실은 단추에 매어야 하는데, 못과 붉은 실은 가문의 번창과 평안을 비는 것이다. 샤뎬교를 건너 촌내의 도로를 따라 동북향으로 노야묘老爺廟까지 500미터 가량 가다가 동쪽의 한 흙길로 들어섰다. 왕룬 장군의 장자長子가 1995년 기증한 돈으로 지은 촨바오성교川保生橋라는 다리를 통해 파훙천法洪溪을 건너면 파훙산 산기슭이다. 산기슭부터 산길을 따라 올라가서 왕룬 가족묘지에 도착하였다.

파훙산의 왕룬 가족묘지에는 왕룬의 아버지, 숙부, 그리고 신해혁명에 참가했던 사촌형 왕이자이王儀齋, 공산당 지하운동에 참가했던 사촌여동생 왕쑤창王素常 등이 묻혀 있다. 왕룬의 새로운 묘지는 동쪽에 위치한 산에 있는데, 서쪽 맞은편에 두 개의 산이 펼쳐져 있다. 이 묘지는 어느 현지 지식인이 왕룬 장군을 위해 골라주었는데, 마치 전통적인 팔걸이 나무의자太師椅처럼, 주위에 계류가 휘감고 있고 붓꽂이筆架처럼 펼쳐진 산이 마주보고 있어서 풍수가 좋다고 장군의 아들에게 얘기하였다고 한다.

왕룬 장군의 관은 며칠 전 이미 준비되었는데 길이가 2미터 가넘고 폭이 1미터에 달하는 것으로 명청 시대 전통적 관 양식을 모방하였다. 마을사람들은 관 위에 작은 천막을 지어 햇빛을 가렸는데 천막을 지은 이유는 전술한 검은 색 우산을 쓰는 이유와 같다.

먼저 마을사람들은 관을 둘러싸고 붉은 비단으로 만든 이불을 관 안에 펴고는 이불 위에 죽은 사람을 위해 준비한 옷, 바지, 양말, 신발 등을 넣고서, 장군의 유해를 담은 유골함을 열어 유해를 하나씩 옷, 바지, 양말과 신발에 두었다. 사실 장군의 유해는 다리, 팔, 손가락 등 부위와 두개골로 여겨지는 파편들만 남아 있었다. 장군의 외손녀가 기존의 난징 탕산 묘지를 조사하고서 보고서를 쓴 적이 있는데, 여기서 왕룬의 묘지가 문화대혁명 기간 동안 홍위병과 조반파造反派에 의해 여러 차례 훼손되었다고 언급되었다. 유해의 유실은 아마 이러한 사건들과 관련이 있을 것이다.

　마을사람들이 유해를 다 담은 후 다시 붉은 비단이불로 유해를 덮었다. 이제 유해의 입관은 끝났고 관 뚜껑을 덮고 못으로 관을 밀봉할 차례가 되어, 몇 명의 마을사람이 뚜껑을 덮고 관을 밀봉하였고 다른 몇 명은 굵은 대나무 가지 하나를 무덤 안에 두었다. 이 과정에서 풍수가는 끊임없이 경문을 외우거나 복을 빌었다. 관을 잘 밀봉한 후 천막이 철거되었다. 몇 명의 건장한 남자가 관을 어깨에 메고 미리 설치된 대나무 가지 위에 놓고는 대나무 가지를 따라 묘실墓室 안에 밀어 넣었다. 관을 묘실 안에 잘 넣고서 왕룬의 친족들은 함께 벽돌을 하나씩 쌓았다. 마지막 벽돌은 왕룬의 손자들이 같이 쌓고 묘실의 문을 밀봉하였다. 이 때 풍수가가 갑자기 무덤 위에 올라가서 '봉분 위에서 복을 비는 경문墳頭吉祥經'을 외웠는데 이것이 장례 의식의 최고조이자 마지막이다. 근엄한 분위기는 이제 즐거운 분위기로 바뀌었다. 연장자들은 자손들을 불러와서 붉은 색 이불을 무덤가에 펼쳤다. 풍수가가 경을 외다가 "오곡풍성五穀豐登을 원하는가?"하고 묻자 사람들이 즉시 "원한다!要"라고 대답했다. 그리고 나서 풍수가가 쌀 한 움큼을 군중에게 뿌리고 군중들은 급히 이불로 쌀을 받았다. 이어서 풍수가가 다시 경문 한 절을 외치며 "가문번창人丁興旺을 원하는가?"라고 묻자 군중들 역시 "원한다!"라고 대답하였다. 이 때 풍수가가 뿌린 것은 못인데, 못의 한자인 '釘'이 '人丁(사람, 인구의 의미)'의 '丁'자와 발음이 같기 때문이다. 출관 행렬이 출발할 때 못을 주머니에 담으라는 요구도 이와 같은 맥락이다. 풍수가는 또 다시 경문 한 절을 외며 "돈이 굴러들어 오길 원하는가?"라고 묻고서 동전을 뿌렸는데, 사람들이 대답하면서 받았다. 이렇게 묻고 답하기를 수십 차례 반복하며 풍수가는 마술을 부리듯 각양각색의 물건을 뿌려 마을사람들을 만족시켰다. 이러한 분위기 속에서 악단의 연주와 폭죽 소리와 함께 장례는 마무리되었다.

한편 사람들이 관을 밀봉할 때 왕룬의 아들이 갑자기 일어나서 부친에게 마지막 인사를 하겠다고 하여, 옆 사람들이 비틀대는 노인의 손을 붙잡고 관 앞으로 부축해 왔다. 노인은 관에 기대어 눈물을 흘리며 통곡하였고, 사람들은 비통해하다가 쓰러질까봐 노인을 서둘러 앉혔다. 나중에 노인은 그가 어렸을 때 겪었던 일과 자신의 소원을 옆 사람에게 들려주었다.

"아버지가 돌아가셨을 때 내가 두 살이었어. 어머니랑 함께 열사의 유가족이란 명분으로 난징에 잠시 머물다가 몇 년 안 지나 일본이 난징을 점령해서 우리 온 가족이 정부를 따라 충칭으로 피난 갔어. 난징 광복 후, 여동생이 충칭에 남았고 어머니와 형과 나는 다시 난징으로 갔지. 난징에 3년쯤 살다가 공산당이 와서 우리는 윈난雲南으로 도망가서, 도착하자마자 다시 홍콩으로 망명했어. 그때 윈난 쿤밍昆明 비행장에 홍콩으로 가는 비행기가 딱 한 대밖에 없었고 그 비행기에 자리도 3개 밖에 없었어. 우린 그 비행기를 타고 홍콩에 갔다가 나중에 타이완으로 갔어."

"타이완에 있을 때 내가 대만에서 두 가지 '최초'를 실현했어. 하나는 타이완에서 최초로 미국 대학에서 사용하는 물리학과 수학 문제집을 번역해서 팔았어. 그때 타이완 교수들이 다 미국으로 떠나서 타이완에서 이런 책들을 번역할 사람이 없어서, 내가 번역한 이 문제집들이 잘 팔렸지. 두 번째 '최초'는 내가 미국의 반도체산업을 타이완으로 도입한 거야. 내가 설립한 반도체기업이 타이완 최초의 반도체기업이었어."

"그 후 우리는 캐나다로 이민 갔어. 이민 간 지 벌써 46년 되었네. 아들 둘 중 한 명은 하드웨어 엔지니어이고 다른 한 명은 소프트웨어 엔지니어인데 둘 다 창업을 했고 지금은 다 웬만큼 살아. 나는 이제 내가 번역한 책을 기증하고 아버지의 고택에 전시관을 만들려고 해. 그리고 아들들이 자주 고향에 찾아가서, 오래 머물면서 고향을 더 깊게 이해하면 좋겠어. 여기는 고향이니까."

위의 기록은 링왕촌 장례에 대한 상세한 묘사이다. 어떤 독자들은 이걸 보면서, 너무 전통적 관습에 얽매인 의례이고 낭비가 심하며 미신적이라 여길 수도 있다. 그러나 이 장례의식은 한 장군의 영혼을 위로하면서 현재 국내외에 흩어져 살고 있는 가족들이 기억을 공유하며 역사에 대해 다시 이야기하고 재해석하는 장場으로서의 역할을 한 것이다.

(4) 도시와 점점 닮아가는 향촌의 명절과 축제

링왕촌의 세시풍속의 특징은 매달 명절이나 축제가 있다는 점이다. 이러한 특징은 한편으로는 전통적 농업생산과 관련되며, 이에 대해 우리는 전통적 생계모델을 소개한 앞부분에서 일부 농업생산 관련 세시풍속을 언급하였다. 이러한 세시풍속은 또한 농한기에 그 해의 생산 수확을 공유하며 마을사람들 간의 유대를 다지는 역할을 한다. 세시풍속은 현대화 과정에서 생산방식의 변화를 비롯한 마을의 변화 속에서 변천을 겪어왔다. 우리는 링왕촌에서 인터뷰 조사를 통해 명절과 축제 시기와 활동, 특별한 음식과 그 의미, 그리고 현대적 변화를 정리하여 다음 표로 만들었다.

표 4.2 링왕촌의 세시풍속

음력 날짜	세시풍속의 명칭	주요 내용	비고
정월 1~16일	춘절春節. 정월 1일에 천신과 지신에게 제사를 드린다. 정월 13일 재신財神을 맞이한다. 대보름元宵이 포함된 정월 14~16일에는 용등놀이擺龍燈 등 구체적인 축제가 포함된다.	링왕촌의 춘절 관습은 다른 지역과 유사하다. 비교적 특색이 있는 것은 정월 1일에 일찍 일어나 폭죽을 터뜨리고 두부갱頭富羹을 먹어야 한다는 것이다. 두부갱은 두부와 고기로 만든 죽인데, 여기서 '두부頭富'는 제일 먼저 부자가 된 사람 혹은 가장 부유한 사람이라는 뜻을 담고 있고 그 발음이 타이저우 방언에서 두부豆腐와 똑같다. 두부갱을 먹고 나서 천신과 지신에게 제물 세 접시를 올려 제사를 지낸다. 춘절 기간 가장 시끌벅적하고 즐겁게 지내는 시기는 정월 13~16일까지이다. 우선 정월 13일에 재신을 노야묘에서 불러다 모셔서 집집마다 구경하도록 한다. 각 집은 자기 집안에 신년의 좋은 운과 한 해의 재운을 빌기 위해 재신에게 분향도 하고 돈을 담는 붉은 봉투紅包도 드린다. 그리고 재신에게 '돈을 벌게 해달라恭喜發財'고 빌기도 한다. 대보름에 다른 지역에서는 원소절元宵節이라고 불러 찹쌀로 만든 위안샤오元宵나 탕위안湯圓을 먹는데 링왕촌 사람들은 이와 달리 갱羹을 먹는다. 갱은 돼지고기, 두부, 토란, 당면豆面 등 여러 가지 식재료를 함께 끓여 소금과 다진 쌀을 넣어서 풀처럼 생긴 모양이 될 때까지 끓이는 음식이다. 마을사람들은 갱을 숟가락을 써서 먹지 않고 젓가락만으로 먹는다. 밖에 쪼그리고 앉아 용등과 폭죽을 보면서 갱을 먹는데, 추운 날씨에 풀처럼 생긴 갱은 빨리 식기 때문에 젓가락으로 갱의 표면을 말아서 한층 한층씩 먹을 수 있는 것이다. 갱 이외에도 지역 방언으로 '석병통席餅筒'13) 혹은 '유맥지油麥支'라는 음식도 먹는다. 이는 밀가루로 만든 얇고 큰 전으로 각종 야채와 수육을 싸서 기름에 튀겨 만드는 음식이다.	*일설에 따르면 재신의 신상은 두 기가 있다고 한다. 즉 노야묘 이외에도 와이왕 지역 구산바穀山壩의 재신전財神殿에도 한 기가 있다. 따라서 재신을 먼저 맞이하는 곳은 와이왕이라고 한다.14) **링왕촌의 용등놀이는 일종의 민속 축제이지만, 지방정부의 공식 입장에서는 일종의 민속 체육이기도 하다. 용등놀이 과정에 춤과 잡기雜技 등 체육의 요소가 들어 있기 때문에 지방정부는 이를 전통 민속보다는 민간 체육으로 유지하려 한다. 링왕의 왕씨 차남파가 린하이시의 대표팀으로 장쑤성江蘇省에서 열린 전국 용춤 경기에 나가서 상을 받은 적이 있다는 점은 이러한 지방정부의 민속활동에 대한 입장을 보여준다.

148

음력 날짜	세시풍속의 명칭	주요 내용	비고
		대보름 축제의 가장 큰 행사는 용등놀이擺龍燈이다. 과거에는 종족의 각 분파마다 각자 조직하여 용등을 만들었다. 집안의 성인 남자 한 명당 용의 조립부품 한 개와 두 개의 등을 만들고 이 두 개의 등을 용의 조립부품 안에 설치해야 한다. 이러한 부품들은 용등놀이 전날인 14일에 조립하고 15일과 16일 이틀 동안 용등놀이를 한다. 용등놀이가 끝난 후 각 집은 부품을 각자 집에서 보관한다. 내년 용등놀이 때 만일 부품이 아직 쓸 만하면 재활용도 할 수 있다. 현재에는 집집마다 만들지 않고 마을 전체가 단체로 용등을 한꺼번에 만들고 나서 시간을 정해 구역별로 용등놀이를 한다. 예를 들어 장남파가 거주하는 와이왕外王 구역은 16일에 용등놀이를 열고, 샤뎬下店과 상신우上新屋의 차남파와 삼남파는 15일에 같이 한다.	
음력 2월 2일	종자 파종種子下地	과거에는 음력 2월 2일에 파종과 농번기를 맞이하는 축제가 있었다. 이 축제는 링왕촌과 주변 지역에서 종자 파종種子下地이라고 부른다. 이 날 집집마다 자기 땅에 가서 논두렁에서 잔치를 하고 온 가족이 함께 한 해의 수확에 감사하며, 비와 바람이 때에 맞춰 와주기를 빈다고 한다.	음력 2월 2일의 종자 파종 축제는 전통적 농법과 관련된 것으로 보인다. 전통적 논농사는 벼의 이모작을 통해 수확량을 확보한다. 반면, 현재 벼의 이모작 농법은 이미 달라져 현재 파종 시기는 음력 2월이 아니다. 농법의 변화에 따라 파종 축제도 더 이상 안 하게 되었다.
3월 청명清明	청명	집집마다 가까운 조상(보통 오복 이내의 조상)의 산소에 찾아가 제사를 지내고 벌초한다. 이때 쑥과 찹쌀가루로 만든 쑥떡艾草青團을 먹는다.	이때의 제사는 묘제墳祭이다. 또한 이때는 한 해 중에서 '고월苦月'의 시작이다. '고월'은 농번기와 곡식이 부족한 춘궁기를 가리킨다.

음력 날짜	세시풍속의 명칭	주요 내용	비고
4월 입하入夏	입하 당일에는 여름신祭夏에게 제사한다. 음력 4월 8일에 '소의 생일'을 쇤다.	입하 당일에 '석병통'을 먹는다. 이 시기부터 무더워져서 본격적인 농번기가 시작된다. 석병통은 고기가 많이 들어간 튀긴 음식으로 체력을 보충한다. 과거에는 입하 당일에 여름신에게 지내는 제하라는 축제도 진행했었다. 입하 때에는 모내기를 하는 시기라서 과거에는 제하와 동시에 개앙문開秧門의 관습도 있었다. 소의 생일을 쇠는 것은 3장 2절을 참조.	마을사람들에 의하면 개앙문이라는 모내기 축하 관습은 수십 년 전부터 사라졌다고 한다. 소의 생일도 경우耕牛의 사용이 많이 줄어 지금은 드물고, 이때 먹는 음식인 '파리밥蒼蠅飯'만 남았다.
5월 5일	단오절	링왕촌에는 쫑쯔粽子를 먹는 관습이 있지만, 다른 곳에서 하는 용선龍舟 경기 풍습이나 강물에 쫑쯔를 던지는 관습은 없다. 그러나 창포, 쑥, 웅황주雄黃酒는 반드시 준비하는데, 이들은 집에 있는 독충을 쫓아내는 데에 쓴다.	
6월 6일	개 목욕 狗洗澡	개 목욕은 단지 개만 목욕시키는 것이 아니라 집에서 키우는 모든 동물과 가족들도 목욕을 해야 한다. 음력 6월 6일이 되면 가장 무더운 시기인 삼복이 시작되기 때문에 집안 전체를 청소하고 연기를 피워 모기와 독충을 제거한다. 사람과 동물 모두 목욕하여 환경과 개인위생을 잘 유지해야 한다. 이를 통해 무더운 계절로 인한 전염병을 예방할 수 있다. 이 날은 또한 '양고漾糕'라는 딤섬點心을 만들어서 사람과 개가 같이 먹는다.	
7월 15일	중원(백중날) 中元	중원, 청명, 동지는 모두 죽은 사람에게 제사를 지내는 명절이다. 그러나 중원절은 청명, 동지와 달리 죽은 지 얼마 안 되는 사람과 조상, 그리고 모든 잡귀에게 같이 제사를 지낸다. 그래서 중원절은 또한 '귀절鬼節'이라고도 불린다. 잡귀를 위로하기 위해 승려와 도사를 불러와 독경을 하며, 이 날 또한 석병통을 먹는다.	7월 30일에는 지장왕地藏王(지장 보살)의 날이라는 명절도 있다. 이 날에는 집밖과 도로 양쪽에 분향과 촛불을 설치해야 한다.

음력 날짜	세시풍속의 명칭	주요 내용	비고
8월 16일	중추절中秋節 (추석)	링왕촌의 중추절에는 월병月餠외에도 석병통과 다오마츠搗麻糍15)라는 음식도 먹는다. 다른 지역에서 중추절은 음력 8월 15일이지만 링왕촌이 소재한 타이저우 지역에서는 8월 16일이다. 그 이유는 명나라 만력萬曆 시기에 타이저우 톈타이현天台縣 출신의 한 호부상서戶部尙書의 모친이 불교 신도여서 매달 음력 1일과 음력 15일에 정진하여 고기를 먹지 않았다고 한다. 타이저우 지역 백성들이 이 모친의 정진을 존경하여 1일과 15일에 있는 명절들을 앞당기거나 늦추었다. 그래서 중추절과 대보름이 16일로 늦어어졌다.	
9월 9일	중양절重陽節	과거에는 각 집안의 노인에게 맛있는 음식을 만들어 효심을 표했는데 그중 찹쌀가루를 갈아서 흑설탕과 뒤섞어 먹는 음식이 있었다.	현재 중양절 때에는 주로 노인협회가 나서서 노인들에게 선물을 준다.
10월 13일	노야의 생신	5장 1절 참조.	
11월의 동지	겨울신에 대한 제사祭冬와 선조에 대한 제사祭祖를 지낸다(5장 2절 참조).	동지는 농번기를 지나 한 해의 수확을 얻는 시기이다. 집집마다 잔치를 열어 겨울신과 선조의 비호에 감사한다. 따라서 동지는 겨울신과 선조에게 제사하는 날이다. 동지날부터 '첨원甛圓'이란 단맛의 음식을 먹기 시작하는데 첨원은 탕위안과 비슷한 음식이다. 석병통과 '편식扁食(만두)'도 먹고 '뢰원擂圓'이란 단맛의 음식도 먹는다. 뢰원은 첨원을 콩가루에 넣어 콩가루와 뒤섞어 먹는 음식이다. 동지 이후 청명절까지 항상 단맛의 음식을 먹기 때문에 동지부터 청명절까지의 기간은 '첨월甛月'이라고 불린다.	과거에 동지는 선조에게 제사를 지내는 날이었고 이 제사는 사당에서 지냈다. 현재에는 사당이 없기 때문에 집에서 각자 진행한다. 마을 단위로 진행하는 활동은 겨울신에 대한 제사만 남아서 사실상 선조에 대한 제사도 겨울신 제사에 통합되었다.
섣달 24일~ 그믐	사년謝年, 제석除夕(섣달 그믐밤)	섣달 24일부터 사년과 제석 준비를 시작한다. 사년 때 구대완九大碗을 만들어 하늘과 조상에게 한 해의 수확과 비호에 대해 감사하고 내년의 풍작과 평안을 기원한다. 사년 직후 제석 때 온 가족이 같이 모이는 잔치團圓飯를 준비한다.	

2 선진 문화가 마을로 내려간다文化下鄕: 촌민의 새로운 삶

현대화가 링왕촌의 향토 민속생활에 가져온 가장 큰 변화는 향촌 사람들도 손쉽게 소위 도시적인 생활방식을 즐길 수 있게 되었다는 것으로서, 이는 '사회주의 신농촌 건설 운동社會主義新農村運動'으로 대표되는 현대적 향촌건설의 긍정적인 효과라고도 할 수 있다. 우리가 생각하는 중국 향촌의 재건은, 중국의 일부 복고파 지식인들의 주장처럼 과거 생활양식으로 돌아가는 것도 아니요, 급진적 도시화快速城鎭化의 길을 따라가는 방식의 현대화도 아닌, 향촌 내부로부터의 자발성과 다원성을 지닌 현대화의 길을 모색하는 것이다.

중국에서는 '부자가 되려면 먼저 도로를 정비해야 한다要想富, 先修路'는 말이 일종의 향촌 현대화의 법칙처럼 되었는데 링왕촌도 예외가 아니었다.

앞에서 언급했듯이 링왕촌에서는 남북향의 고대 역로驛路와 동서향의 고대 상업로商路가 합류하는데 그중 남북향의 역로가 더 중요하다. 이 역로는 현재 타이저우의 장안항章安港에서 시작하여 샤오즈진小芝鎭을 거쳐 산악 지역에 진입하여 캉구향康谷鄕과 링왕촌에 이른다. 링왕촌에서 펀쉐이링分水嶺을 넘어 싼먼현三門縣의 관내로

---

13) 타이저우 현지에서 현지 방언의 발음에 따라 '席餠筒'이라고 종종 표기하지만, 표준어로는 '食餠筒'이다. 지역성을 부각시키기 위해 본문은 타이저우 지역의 표기법을 기재했다.

14) 李爾昌主編, 『歷史文化名村: 嶺王』, 中國文史出版社, 2014, 285쪽.

15) '다오마츠搗麻糍'는 중국 남부 지역에서 유행하는 '츠바糍粑'란 음식의 현지 방언이다. 츠바는 찹쌀을 익을 때까지 쪄서 찐 찹쌀을 절굿공이로 빻아 만든 음식으로 떡과 유사하다.

진입하여 싼먼현을 통해 닝하이현寧海縣, 닝보시寧波市 또는 항저우
시杭州市까지 갈 수 있다. 역대 왕조에서 지역의 정치적 중심이 모두
타이저우의 북쪽에 위치했기 때문에 이 남북향의 역로는 제국 관료
들의 인사이동, 통신, 호송, 세금 징수, 군사 등 활동의 주요 통로였
다. 더구나 장안항에서 출발하는 뱃길을 따라가 남쪽 황옌黃岩과 자
오장椒江 등과 연결될 수도 있고 해상 항로와도 연결될 수 있기 때
문에 이 역로는 행정적 역할을 넘어 상업적 역할도 발휘하였다.

동서향 고대 상업로는 고대 린하이현의 숭화문崇和門에서 시작하
여 다톈진大田鎭과 둥청진東塍鎭을 거쳐 랑컹링郎坑嶺을 넘어 링왕
촌에서 남북향 역로와 합류하다가 도중에 남동쪽 해변의 타오주위
桃渚衛로 간다. 타오주위는 해변의 군사거점으로 이 길은 특히 명나
라 중후반의 왜구 침략 시기에 군사적 목적에 많이 쓰였고 해변의
염전에서 생산한 소금을 내륙지역의 진화金華와 리쉐이麗水에 판매
하는 데에도 중요했다.[16]

현재 링왕촌에 남아 있는 고대 역로의 흔적을 살펴보면, 넓이가
가장 넓은 곳은 와이왕外王의 옛 골목 일대로 평균 넓이는 약 2~3미
터이다. 리왕裏王에서의 역로 넓이는 한 사람만 통행할 수 있는 정도
로 줄어든다. 따라서 이 역로가 운송할 수 있는 물량은 제한적이었
다고 볼 수 있는데 그 원인은 이러한 역로가 과거 제국의 관료체제
에 종속되어 민간과 상업적 목적을 고려하지 않았기 때문이다. 그러
나 사실상 역로는 역사상 상업 번영 시기에는 상업로로 활용되기도

---

16) 민국시기 편찬한 린하이현의 지방지에 따르면 린하이 타오주 염전에서 생산
한 소금은 육로를 통해서 일곱 개의 현에서 판매되었다. 이 일곱 현은 지금의
타이저우시, 진화시와 리쉐이시 관내에 속한다. 何奏簧編纂, 丁伋點校, 『民
國臨海縣志』, 中國文史出版社, 2006, 191쪽.

하였다. 심지어 중화인민공화국 건립 초기까지도 링왕촌 사람들은 여전히 이러한 고대 역로를 통해 산촌에 갔다고 전해진다.

1959년에 이르러서야 75번 성도省道(성급 간선도로)가 건설되어 링왕촌이 린하이의 도심 지역과 연결되었다. 이 도로는 대체로 기존의 고대 동서향 상업로를 따라서 건설되었다. 처음에는 링왕촌 근처의 랑컹링瑯坑嶺 고개를 급커브길이 많은 산간도로로 넘어갔었다. 비록 이 급커브길을 넘어서 도심에 가는 건 쉽지 않았지만 이 도로는 농촌의 집단화 시기(1950년대 후반~1980년대 초반)에 큰 역할을 했고 고대 상업로와 역로를 완전히 대체하게 되었다. 이 시기의 저수지 건설 열풍이나 철강 제련大煉鋼鐵 운동 등 사회주의 건설 운동에 있어서 이 도로가 큰 역할을 했다.

2001년에 75번 성도의 랑컹링 터널이 개통되면서 도심과의 거리가 줄어 교통이 더 편리해졌다. 지금 링왕촌에서 출발하면 40분 이내에 도심, 기차역, 고속도로로 갈 수 있으며, 링왕촌에서 75번 성도를 따라 남쪽으로 가면 샤오즈, 두차오杜橋, 그리고 타이저우시에도 갈 수 있다. 그 외에 북쪽의 싼먼현과 연결되는 두 개의 현도縣道(현급 지선도로)도 있는데 이들 현도를 통해서 링왕촌은 인근 싼먼현 관내의 마을, 읍내들과 과거보다 더 밀접하게 연결된다.

이러한 편리한 교통 덕분에 마을의 젊은 세대들이 '분신술分身術'을 발휘할 수 있게 되는데 분신술에 필요한 도구는 자동차나 오토바이이다. 이들은 월요일부터 금요일까지 도심이나 주변 읍내에서 장사를 하거나 근무를 하고 주말이 되면 차를 끌고 시골에 계신 부모를 찾아와 부모와 함께 경영하는 녹차 밭을 돌보고는 일요일 밤에 다시 일하는 곳으로 떠난다. 심지어 최근 부동산 가격의 폭등으로 많은 20~30대 젊은이들이 도시에 집을 구하지 못해 부모와 함께 촌의 집에서 살면서 셔틀버스나 자가용을 이용해 도시로 출퇴근한다. 이러한 철새候鳥式 생활은 일정한 경제 조건과 교통 조건의 뒷받침이 있어야만 한다.

우리는 당연히 농촌에 거주하기를 희망하는데 왜냐하면 우선 농촌의 공기와 물이 좋기 때문이지. 지금 도시는 미세먼지가 너무 심하고, 린하이시에도 미세먼지가 많아. 그리고 도시에는 사람도 너무 많고 너무 복잡하고 어디에 가든 다 사람이야. 역시 농촌이 깔끔해. 또 다른 이유는 부모가 농촌 집에 계시기 때문인데 어쨌든 자식들이 부모를 모셔야 하니까. 요새 노인들이 참 불쌍하잖아. 집에 머물며 건강하신지 편찮으신지 관심을 갖고 이야기도 나눠야 해. 하지만 우리가 농촌에 계속 있을 수는 없지. 그러면 도시에서 하는 일들은 어쩌고? 현재는 돈 버는 것도 중요해. 돈이 없으면 아무것도 못해. 돈이 있어야 그걸 바탕으로 방법을 찾지.[17]

마을사람들이 도시의 생활방식을 즐길 수 있으려면 또한 인프라가 없이는 안 되는데, 이러한 인프라는 거시적 측면보다 미시적 측면이 잘 되고 있다.

예를 들어 링왕촌에서 전력 공급 관련 인프라는 일찍이 집단화 시기에 이루어졌다. 집단화 시기 저수지 건설 열풍과 함께 저수지를 활용해서 소형 수력 발전소를 건설하기도 하였다. 링왕촌의 전력 자급자족은 바로 이 시기의 수력 발전을 통해 실현되었다. 오늘날 링왕촌은 국가 송전망 편입을 통해 전력 공급이 더욱 안정화되어, 우리가 링왕촌에서 머무는 동안 정전을 겪어 본 적이 없다. 링왕촌에

---

17) 촌민과의 인터뷰 정리.

공급되는 전력은 가정용으로뿐만 아니라 녹차 가공과 관개에도 쓰인다.

수도 정비는 몇 년 전의 사회주의 신농촌 운동으로부터 시작되었다. 상수도 정비가 먼저 추진되어 이제 깨끗한 수돗물을 편리하게 집집마다 사용하고 있다. 쓰레기 집중 처리 모델도 마을에 도입되어 농촌에 쓰레기가 산처럼 쌓이던 상황이 바뀌었다. 조사가 진행되는 동안 하수도 배관공사도 진행되고 있었다. 몇 년 뒤에는 실외변소의 폐기물을 그냥 땅에 버리는 상황이 사라질 전망이다. 사실 수세식 좌변기와 샤워실이 있는 신식 화장실은 이미 오래 전부터 유행했고, 집을 새로 짓거나 개조하면 신식 화장실을 짓는다. 다만 하수도 시스템이 정비되지 않아 폐기물 처리를 외부 운수업체에 맡겨야 했었다. 몇 년 뒤면 하수도 정비와 소형 폐수처리시설 완공으로 이런 문제가 없어질 것이다.

그러나 인프라 정비 과정에서 현대적 기술과 장비 투입에 대해 촌민들 중 다른 의견을 가진 이도 있었다.

이렇게 신농촌 건설로 도입된 쓰레기 처리나 하수도 같은 기술들이 편의를 가져다주긴 하지만 미래는 고려하지 못한다고 봐. 우리 조상들이 우리에게 남겨 준 것은 겉으로 보면 지저분하고 후지지만 미래에 대해선 좋은 거지. 무슨 말이냐면 옛날에 쓰레기나 폐기된 농작물 줄기 등을 그냥 땅이나 하천 옆에 쌓아 놓고 큰비가 내리면 다 썩은 뒤에 땅에 버려 비료로 쓰거나 하천에 버려 물고기와 새우들의 먹이가 되었잖아. 지금 쓰레기는 집중 처리되어서 모두 트럭에 싣고 소각되거나 매립돼. 문제는 어디에 매립하느냐, 도시의 쓰레기조차 매립할 수 없는데 소각하면 대기가 오염될 수 있을 텐데 말이야. 옛날에는 돼지우리나 변소의 분뇨를 썩히면 바로 비료로 땅에 뿌릴 수 있었는데 지금은 이런 천연 비료가 다 없어지고 돼지도 못 키우고 옥외변소도 수세식 화장실로 개조돼 버리고 분뇨는 다 수집하여 배출하라고 하니. 어디로 배출하느냐 하면 결국 하천에 버려. 결국 하천을 오염시키는 셈이지. 게다가 최고의 비료를 괜히 낭비하는 셈이지. 그래서 지금 농사짓는 사람들은 다 화학비료를 뿌려. 화학비료는 믿을 만한가? 화학비료도 토지를 오염시킬 텐데……18)

마지막으로 마을사람들이 도시생활을 즐기는 것이 가장 현저하게 표현되는 현상은 통신과 인터넷의 보급이다. 도시사람들은 어딘가에 앉자마자 와이파이 비밀번호를 달라고 하는 게 이미 일종의 습관이 되었지만 놀랍게도 링왕촌에서도 이러한 현상이 존재한다. 40, 50대 이하의 상당수 마을사람들은 컴퓨터, 스마트폰, 인터넷을 능숙하게 사용하고 더 젊은 세대들은 타오바오淘寶 등 전자상거래 플랫폼을 이용해서 온라인 판매와 쇼핑을 한다. 전통적인 민속과 마을 경관을 유지하고 있는 링왕촌에서 인터넷 쇼핑 택배를 배송하거나 접수하는 택배기사들을 자주 만날 수 있고, 채팅 프로그램과 전자상거래 앱의 알람 소리도 흔히 들을 수 있다.

인터넷이 촌락사회의 삶에 가져온 변화는 분명히 크다. 많은 노인들은 젊은 세대가 집에 오자마자 컴퓨터를 켜놓거나 스마트폰만 본다며 불평한다. 철새처럼 마을과 도시를 오가는 젊은이들에게 가족과 함께 보내는 시간은 많지가 않은데 그 시간조차 작은 스크린을 들여다보는 걸 노인들은 도저히 이해하지 못한다.

이러한 링왕촌 촌민들의 새로운 생활방식을 통해 마을의 삶에 존

---

18) 촌민과의 인터뷰 정리.

재하는 단층을 볼 수 있다. 즉 링왕촌 사람들은 공간적 삶의 근거지를 공유하는데, 그 속에서 노인들은 여전히 괭이를 메고 농사를 짓는 전통적 향토생활을 고수하고, 중장년들은 자동차를 끌고 녹차 판로를 찾으며 더 많은 돈을 벌려는 현대인의 삶을 살며, 철새처럼 도시와 농촌을 오가는 젊은 세대는 좀 더 파편화된 삶을 즐기고 있다.

링왕촌은 전환 중인 촌락사회이다. 전통 농경시대의 '토지의 속박'에서 벗어나 식량부족으로 인한 굶주림을 극복했고, 녹차 산업을 통해 촌민의 소득이 향상되었으며 일 년 내내 토지에 매어있는 전통적 생활방식에 변화가 생겨났다. 촌민들은 상업활동을 비롯한 다양한 활동에 종사하며 소득이 증가했다. 그러나 여전히 토지제도의 변혁은 관건으로서, 링왕촌 토지제도는 전면적 '현대화'가 아직은 더디게 이뤄지게 만드는 작용을 하고 있다. 우리가 보기에 링왕촌 토지제도 변혁은 급진적 도시화快速城鎮化 방식으로는 어려운데, 왜냐면 링왕촌은 도시에서 멀리 떨어져 도시로의 지리적 편입이 어렵기 때문이다. 링왕촌처럼 나름의 독특한 역사·문화·산업에 기반한 현대화 전환을 하고 있는 촌락이 중국 전체에서 이루어지는 급진적 도시화라는 획일적 모델을 따라간다면, '천촌일면千村一面(모든 마을이 똑같다)'이라는 향촌 현대화 건설의 곤경에 빠지게 된다.

따라서 우리는 링왕촌의 현대화 방식이 링왕촌 자체의 사회경제 문화적 요소를 기반으로 이뤄지는 모델이 되길 기대한다. 녹차 산업을 링왕촌 촌민의 새로운 생계모델로 만들어내는 과정에서도 왕씨 종족이라는 '전통적' 요소가 중요한 추진력이 되었다. 현재 링왕촌에서는 계속 역사문화 발굴사업이 이뤄지고 있는데 촌민, 촌 간부, 상급정부 사이에는 '전통적' 요소를 살리는 방식으로 역사문화 발굴과 촌락개발이 이뤄져야 한다는 공감대가 점점 형성되고 있다. 이 과정에서 우리 조사단과의 끊임없는 토론도 역할을 하였다. 링왕촌의 사례를 통해 우리는 중국 농촌의 현대화에 다원적인 경로의 가능성과 중요성을 제시하고자 하며, 이것이 다른 촌락들의 개발과 재건에 중요한 시사점이 되기를 희망한다.

제5장 전통성과 향토성의 표상으로서의 신앙 세계
作為傳統性和鄉土性表征的信仰世界

1 마을사람들의 신앙 세계

(1) 민간의 신령 숭배: 백학대제白鶴大帝와 노야묘老爺廟

링왕촌의 전통문화에서 신령신앙은 가장 생명력 있는 것으로서 오늘날까지 남아있다. 마을사람들은 이제 다시 과거처럼 신령에게 공양과 의례를 바친다. 수백 년의 과정을 통해 신령 숭배의 공간과 함께 숭배의 예식과 세시풍속도 생겨났다. 이러한 역사적 변화를 현재의 링왕촌 사람들을 통해서 볼 수 있다. 우리는 링왕촌 마을사람들과 함께 지내며 '노야老爺의 생신'이라는 성대한 예식을 관찰하였다.

〈2014.10.29. '노야의 생신' 의식 사례〉
마을사람들에 따르면 오늘은 노야의 생신이라고 한다. 많은 사람들이 노야묘에서 묘회廟會를 열었다. 우리도 마을사람들에게서 초대를 받았다. 예전에 '노야의 생신'이란 의식을 들어 본 적이 있는데 보통 음력 9월 9일과 음력 10월 13일이라고 한다. 그러나 오늘은

9월 9일도 10월 13일도 아니다. 그렇다면 왜 오늘 노야의 생신을 축하할까? 질문하자 어떤 마을사람이 알려 주었다.

"올해 9월은 윤달이잖아. 그래서 9월 9일도 두 개가 있어. 바로 오늘은 윤년 9월의 9일이고. 그런데 지난 9월 9일 의식에는 오늘보다 사람이 훨씬 더 많았어. 제사를 지낸 사람이 몇 백 명까지 있었어. 오늘도 적어도 백 명이 넘을 것 같아."

저녁 후 두세 명씩 모여 노야묘에 가는 마을사람들과 함께 출발하였다. 이들은 모두 제사를 지내러 가는 중이었다. 노야묘는 마을의 끝에 위치하는데, 곧 싼먼현三門縣 방향으로 가는 도로가 산으로 접어드는 시작점의 왼쪽에 있다. 이는 엔담圍墻이 있는 작은 절인데 내가 도착하였을 때에는 수많은 마을사람들이 본채에 모여 있었으며 노야의 생신을 축하하는 예식의 시작을 기다리고 있었다. 인원수는 생각보다 훨씬 더 많다. 한 200명 정도에 달했다. 먼저 도착한 어르신들은 이미 등촉에 불을 붙였으며 절의 본채 가운데 둘러앉아 있었다. 제상 위에 노야에게 봉양되는 제물이 놓여 있었다. 제물은 각종 고기 요리, 과일과 과자 등이었다. 제물 앞에 있는 향로안에 불타고 있는 향香 세 개가 꽂혀 있었다. 앉아 있는 어르신들은 『반야심경般若心經』을 읽거나 노야 상 앞에 무릎을 꿇고 엎드려 절하고 복을 빌었다. 절 안 곳곳에서 등촉의 불빛이 환하고 향 연기가 피어올랐다. 사람들의 고조되는 목소리와 함께 절 안 분위기가 북적인다.

노야묘는 크지 않다. 세 쌍의 나무기둥이 전체 건물을 지탱한다. 따라서 실제로 노야묘의 구조는 링왕촌의 전통 민가의 구조와 대동소이하다. 다만 전통 민가보다 내부 공간이 더 넓을 뿐이다. 건물의 건축재를 보면 주로 목재·벽돌·기와 등 전통적인 건축재인데 실제로는 현대 마을사람들이 옛날 모습에 따라 전통적인 건축재로 복원한 것임을 알 수 있다. 건물 위에는 '운예전雲霓殿'이라는 글자가 나무편액에 크게 쓰여 있다. 마을사람들이 숭배하는 노야라는 신령은 본채 가운데에 있다. 노야는 기실 흙으로 만든 고대 남자와 여자

모습을 갖고 있는 신상神像이다. 두 신상은 남좌여우男左女右(남자는 왼쪽, 여자는 오른쪽) 규칙에 따라 놓여 있다. 이들 신상 아래쪽에 작은 나무로 만든 두 개의 신상도 감실神龕에 앉은 자세로 놓여 있다. 이들도 마찬가지로 남녀로 나뉘어 비슷한 모습이다. 따라서 이들 작은 신상도 실제로는 노야의 신상이다.

마을사람들에 따르면 정월(음력 1월) 15일 노야과 관련된 다른 행사도 있다고 한다. 마을사람들이 이 작은 신상들을 받들고 마을 내를 행진하는 것이다. 마을사람들에 따르면 신상을 맞이하는 사람은 각자의 집 앞에서 올해의 평안과 풍작을 위해 복을 기원하며 집집마다 제물과 금전을 노야에게 공양하여 노야의 보우를 빈다.

노야 신상의 왼쪽에 서 있는 두 개의 신상은 재신財神이다. 한 개는 백발이 성성한 노인의 모습이고 한 개는 손에 큰 칼을 잡고 얼굴이 붉은 무장의 모습이다. 후자는 무武재신이자 마을의 수호신인 관왕關公이다. 전자는 링왕촌에서 정월 13일 또는 14일에 모시는 문文재신이다. 다른 쪽에 서 있는 두 개의 신상은 각각 학업을 보우하는 서성書聖과 건강을 보우하는 약왕藥王이다. 집안에 학생이 있거나 몸이 안 좋은 가족이 있으면 자주 여기에 찾아와 기원한다. 이상 6개의 신상은 노야묘의 앞면에 놓아두고 양쪽에는 각각 2개의 무서운 얼굴의 호법護法 신상이 서 있다.

시간이 지나며 노야묘로 들어온 사람이 갈수록 많아진다. 일부 사람은 부엌에 가서 간식 만드는 걸 돕는다. 노야의 생신을 축하하는 의식에서 참석자가 먹는 간식은 일반 과자가 아니라 여러 가지 야채와 납육을 잘라서 쌀과 같이 끓이는 죽으로, 현지 방언으로는 '갱羹'이다. 노야 신상 앞아 둘러앉은 노인들이 점점 많아지면서 공간이 모자라 호법 앞에 줄줄이 앉았다. 본채 내에는 노인들, 특히 할머니가 대부분이다. 이들은 반야심경을 익숙하게 음송하고 있다. 방언으로 음송하는 걸 알아들을 수는 없어도 이들의 경건함은 느껴진다.

시간이 지나 벌써 8시다. 한 어르신의 인솔에 따라 모든 참석자들이 일어나 경을 음송하였다. 이때부터 노야의 신령 불러오기가 시작된다. 경을 음송한지 한 20분쯤 지나고 나서 어떤 사람이 폭죽과 불꽃을 터뜨렸다. 이 시점이 노야 신령이 인간의 세계로 내려오는 시점이라고 여겨진다. 이와 동시에 인솔자가 복을 기원하는 말을 외치고, 다들 그를 따라 복을 기원하거나 노야의 생신을 큰소리로 축하하였다. 이런 방식으로 이 마을은 해마다 평안을 빈다. 그다음 마을사람들이 줄줄이 신상 앞으로 가서 노야에게 무릎을 꿇고 엎드려 절한다. 부엌일을 돕는 이들이 줄을 서서 기다리는 사람들에게 간식인 갱을 나누어 준다. 본채에 있는 노인들은 다시 앉아서 경을 음송한다. 이런 의식을 진행하고 간식도 다 먹고 나니 어느새 10시 반이었다. 나는 오늘 한 인터뷰를 정리해야 해서 먼저 고별인사를 하였다. 한 명씩 노야에게 복을 비는 의식은 밤 12시를 넘길 수도 있으며 마지막에는 시작할 때처럼 노야 신령을 돌려보내고 폭죽과 불꽃도 터뜨린다고 한다. 과연 12시 반 쯤 되었을 때 폭죽 소리가 들리고 마을사람들이 집으로 돌아가는 소리도 들렸다.

마을사람들과 함께 '노야의 생신'을 축하하며 우리는 노야신앙의 기원과 역사에 관해서 마을사람들에게 많은 질문을 했다. 먼저 왜 마을사람들은 '운예전'을 '노야묘'로 부를까? 노야묘에서 공양되는 노야는 도대체 어떤 신령인가?

노야묘로 부르는 건 우리 어렸을 때부터 이미 그랬어. 우리 부모님이 그렇게 부르라고 가르쳐 주셨어. (질문: 노야묘의 신령도 노야라고 가르치나?) 맞아, 우리 부모님도 절에 있는 신령을 노야라고 부르셨지. 그런데 우리도 이 노야가 도대체 누구인지 어떤 신령인지 몰랐어. 어쨌든 우리는 어렸을 때부터 노야에게 절해 왔어. 일반적으로 집안에 중요한 일이 있으면, 예를 들어 가족 중에서 몸이 안 좋은 사람이 있거나 입학시험을 볼 학생이 있으면 노야묘에 가서

절하고 향으로 공양하곤 하는데, 스님 혹은 도사를 초대해서 경을
외고 보우를 빌기도 해.

족보에 따르면 노야묘와 노야묘 옆에 있는 비구니의 암자는 링
왕 왕씨의 시조인 왕하오王皞의 첫째 아들이자 차남파의 시조 왕웨
이량王惟良이 지었던 것이라고 하는데, 지금의 위치가 아니야. 족보
에 기록된 위치는 지금 와이왕外王에 있는데 정확한 위치를 찾지
못했어. 하지만 절의 이름은 족보에 따르면 바로 '운예전'이라고 해.
족보에 따르면 당시의 건물은 지금보다 훨씬 더 컸을 거라고 추측
할 수 있어. 지금의 와이왕에 다른 작은 노야묘도 있는데 그 절은
나중에 복원된 거야. 최초의 노야묘는 그 위치에 있던 게 아니야.
(질문: 그 노야묘는 어디에 있나? 왜 우리가 본 적이 없나?) 그 절은
불법이야. 공급·수매 합작사供銷社 뒤에 있는 건물인데 평소에 문
을 안 열어. 그래서 당신들이 모르는 거야. 우리 링왕에서 공식적으
로 기록된 절은 지금의 노야묘와 비구니의 암자, 이 두 개만 있어.
개혁·개방 이후 민간종교가 다시 허용되었지만 반드시 기존의 공
식 기록이 있는 절에서만 종교활동을 해야 한다는 법령이 있어. 와
이왕의 절은 공식 기록이 없어서 종교사무국宗敎事務局에 등록할
수 없었어. 그래서 지금의 절도 다 재건된 거야, 새로 지을 수는 없
어. 와이왕의 절은 새로 지은 거나 마찬가지라 사실상 불법이야.

즉 노야묘의 유래와 노야란 신령의 유래에 대해 대대로 전해진 얘
기가 남아있지 않고 노인들도 정확한 설명을 제시하지 못한다. 우리
는 노야 신앙에 관련된 문헌자료를 통해서 이 문제를 풀어나가고자
한다.

예식 때 사람들을 인솔하여 경을 읽은 할아버지를 찾아 노야의 유
래에 대해 물어봤지만 사투리가 심해서 많은 정보를 얻지를 못했다.
다만 '노야는 백학대제白鶴大帝'라는 정보를 얻을 수 있었다. 노야의
공식 호칭이 백학대제라는 해석은 운예전이라는 이름에 부합한다.

도교에서 백학과 운예雲霓(구름과 무지개)는 항상 같이 나타나는 종교적 이미지다. 도교에 따르면 백학은 도를 닦은 도사가 하늘에 올라갈 때 타는 동물이고, 하늘에 올라가는 동시에 운예가 도사를 둘러싸 새털이 솟아난다고 한다. 이는 도교의 '승학乘鶴'과 '우화羽化'라는 개념으로서, 죽지 않고 영원히 사는 신선이 되는 것이다. 따라서 노야와 백학대제의 관계가 확인된다면 노야 신앙은 지역적 차원의 도교 신앙이라고 판단할 수 있다.

타이저우台州의 학자들에 따르면 백학대제는 백학숭화白鶴崇和대제라고도 부르며 속명은 자오빙趙炳이었다고 한다. 자오빙은 후한 시기 동양東陽(현 저장성 진화시) 출신의 인물로 정사正史에도 기록되어 있다. 『후한서後漢書·방술열전方術列傳·쉬덩徐登』에는 쉬덩과 자오빙의 방사方士 활동이 기록되어 있다.

쉬덩이라는 사람은 민중閩中(현 푸젠성 취안저우시) 출신이었다. 처음에는 여자였는데 남자로 변했고 무술에 능했다. 자오빙(자 공아公阿)이라는 동양 출신은 월越(저장성, 푸젠성 일대) 지역의 방술에 능했다. 고대의 동양은 지금의 우주婺州(현 저장성 진화시)이다. 『포박자抱樸子』에 따르면 도사인 자오빙은 기氣로 사람을 꼼짝 못하게 할 수 있고, 사람들이 호랑이를 잡아오면 자오빙이 기로 호랑이가 머리를 숙이고 눈을 감게 만들었다고 한다. 또한 자오빙이 말뚝에 못을 박고 숨을 불자마자 못이 화살처럼 날아갔다고 기재되어있다. 『이원異苑』에는 '자오허우趙侯(자오빙의 존칭)가 대야에 물을 담고 숨을 불어넣자마자 물고기 같은 동물이 생겨났다'는 기록도 있다. 당시는 전란과 전염병이 나타난 시기였다. 쉬덩과 자오빙은 우상烏傷(현 저장성 이우시 동부)에서 만나 방술을 활용하여 함께 전염병을 치료하자고 약속했다. 쉬덩이 자오빙보다 나이가 많아 자오빙은 쉬덩을 스승으로 모셨다. 나중에 쉬덩이 죽자 자오빙은 혼자 장안章安

(현 린하이시 동남쪽 장안진)으로 갔다. 많은 장안 백성들이 자오빙의 신통함을 믿고 그를 신봉하자, 장안의 현령은 자오빙이 요사스러운 말로 대중을 미혹한다는 죄명으로 그를 체포하여 죽였다. 그 후 백성들은 융캉永康(동양 근처 한 현의 이름)에서 자오빙을 위한 사당을 지었다.[1]

자오빙이 죽은 후 그의 시신은 자오장椒江에 버려졌는데 밀물로 인해 자오장 상류의 바이허산白鶴山 산기슭까지 표류해갔다고 전해진다. 그리하여 백성들은 바이허산에 사당을 지었고, 이것이 백학대제라는 호칭의 유래이다. 북송北宋 시기 후侯의 작위가 책봉되었고, 남송南宋 시기에는 송의 고종황제가 금나라의 침공에 배를 타고 도망갈 때 자오빙의 신령이 바다에 나타나 고종황제를 구함으로써 왕王의 작위로 승급되었다. 따라서 마조신媽祖神 출현 전에는 자오빙이 동남 연안지역의 해상 수호신이었다고 할 수 있다.[2]

이제 우리는 링왕촌 사람들이 모시는 노야가 백학대제인 자오빙임을 알 수 있다. 또한 노야묘에 있는 여성 신령은 '남자로 변한' 쉬덩일 확률이 높다.

다른 한편, 처음에 방사였던 자오빙은 저장 중·동부의 산악 지대에서 전염병에 맞서는 수호신으로 간주되었다. 그 이후 자오빙에 대한 숭배는 점점 확산되며 의미도 달라졌다. 즉 하천으로 연결된 산야·평야 지대에선 자오빙이 평안을 지키는 수호신인 반면 연안 지

---

1) 王及,「天妃以前的海洋保護神: 白鶴崇和大帝趙炳」,『台州學院學報』, 2009. 02, 19~23쪽.
2) 앞의 글.

대에선 자오빙을 해상 수호신으로 받들었다. 산촌인 링왕촌은 전자에 속한다. 린하이臨海·톈타이天台·셴쥐仙居 등의 지역은 백학대제 신앙이 처음 나타난 곳이기 때문에 기존 신앙의 핵심을 유지했다. 그러나 바다 근처의 하이먼海門·원링溫嶺·황옌黃巖·루차오路橋·위환玉環 등 지역의 사람들은 자오빙이 바다를 진정시킬 수 있었다는 이야기로 인해 그를 해상 수호신으로 여겼다.[3] 심지어 후난湖南 중부 지역에서는 자오빙의 월越 방술의 변종인 '축유과祝由科'라는 방술이 근대까지 유행했다. 따라서 저장 중·동부 지역으로부터 출현한 백학대제 신앙과 저장 연안 지역에서 변화된 신앙은 모두 신비한 방술에서 벗어났고, 그 신앙이 발생한 배경인 월 방술은 다른 지역으로 이동하였다.[4]

위의 내용을 통해 노야 신앙의 유래가 확인되었지만, 사실 이보다 중국근대사의 비바람 속에서 링왕촌의 노야 신앙이 어떻게 살아남으며 유지되었는지가 더 중요할지도 모른다. 이에 대해 우리는 마을 사람들이 들려준 이야기를 통해 단초를 찾을 수 있다.

(질문: 예전의 노야묘와 관련된 이야기를 들려 달라.) 예전의 노야묘에는 나무로 만든 신상만 있었어, 흙으로 만든 노야 신상은 없었지. 원래 원소절元宵節(정월 대보름) 때 이 나무 노야를 들고 마을을 돌아 다녔어. 나무 노야는 별로 무겁지 않거든. 그리고 나무 노야는 흙으로 만든 것보다 훨씬 잘 만들었어, 조각된 무늬도 정교하잖아. 문화대혁명 땐 '파사구破四舊(낡은 사상·문화·풍속·습관의 타

---

3) 앞의 글.
4) 앞의 글.

파)' 때문에 그 두 나무 신상만 빼고 다른 신상들은 다 파괴됐어. 어떤 사람이 그 두 신상은 산속에 묻어 숨겼거든. 나는 그 사람이 신상을 어디 숨겼는지는 몰랐지만 어쨌든 결과적으로는 파괴되지 않고 보존됐지. 그래서 문화대혁명 직후 사람들이 신상을 다시 찾아서 노야묘를 새롭게 지었어. 근데 몇 년 전 '노야의 생신' 때 화재가 나서 두 나무 신상이 불타서, 지금의 흙 신상과 나무 신상은 다 우리가 돈을 모아서 새롭게 만든 거야.

　　(질문: 그러면, 문혁 때 이야기를 좀 더 해 달라. 예를 들어 문혁 때 노야를 믿은 사람들이 어떻게 믿었는지…….) 그래, 사실은 문화대혁명 당시에도 믿는 할머니들은 계속 믿었잖아. 물론 공개적으로 종교 활동을 할 수는 없었지만, 암암리에 노야 숭배를 계속 했지. 예를 들어 노야의 화상畫像을 문 뒤에 붙이고 기도하기도 했고, 집에 모여서 같이 작은 소리로 기도하기도 했지. 문화대혁명 말기부터는 나와서 제지하는 사람이 없어졌기 때문에 신도들의 담력이 점점 커졌어. 그래서 어젯밤 노야의 생신 때에 사람들을 인솔하고 경을 읽은 그 할아버지가 그 당시에 노야묘를 복원시키자고 제의했지. 우리는 그 제의를 받아들여 돈도 많이 모아서 그 할아버지에게 노야묘 복원 일을 맡겼어. 그 할아버지는 노야묘도 잘 관리하시고 이런 '미신迷信' 관련 일도 잘 아셔. 우리는 거의 다 모르지. 그래서 여러 가지 의식을 하려면 그 할아버지를 빼면 할 수가 없어. 의식에서 어떤 장면에 어떤 기도를 해야 하는지 그 할아버지만 아시니까.

　인터뷰에서 언급된 그 노인은 노야 신앙 관련 제사와 의식을 진행할 뿐 아니라 전통 장례식도 진행한다. 이러한 제사와 의식에서 그 노인은 사실상 보통사람들과 신령(혹은 조상의 영혼)간의 '중개' 역할을 한다. 문제는 그 노인을 제외하면 링왕촌 마을사람들 중 '미신' 활동을 할 수 있는 사람이 한 명도 없다는 점이다. 각종 제사나 의식 절차와 특정 절차마다 해야 하는 말, 또 음송할 경문들을 배우기가 쉬운 일이 아니고 젊은 세대의 입장에선 이런 일들이 별로 매력이 없기 때문에 노인의 후계자가 나오지 않을 가능성이 높다.

게다가 백학대제를 가장 경건하게 믿는 신도는 백발이 성성한 할머니들이다. 따라서 단기간에 노야 신앙으로 대표되는 민간 신령 숭배가 사라지고 신도들과 신앙의 장소가 없어지진 않겠지만, 제사 의례가 전승될 가능성은 상당히 낮다. 표면적으로는 많은 신도들이 믿고 있지만, 신앙의 실질 내용은 현대사회에서 변화되고 있어서, 기능적 목적의 비중이 점점 커지고 있다.

그러나 현대사회에서 신령 숭배의 적극적 의미가 전혀 없다는 뜻은 아니다. 신앙은 마을사람들을 단결시키고, 신앙의 장소인 노야묘 같은 곳은 마을사람들에게 공공 공간을 제공한다고 볼 수 있다. 따라서 신령 신앙은 현대화로 인한 촌민 생활공간의 상호 분리와 개인들의 원자화原子化를 막는 역할을 하고 있다. 특히 마을에서 장기간 떠나 도시에 가서 일하는 마을사람들에게 '노야의 생신'은 향토적 향수를 느끼게 만드는 중요한 요소이다.

(2) 종수당鍾秀堂과 불교신앙

백학대제라는 신령에 대한 민간신앙 외에 불교 또한 링왕촌 신앙 체제의 중요한 일부분이다. 불교신앙은 백학대제 신앙과도 융합되었다. 예를 들어 불교의 『반야심경』은 백학대제 신앙 관련 각종 의식에서 나타난다. 우리는 링왕촌에서 조사할 때 몇몇 할머니들이 모여 집에서 독경하는 장면을 흔히 볼 수 있었다. 마을사람의 장례식에 참석하였을 때에도 망령의 안식을 위해 불경을 음송하는 광경을 보았다. 불교는 마을사람의 신앙생활에서 중요한 지위를 차지하고 있다.

노야묘 옆의 비구니 암자는 불교신앙이 과거에 흥성했음을 보여준다. 이 암자의 공식 이름은 종수당鍾秀堂인데 왕웨이량이 건축한 것이라고 전해지며 종수당의 부지는 바뀐 적이 없다고 한다. 종수당과 노야묘는 마을 동산의 산허리에 자리하여 마을의 집들보다 좀 더 높은 곳에 있어서, 종수당과 노야묘에서 링왕촌을 내려다 볼 수 있다.

　지금의 종수당은 원래 부지에 재건된 거야. 처음엔 왕웨이량이 지은 게 아니야. 구체적으로 언제 누가 지금의 종수당을 지었는지는 잘 몰라. 아무튼 재건된 종수당의 문 양쪽에 대련對聯을 쓴 사람이 왕원칭王文慶이라고 전해져 내려오지. 대련의 내용은 '風聲寂靜半竽修竹倚門栽, 雲影空明一曲清溪當戶繞'[5]라고 지금은 잘 안 보이지(우리가 직접 가서 확인해 보니 확실히 글자가 잘 안 보였다). 재건을 왕원칭이 활동한 시기에 했다면 아주 오래되지는 않은 거야.

　암자 안에 들어가려면 먼저 문 앞의 16 계단으로 올라가야 하고, 쭉 가면 미타전彌陀殿이라는 정전正殿이 있고, 그 양쪽은 곁채廂房야. 미타전은 남향이고 양쪽 곁채는 동서향인데 비구니들이 생활했던 곳이지.

　(질문: 종수당에 비구니들이 진짜 있었나?) 있었지, 그래서 우리는 보통 '비구니 암자尼姑奄'라고 불러. 민국 시대에는 가서 참배하는 사람들이 많았어. 비구니들도 마을사람을 위해 제사를 지내거나 장례식에 법사法事를 했지. 해방(1949) 이후에도 4명의 비구니가 계

---

5) '고요한 바람소리 속에서 가느다란 대나무 숲이 문으로 기울어지면, 밝게 빛나는 구름 그림자가 정원 앞에 둘러싼 맑은 개울에 비치네.'라는 뜻이다.

속 있었어. 하지만 1958년에 이들을 모두 다 강제로 환속시켰어. 왜
냐면, 당시 이 비구니들이 (농업)생산활동을 안 했잖아, 그 당시엔
생산활동을 안 하는 사람에게 식량을 안 줬어. 반드시 생산활동을
해야 했지. 그래서 암자 밖으로 쫓아낼 때 그들이 많이 울었어. 그
때 이 암자에 두 명의 비구니만 남게 되었고 둘 다 나중에 우리 마
을사람과 결혼했어.

나중에 이 암자 건물이 학교 건물로 쓰였는데 이 학교가 바로
'링왕 농업중학교'야(암자 정문 위의 현판에 남아 있는 모호한 글자
를 확인해 보니 '링왕 농업중학교'라고 쓰여 있었다). 문화대혁명
시기에 생산대生產隊가 녹차 가공을 할 때 여기를 녹차 가공공장으
로 바꿔서 사용했어. (질문: 저기 몇 개의 굴뚝은 그때 설치한 건
가?) 아니, 그건 나중에 80년대 들어 향진기업鄉鎮企業 만들 때의
일이야. 향진기업을 만들어 처음에는 대나무 이쑤시개竹簽를 생산
하다가 나중에 우리 마을이 항저우杭州 시후西湖 TV공장에 주문생
산(OEM)을 할 때에도 거기를 작업장으로 썼어. 그래서 지금은 비
구니도 없고 신상도 없고 예배하는 사람도 없어. 그냥 그대로 비어
있어. 하지만 우리가 이걸 (정부기관에) 등록할 땐 '종교장소'라고
등록했어. 그래서 다시 절로 복구할 수 있었지.

종수당이 종교장소에서 학교·공장으로 바뀌었다가 오늘날까지
비어 있는 현상은, 제의적 불교신앙이 링왕촌의 향토 관습 속에서
사라지고 있음을 보여준다. 그러나 불교신앙 자체는 일부 촌민의 믿
음 그리고 불교와 민간신앙의 융합 속에서 유지되어왔다. 불교가 링
왕촌에 미친 영향은 상당히 깊으며, 문화대혁명 등의 역사적 사건과
현대 문화의 충격 속에서도 쉽게 뿌리 뽑히지 않았음을 알 수 있다.
불교나 백학대제 신앙과 같은 전통 신앙은 상대적으로 많은 신도들
의 믿음을 통해서 유지되어 왔다. 비록 현대화 속에서 이러한 인적
요소가 전통관습 유지에서 행하는 역할이 줄어들고 있기는 하지만,

적어도 링왕촌 일대 문화생태의 다양성 유지에 있어서는 여전히 매우 중요한 역할을 하고 있다.

그림 5.1 링왕촌에서 노야묘(운예전)와 종수당의 위치

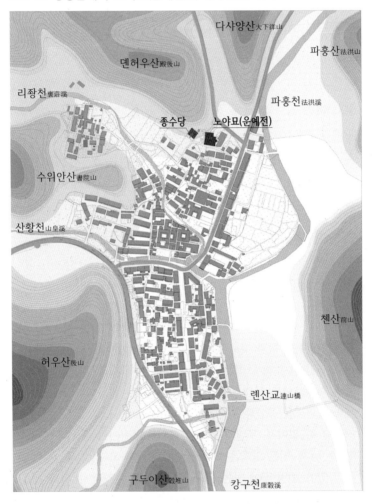

(1) 사당祠堂의 죽음과 부활

링왕촌은 왕씨 집성촌이라서 왕씨 사당은 당연히 마을의 가장 중요한 공공 건축물이다. 그러나 지금의 링왕촌에는 왕씨 사당은 없고 과거의 유적만 남아 있다. 조사 결과에 따르면 링왕촌에 링왕 왕씨의 사당이 두 곳 있었다. 하나는 상신우上新屋에 위치한 대사당大祠堂이다. 이는 청나라 말에 건축되었고 세 물길이 합쳐지는 곳三水夾金과 렌산교連山橋를 마주하며 양쪽에 오래된 측백나무와 회화나무가 서 있었다고 전해진다. 대사당이 있던 부지는 오늘날 노인협회가 활동하는 장소이다. 또 하나는 리왕裏王에 있었던 리왕 사당이다. 지금의 리왕 사당은 농지가 되었고 몇 개의 나무기둥을 지탱한 동그란 기반만 남아 있다. 이 사당의 건축 시기는 대사당보다 더 이르다고 여겨지지만 구체적으로 어느 시기인지를 고증하긴 어렵다. 상신우 대사당에 대해서는 많은 촌민들은 아직 기억을 가지고 있다.

우리 마을 대사당의 정문은 지금의 노인협회 정문처럼 북쪽에 위치해 남쪽을 향한 것坐北朝南이 아니라, 동쪽에 위치해 서쪽을 향하고 있었어坐東朝西. 성문은 서쪽의 가운데에 있고, 정문으로 들어가면 마주보이는 무대가 있었는데 그 무대는 명절이나 마을 행사 때마다 희극을 공연하던 곳이야. 무대가 있어서 정문으로 들어가면 직진할 수 없어서, 무대의 남과 북쪽으로 돌아가야 중앙의 마당에 갈 수 있지. 정문 양쪽은 회랑(복도)으로 통하고 회랑 위 2층에도 방이 있어. 회랑 끝에 있는 사다리로 2층으로 올라갈 수 있고. 정문 양쪽의 회랑은 남북 양쪽의 곁채와 연결되어서 회랑을 통해 곁채로 들어갈 수도 있지. 남북의 곁채는 대칭이고 각자 5개인가 7개인가의 방이 있을 것 같은데, 이 방들도 다 벽이 없이 연결돼. 그래서 회랑의 1층과 2층, 그리고 곁채에 사람들이 다 서서 희극을 볼 수 있었고, 제사지낼 때 여자들이 제상과의 거리가 좀 떨어진 이곳에 서 있곤 했어.

무대를 둘러 가면 바로 마당이야. 이 넓은 마당은 제사 때 남성 촌민들이 주로 서 있는 곳인데 마당 가운데 부분부터 몇 개의 계단 이 있어. 이 계단으로 올라가면 마당보다 1미터 정도 높은 단이 있 는데 거기는 항렬이 높거나 지위가 높은 사람들이 위치해. 사당의 본채는 이 단이랑 연결되는데 8개의 대칭적인 나무기둥으로 지탱 되어서 실제로는 3개의 큰 방으로 나눌 수 있어. 가운데 방 벽에 조상의 위패를 설치하고 위패 앞에 제상을 차렸지. 제상 앞에 제례 를 올리는 자리가 있는데 제사 때 사람들이 차례대로 이 자리에서 조상에게 절하고 제례를 올렸어.

그림 5.2 링왕촌 왕씨 대사당의 평면도

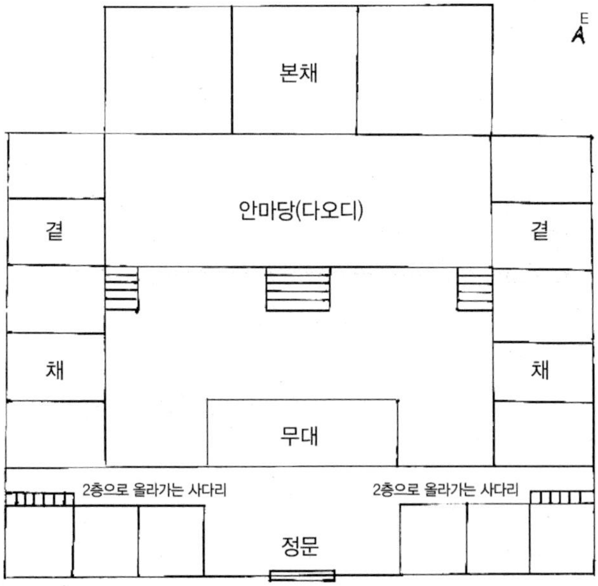

제상 양쪽의 방으로 들어갈 수 있는 사람은 제사의 주재자 또는 지위가 가장 높은 사람들이었어. 주재자가 되려면 여러 가지 조건에 부합해야 해. 우선 마을에서 명망이 높고 복을 많이 받아야 해. 복을 많이 받는다는 말은 자손이 많다는 뜻이지. 그래서 가장 좋은 건 사대가 함께 사는 집안四世同堂 인 거지.

대사당은 청말 민국 초엽(20세기 초)에는 교육과 관계가 깊었다. 당시 사서오경을 가르치는 전통적 사숙私塾 교육이 몰락하여, 근대 사상의 영향을 받은 이들이 대사당 곁채를 활용해 초등학교를 개교하였다. 최초에 초등학교를 개교한 사람은 왕런젠王仁見이라는 사람인데, 그는 샤뎬下店에 살고 있던 차남파 출신이며, 이름에서 왕원칭(족보명 왕런춘王仁存)과 왕어王尊(족보명 왕런짜이王仁在)와 같은 '런仁'자를 돌림자를 공유하여 같은 항렬에 있었다. 그는 재력이 있었기 때문에 청말 선통宣統 때 대사당에 '국민학교國民小學'를 개설하였다. 민국 시기에 학교 이름을 '링왕소학嶺王小學'으로 바꾸었다. 이 학교보다 더 일찍 생겨난 문창각文昌閣 학교는 소위 신학新學을 가르쳤다. 문창각 학교는 왕룬王綸의 둘째 삼촌인 왕런아이王仁愛(쌍계선생雙溪先生이라고도 불림)가 개설한 학교로, 왕룬·왕원칭과 같은 1880~1890년대 출생한 세대에게 서양 과학을 가르쳤다. 따라서 링왕촌 교육의 근대적 변화는 그때부터 시작하였다고 할 수 있다. 흥미로운 사실은, 이러한 새로운 학교가 모두 기존 종교 관련 건물을 개조하거나 종교 건축물에 비어 있던 방을 활용하여 새롭게 설치되었다는 점이다. 링왕소학이 대사당의 곁채를 썼듯 문창각 학교도 문창각의 방을 교실로 썼다. 문창각은 문화대혁명 시기 화재로 전소되었는데 원래의 부지는 종수당과 노야묘가 있는 동산의 산기슭에 위치하였다.

링왕소학은 중화인민공화국 건립 초기까지 계속 대사당의 곁채에서 수업을 했는데 규모가 크지는 않았다. 그러나 1960년대에 야간 문맹 퇴치 강의를 시작하면서 학교의 규모가 점점 커졌다. 더구나 1960년대 초기 베이비붐으로 1968년에는 대사당 곁채 자리도 모자라게 되었다. 그 직전에 문혁의 파사구破四舊 운동으로 인해 대사당 본채에 있었던 조상 위패 등 모든 것이 다 부서지고 본채는 빈 방이 되어서 여기를 학교 교실로 만들었다. 그러나 며칠도 안 되어 화재로 인해 목조였던 사당은 본채와 곁채까지 전소되어서 사당 한 쪽 곁채 부지에 벽돌과 콘크리트로 사회주의 시기 양식의 건물을 지었다. 이것이 1969년에 지은 링왕소학의 새로운 건물로 지금은 링왕 노인협회의 사무실이다.

그림 5.3 링왕 왕씨 대사당의 현재 모습

같은 해에 기존 대사당 본채 부지에 링왕 인민공사嶺王公社 대강당을 지었고 다음 해인 1970년 링왕 중학교嶺王中學이 설립되어 대강당이 중학교 건물로 활용되었다. 1970년대 소학교와 중학교 정원이 계속 증가하여, 대사당 부지로는 학생들을 다 수용할 수 없었다. 그리하여 1981년 마을 입구로 이전하여 새 중학교 건물을 지었다. 그후 산아제한 정책으로 인해 인구가 점점 줄어들어 중학교는 폐교되고 소학교만 유지해왔다. 중학교 폐교 이후 소학교는 대사당 부지의 중학교 건물을 활용하여 지금까지도 운영되고 있다.

리왕 사당에 대해서도 마을사람들로부터 많은 이야기를 들었다.

리왕의 사당은 계속 있었어. 어쨌든 상신우의 대사당보다 역사가 긴데 규모는 많이 작았어. 방 세 개 정도의 규모로 거의 노야묘의 본채와 비슷해. 그래서 우리 왕씨의 가장 선대 조상들 위패만 모셔 놨어.

리왕 사당 옆에 과부를 부양하기 위한 리왕 신당新堂이란 건물이 있었는데 해방(1949) 직전 불이 나서 없어졌어. 리왕 사당은 해방 이후까지 남아 있었는데 생산대生産隊가 농기구와 종자를 보관하는 창고로 썼어. 나중에 1970년대 말~1980년대 초에 생산대가 다른 건물을 짓기 위해 사당을 헐고 사당의 건축재료, 주로 나무 재료를 가지고 다른 새 건물을 지었는데, 돌기둥 같은 건축재료가 원래 부지에 남아 있다가 나중에 백성들이 집을 건축하거나 수리할 때 이걸 하나씩 빼서 지반공사할 때 활용했어. (리왕 사당의 부지를 손가락으로 가리키면서) 그래서 지금은 돌기둥조차 찾을 수 없지.

사당의 쇠락은 제사에 직접적으로 영향을 미쳤다. 특히 제사의 대상을 상징하는 조상 위패들이 사라지고 제사를 지낼 장소도 없어졌거나 다른 용도가 되어, 원래 동지冬至 기간 조상에 대한 제사祭祖는 겨울신에 대한 제사祭冬로 변화하였다.

더 중요한 것은, 사당의 실물實體, 즉 사당 건축물의 소멸이, 그 실물의 배후에 있는 종족 세력과 종족 관념의 약화 그리고 링왕과 같은 중국 동남 지역 집성촌 사회의 '경독을 통한 가문 계승耕讀傳家' 구조가 무너진 상황을 보여준다는 점이다. 현대 국가가 추구하는 현대성 이식의 관점에서 보자면, 이는 나쁜 일은 아니다. 그러나 현대화와 현대성의 이식은 전통에서 현대로 직선적으로 변화하는 것이 결코 아니다. 오히려 현대화는 전통적인 경로에 의존하여 이루어질 때가 많다.

(2) 동지冬至에 조상에게 지내는 제사

과거 링왕촌에서는 매년 추운 겨울이 본격적으로 시작하는 동지에 마을의 왕씨 주민들이 모여 왕씨 조상에게 제사를 지냈다. 그러나 대사당 훼손 이후 지금까지 큰 규모의 제사는 중단되었다. 우리는 마을 노인들의 기억에 의존하여 이들 노인의 어린 시절에 경험했던 동지 제사를 대략적이나마 알아볼 수 있었다.

(질문: 당신이 어렸을 때 경험했던 동지 제사의 절차를 좀 알려달라.) 조상에게 제사를 지낼 때 절차를 엄청 중요시했지. 먼저 왜굳이 동지에 조상에게 제사를 지내는지 알아? 우리 지역은 (다른데와) 좀 달라. 우리는 동지까지 농번기가 다 끝나고 추수도 거의다 마무리한 상태라 집마다 곡창이 가득한 상태지. 그래서 그때에야 비로소 가장 좋은 수확물을 가지고 조상에게 제사를 지낼 수 있거든.

나는 어렸을 때 한두 번 참여한 적이 있는데 지금은 잘 생각나지 않는데······. 제사 절차는 대략 기억하고 있어. 우선 큰 소리로 경문을 읽고 조상의 위패를 모시고 나와야 돼. 그건 조상의 영혼을 나오게 한다는 뜻이야. 조상의 영혼이 나와야 우리가 제사를 지낼 수 있는 거지. 보통 승려 혹은 도사들을 초청해서 경문을 읽는데 간혹 마을사람 중에서 불교를 믿는 사람이 읽기도 했어. 조상을 모시고 나오면 전체가 무릎을 꿇고 절을 하고, 그 다음에 우두머리頭腦, 즉 우리 족장族長이 조상에게 감사 말씀을 올려. 보통 "조상님께서 올해에 수확까지 보우해 주셔서 감사드립니다."라는 말을 해. 감사 후 우리 종족의 규정族規을 다시 천명하거나 후손들을 훈계하기도 하지. 족장의 말이 끝나면 다시 한 번 경문을 읽어야 하는데 이번에는 도사나 승려들이 혼자 읽는 것이 아니라 우리들이 다 같이 읽어. 경문을 읽은 다음에 제문祭文을 읽어야 하는데 제문이 가장 어려워. 모두 다 옛날 문인文人들이 쓴 글처럼 말이야. 명나라 때부터 대대로 전해 내려왔다고 전해지는데, 어차피 누구든지 잘 못 읽어.

나는 아마 13살 때 한번 제문을 읽어 본 적이 있는데, 이 어려운 글을 잘 읽은 아이에게 상을 줘. 공부를 잘 한다는 뜻이지. 그래서 누가 이 글을 읽을지를 정하는 것도 규칙이 있지. 공부를 잘 하는 사람이 읽을 수 있는 거야. 안 그러면 웃음거리가 되겠지? (웃음)

제문을 읽은 후에 제문이 쓰여 있는 종이를 촛불에 불을 붙여 태워야 하는데, 그렇게 해야 조상들이 제문의 내용을 알아들을 수 있다는 뜻이야. 다음에는 제물을 올리는 절차인데, 제물은 제전祭田에서 수확한 거야. 당시 우리(왕씨)에게 13무畝의 제선이 있었고, 세 개 분파房의 우두머리, 곧 세 개 분파의 족장이 차례대로 이 13무의 제전을 관리했어. 이 세 명의 우두머리가 사당에 기부한 돈까지 관리를 해. 제물의 일부는 이 돈으로 산 거야. 만약에 집안에서 혼례, 장례, 진학 등 중요한 일이 있으면 사람들이 사당에 가서 조상의 은혜와 보우에 감사드리지. 그런 때마다 사당에 돈을 조금씩 기부도 해. 그 돈을 관리하는 것도 족장의 책임이야.

족장이 제전을 백성들에게 나눠서 경작을 시켜. 올해에는 네 집,

내년에는 내 집, 내후년엔 그 집, 이런 방식으로 차례대로 경작을 해. 근데 누구도 "제전을 경작하기 싫다." 그런 말을 못 해. 남들에게 욕먹을 수 있으니까. 우리 제전은 토지개혁 때까지 있다가 토지개혁 때 제전이 다 배분되었는데 그 전까지는 공동소유였지.

제물을 다 올리면 제사가 거의 끝나. 마지막에는 다시 경을 읽으면서 조상의 위패를 원래 자리로 모시고 돌아가야 해. 이러한 절차가 다 끝나면 아이들이 가장 좋아하는 연회가 시작돼. 전체 마을사람들이 다 모인 술자리에서 즐겁게 동지를 지내는 거지.

현재 링왕촌에서 동지의 조상에 대한 제사는 겨울신에 대한 제사로 바뀌었다. 제사 방식도 사당에서 왕씨 종족 사람들이 모여 하는 것에서 가족끼리 집에서 하는 것으로 변하였다. 비록 현재의 동지 제사 때에도 조상에게 제사를 지내지만 이 조상은 왕씨의 공동 조상이 아니라 가족의 각자 촌내寸內의 조상이라는 점에서 차이가 있다. 따라서 지금 제사의 범위는 보통 오복五服, 즉 고조부를 넘지 않는다. 그러므로 동지 제사는 중원中元(백중날)에 지내는 가족 단위의 제사, 청명淸明에 산소에 가서 하는 묘제와 비슷하게 되었다. 이러한 상황은 링왕촌의 사회변동 과정 중에서 변화된 전통을 드러낸다.

조상에게 지내는 제사는 유가의 '종족 본위 관념宗族本位觀'을 확장시키는 공동체 제의일 뿐 아니라 전체 마을 공동체의 구심력으로 작용한다. 보다 더 중요한 것은, 제사가 마을의 공공 사무를 논의하고 합의하는 장場이자 최종 결정을 내리는 메커니즘이라는 점이다. 비록 전통적인 마을 공동체에서 다른 성씨 간 또는 같은 성씨의 다른 종파 간에 공공 사무에 대한 논쟁이 정치화·권력화하는 경향이 있었지만, 오늘날 향촌 거버넌스의 주체는 갈수록 다원화되는 추세로서, 촌민들이 자발적으로 스스로를 조직하고 공공 사무에 참여하고 결정하는 주체로서의 역할을 할 필요성이 시급하다. 또한 이러한 전통적인 공공 사무의 논의·합의·결정을 위한 장과 메커니즘의 회복과 함께 평등·민주·공평 등의 원칙을 제시한다면, 공산당과 상급 정부 지도 하에서 일종의 촌락 민주와 자치 관리 메커니즘의 형성으로 나아갈 수 있을 것이다.

３ 신앙 관습과 향토적 향수

링왕촌을 넘어 이제 링왕촌이 속한 저장 동부 지역 전체를 고려해 보면, 백학대제의 신앙권의 지역적 중심은 린하이臨海이고 백학대제에 대한 믿음은 산악지대와 연해지대에서 서로 다른 모습을 보인다. 산악지대에서 백학대제는 링왕촌처럼 마을의 수호신이자 농경생활의 수호신의 역할을 맡고 종족이 중심이 되어 제물과 제의를 제공한다. 따라서 마을과 농경생활의 수호신은 또한 종족의 수호신으로 간주될 수 있다. 연해지대에서 백학대제는 해신海神으로 숭배되고 어민들의 평안을 보우하는 역할을 한다. 송宋·원元 이후 해신인 마조媽祖에 대한 숭배가 점점 유행하면서 백학대제를 해신으로 숭배하는 믿음은 쇠락하였다.

또한 산악지대에서는 백학대제의 형상만 남고 방술과 관련된 의식이 관찰되지 않는다. 사실 저장 동부 지역 전체에서 백학대제의 방술과 관련된 의식을 보기 어렵다. 따라서 백학대제는 오래 전부터 도교의 신비성에서 벗어나 일종의 단순화된 숭배의 대상으로 변해 왔다. 그러므로 링왕촌의 백학대제 신앙은 린하이를 중심으로 하는 저장 동부 지역의 일반적인 백학대제 신앙과 큰 차이가 없다. 신도들의 교류와 정체성을 유지하는 역할이 강하다. 민간신앙이 점점 사라지고 있는 환경에서 백학대제와 같은 일부 민간신앙은 이런 방식으로 유지되고 있다. 우리는 마을사람들의 서술을 통해서 이러한 상황을 확인할 수 있었다.

노야묘는 우리 마을에만 있는 것도 아니고 노야묘 행사도 우리 마을에만 있는 건 아니지. 근처의 꽤 많은 마을에 노야묘가 있어. 우리는 어렸을 때부터 노야에게 제사를 지내야 한다는 걸 알고 컸고, 엄마가 우리를 데리고 다른 촌이나 향鄕에 가서 노야묘 행사에 참가하곤 했어. 지금 우리 링왕의 노야묘 규모가 큰데 우리 것보다 규모가 더 큰 것도 있어. 행사가 있을 때마다 주변 마을 사람들, 심지어 더 먼 곳에서도 차를 몰고 우리 마을에 와서 노야를 모시는 사람도 있었어. 다른 마을에 노야묘 행사가 있으면 우리 마을 사람도 갔고. 노야를 진심으로 믿는 노인들은 힘들어도 가기 싫다는 말을 안 해. 요즘 젊은 사람들도 도시에서 일하지만 시간 내서 노야묘 행사에 참석하곤 해. 이들이 어렸을 때부터 항상 어른들이 데리고 노야를 모셨으니까. 그래서 최근 몇 년 동안 우리 마을 노야묘로 오는 사람들이 많은데, 한번은 분향하면서 부주의로 화재가 나서 노야묘의 본채를 태웠어. 그 후 우리가 바로 돈을 모아서 본채를 다시 복원했어. 이 사건은 우리 마을 속에서 노야의 지위가 여전히 높다는 걸 보여주지. 사람들은 돈 벌기를 중시하면서도 노야를 모시는 것도 중시하는데, 노야의 도움을 비는 거잖아.
우리는 노야묘뿐 아니라 관왕묘關公廟나 토지신 사당土地廟이나 용왕 사당龍王廟에 가서 절하기도 해. 이런 사당이나 묘가 우리 마을에 없으면 다른 마을로 찾아 가고. 이런 믿음은 조상 대대로 이어진 거라서, 한참 중단되더라도 우리가 다시 이어가야 해.

노야 신앙 등 민간신앙과 함께 불교신앙도 다시 살아났다. 링왕촌의 종수당이 학교로, 나중에는 공장으로 바뀌고 종수당의 비구니들도 쫓겨나 강제 환속되었지만 불교신앙은 여전히 마을사람들에게 많은 영향을 미쳐왔다. 불교 천태종天台宗의 발원지가 타이저우台州의 톈타이현天台縣이기 때문에 저장 동부 지역에서 불교신앙의 위상은 상당히 높다.

천태종은 수나라隋(581~618) 때에 타이저우 톈타이현의 국청사國清寺에서 발원되어 당나라唐(618~907) 때 흥성하였다. 나중에 당나라 정원貞元(785~805) 연간에 일본 승려 사이초最澄(767~822)가 바다를 건너 타이저의 린하이로 와서 린하이 진산巾山 산기슭의 용흥사龍興寺에서 천태종을 깊이 연구하였다. 사이초는 일본에 귀국한 후 일본 천태종을 창립하였고, 이때가 천태종이 가장 번영한 시기였다. 이 시기 불교가 번영하여 린하이 성읍에 절이 많이 지어졌다. 이때부터 불교가 민간의 중요한 종교신앙이 되면서 현지 민속생활의 일환으로 녹아들었다. 린하이의 문화연구자들과의 교류를 통해 우리는 저장 동부 지역의 민속생활에서 불교가 갖는 중요성을 이해할 수 있었다.

린하이의 원주민들이 항상 얘기하는 "정월 초여드렛날에 여덟 개의 사원을 순례해야 한다."는 '주팔사走八寺'가 무슨 말이냐 하면, 매년 춘절 기간의 정월 초여드렛날마다 린하이 성읍 내외의 불교를 믿는 노인들이 집안의 아이들과 함께 향·초를 가지고 천녕사天寧寺부터 시작하여 건봉사巾峰寺·두솔사兜率寺·중진사中津寺·호산사湖山寺·보현사普賢寺·영경사永慶寺·석불사石佛寺 등 여덟 개 사원을 순서대로 순례하고 절해야 한다는 뜻이다. 이 여덟 개 사원을 순례하는 신도들은 사원마다 한 쌍의 초와 여섯 대의 향으로 분향하고 절을 해야 한다. 사원 간의 거리가 멀거나 계단을 이용해 올라

가기도 해야 해서 하루 만에 여덟 개 사원을 다 순례하는 건 쉬운 일이 아니죠. 그래서 당시 어떤 사람이 린하이 사투리로 노래를 만들어 사원 순례자들의 힘든 모습을 조롱하였고, 또 다른 이는 칠언시七言詩로 여덟 개 사원의 위치를 묘사하기도 했다.

현지 학자의 서술을 통해서 우리는 불교의 영향력이 저장 동부 지역에서 수백 년의 변천을 통해 민간 세시풍속의 일부가 되었음을 알수 있다. 그러므로 링왕촌의 불교신앙이 외형의 형식은 상실했어도 수많은 신도들을 유지하고 있다는 점은 이상하지 않다. 문화대혁명 시기 파사구의 충격을 겪고 현대 과학과 교육의 영향 속에서도 이러한 민간신앙이 강한 생명력을 유지하며 촌락사회의 일상생활 속에서 중요한 역할을 하고 있다. 특히 향토에 대한 향수 등 정서적 측면에 있어서 이러한 신앙은 고향을 떠난 이들에게 향토의 예전 모습을 떠올리게 해주고, 그들의 의식을 통해 우리 같은 연구자들에게 과거를 보여주며 향토 재건의 근거가 되어준다. 이는 또한 향토 재건에 있어서 인적 요소의 중요성을 보여준다. 의례와 의식에 대한 마을사람들의 참여 열정을 느낌으로써, 고향을 떠난 이들의 향토에 대한 향수도 재소환된다. 비록 청 말기부터 '탈향토화去鄕土化' 과정에서 많은 이들이 향토를 떠나고 심지어 정치적 원인으로 해협을 사이에 두고 이산가족이 되었는데, 이러한 사람들의 참여를 통해 향토에 대한 향수와 기억이 공유되고 재구성되면서 새로운 변화를 만들어낼 수도 있는 것이다.

제6장 작은 산촌에서 나온 명사名人
從村裏走出來的名人

1 명사名人의 이야기와 명사의 고택

왕원칭王文慶 가족과 링왕촌 출신자들은 청나라 말엽 반청 혁명反淸革命과 이어진 위안스카이袁世凱에 반대한 혁명, 그리고 군벌세력에 반대한 대혁명大革命에 참여하고서, 난징 국민정부 시기의 정치적 분규에 휘말리게 된 이야기의 주역들이었다. 우리는 본 장에서 이들의 이야기를 통해 링왕촌이라는 종족 촌락이 경독을 통한 가문 계승의 길로부터 경독과 가문 계승의 단절의 길로 전환하는 과정을 이해할 수 있을 것이고, '왜 작은 산촌으로부터 많은 명사들이 나올 수 있었을까?' 그리고 '왜 많은 명사들이 나온 마을이 여전히 현대사회에서 소외될까?'라는 의문에도 대답할 수 있을 것이다. 이러한 의문에 대답하기 위한 이야기의 중점은, 역사 속의 혁명가나 장군으로서의 왕원칭과 왕룬王綸이 아니라 링왕촌 왕씨 종족의 일원이자 링왕촌 출신자로서의 신분에 있다. 따라서 이번 장에서 현존 사료, 촌민의 구술과 기억, 명사 후손들의 조상에 대한 일인칭 서술을 통해 백 년 동안의 역사적 변화 속에서 명사 가족들의 파란만장한 성쇠를 보여주며 앞의 의문에 답하고자 한다.

먼저 왕원칭 가족의 이야기부터 시작해 보자. 다음 서술에서 일인 칭인 '나'는 서술상의 편의를 위해 여러 명의 서술자를 하나의 가상적인 서술자로 대표하여 표현한 것이다.

(1) 왕원칭王文慶 가족의 이야기

나의 할머니는 왕원칭의 딸이다. 할머니의 성명은 왕바오롄王寶蓮이고 바오롄을 한자로 쓰는 방법은 '寶蓮'과 '保廉' 두 가지이지만 발음은 같다. 나의 할아버지는 쑤위헝蘇玉衡이라고 한다. 왕원칭은 나의 외증조할아버지인 것이다. 왕원칭은 나의 할머니를 비롯해 3명의 자식이 있었지만 그중 2명의 아들은 모두 어렸을 때 요절하였다. 그래서 결국 왕원칭의 혈맥은 우리 쑤蘇씨가 잇게 되었다. 왕원칭 형제는 모두 4명이다. 왕원칭이 장자이고, 둘째는 왕원칭과 함께 혁명에 참가한 왕어王尊이다. 셋째 동생의 이름은 유칭幼卿이고 어렸을 때 타이저우 지역에 있는 다른 링왕 왕씨의 가문에 양자로 보내졌다. 막내 동생인 진칭藎卿만 마을을 떠나지 않고 계속 남았다. 이들의 부친은 왕화이쉐王懷學이고 이들은 모두 링왕 왕씨의 차남파에 속한다. 사실 왕원칭은 왕룬의 부친과 항렬이 같았지만, 왕룬과 연령 차이가 크지 않았다. 왜냐하면 왕원칭과 왕룬의 부친은 같은 5대조를 공유하지만, 즉 같은 오복五服에 속하지만 이들의 5대조인 성더공性德公(링왕 왕씨 23대조)이 자식이 많았기 때문이다. 그러나 왕원칭의 세대에 이르면 이 두 가족은 서로 독립된 가족으로 봐야 한다. 각자의 고택도 서로 떨어져 있다. 왕원칭의 고택은 상신우上新屋에 위치하고, 왕룬의 고택은 상신우 건너편의 샤뎬下店에 있다.

왕원칭의 부친에 대해 족보에는 특별한 기록이 없다. 다만 내 기억으로 노인들이 그를 여섯째 숙부六叔 혹은 여섯째 할아버지六爺라고 불렀는데 이는 형제 중 여섯째이기 때문이다. 그는 유학 경전을 공부한 적이 있었던 것 같은데 상생庠生이나 수재秀才까지 공부

188

하지는 않았고, 현의 향교縣學 또는 부의 향교府學로 진학하지도 못하였다. 따라서 그의 집안 형편은 보통이었고 족보에 따르면 그의 성격도 세상만사에 무관심하고 본분을 지키는 편이었다고 한다. 그의 일생은 평범했지만 자녀의 교육에는 열심이었다. 이러한 집안에서 태어나고 자란 왕원칭은 일반적인 농가의 아들과 큰 차이가 없었지만, 집안 형편이 그와 형제들의 유학 공부를 지탱할 수준은 되었다.

어렸을 때부터 공부를 위해 마을을 떠난 왕원칭은 40세가 못 되어 별세했기 때문에 링왕촌에 머문 시간과 링왕촌에 남은 흔적이 그리 많지가 않았다. 그의 조카나 질손들조차 그에 대해 깊은 인상이 남은 게 없다. 그래서 링왕촌 출신자로서의 왕원칭을 복원하는 데에 어려움을 겪을 수밖에 없다. 게다가 왕원칭은 마을을 떠나 신학문新學을 배웠다가 일본으로 유학가서 혁명당에 참가했고 중국 국민당의 사실상의 창당 원로로 볼 수 있지만 나중에 국민당 내부 갈등으로 권력 핵심에서 배제당했기 때문에 사료에서도 혁명가로서의 왕원칭에 대한 언급을 찾기 어렵다. 이와 더불어 왕원칭 일생의 가장 친한 친구로서 그의 삶을 잘 아는 장런톈張任天은 중화인민공화국 건립 이후 반우파투쟁反右運動에서 우파로 탄압을 받았기 때문에 옛일에 대해 입을 다물고 말을 삼갔다. 1980년대에 이르러서야 장런톈의 구술을 통해 왕원칭 일생에 대한 연구가 본격적으로 시작될 수 있었지만 연구들이 단편적으로 왕원칭의 혁명가 생애에만 집중되어 있다.

나는 왕원칭을 혁명가로 만든 사람은 그의 부모, 특히 그의 모친이라고 생각한다. 족보에 따르면 그의 부친인 여섯째 숙부 왕화이쉐는 교육을 중시했다고 하는데 여기서 말하는 교육은 유학이다. 당시 링왕촌에는 유학 경전을 공부할 수 있는 조건이 이미 구비되어 있었다. 족전族田, 족산族産을 통해 공부하는 이들을 지원해왔고 19세기 중반부터 족학族學, 즉, 마을에서 왕씨 종족의 후손에게 유학을 가르쳐 주는 사숙私塾이 이미 도입되었다. 따라서 왕씨 출신이면 집안 형편을 막론하고 모두 유학교육을 마을에서 받을 수 있었다. 어떤 아이가 똑똑하고 공부를 열심히 하면 족전과 족산을 통해 지원을 받고 동자시童子試에 응시할 수 있다. 동자시童子試라는 시험을 통과하면 현의 향교나 부의 향교로 입학하여 유생 신분인 상생庠生이나 늠생廩生이 된다. 입학한다고 직접 벼슬을 하는 것은 아니지만 정부로부터 약간의 식비를 지원받을 수 있다. 더 나아가 벼슬을 하려면 향시鄕試를 통과해서 거인擧人이 되어야 하지만 격렬한 경쟁을 통과해야 했다. 왕원칭과 그의 형제들은 과거시험을 통해 벼슬길을 갈 수도 있었지만, 경쟁이 너무 심해 죽을 때까지 벼슬을 못하고 유생 신분으로 정부의 미미한 식비만을 받으며 궁상스럽게 먹고사는 수재들이 얼마나 많은지 링왕촌 사람들 모두가 똑똑히 알고 있었기에, 이러한 길을 따라가면 희망이 없다는 것은 분명했다.

마침 당시 새로운 학문新學이 중국에 소개되어 도시의 신학 학당에 가서 양무洋務와 실업實業을 공부하고 새로운 진로를 찾는 추세가 나타났다. 루쉰魯迅이 삼미서옥三昧書屋을 떠나 양무를 배웠던 이야기와 비슷하게 왕원칭과 그의 형제들도 마을의 사숙을 떠나 도시에서 신학을 배우기 시작하였다. 이 과정에서 왕원칭 부친은 부정적이었는지도 모르지만, 그의 모친이 결정적인 역할을 했다. 그의 모친은 서둘러 첫째와 둘째 아들을 도시로 보내는 걸 지지하면서 그들에게 다른 진로를 설계해 주었다. 즉, 첫째 아들인 원칭은 문과 공부를 해서 나중에 정치인이 되기를 바랐고, 둘째 아들인 쭈이칭醉卿(족보상의 이름), 곧 왕어에게는 무과武科 공부를 시켜 나중에 장군이 되기를 기대하였다. 둘은 모두 모친이 설계했던 진로를 따라가게 되었다.

왕원칭의 모친은 일반적인 농가 여성이 아니었다. 그는 왕화이쉐의 후처이며, 링왕촌 인근 상링촌上嶺村이란 정鄭씨 집성촌에서 태어났고, 정탄공鄭坦公이란 전 국학생國學生(국자감 출신의 문인)의 딸이었다. 왕화이쉐와 정씨는 4명의 아들과 한 명의 딸을 낳았다. 딸

의 이름은 왕순잉王舜英으로 왕원칭의 여동생이다. 왕순잉은 저장
성 푸장현浦江縣 천陳씨의 천자오잉陳肇英과 결혼했다. 천자오잉은
중국국민당 정부의 중요한 인물로서 왕원칭 가족과 링왕촌에 많은
영향을 미쳤다.

당시 왕원칭 형제가 도시로 신학을 배우러 나가는 것을 모친 정
씨가 지지했던 중요한 원인은, 과거시험을 통해서는 나중에 발전할
가능성도 없고 더 이상 왕씨 가문을 빛내기도 어렵다고 판단했기
때문이다. 그러나 정씨는 아들 왕원칭 형제가 나중에 폭력혁명의
길을 통해 청나라를 전복하여 왕씨 가문을 다른 방식으로 빛내게
되리라고는 예상하지 못하였을 것이다. 사실 왕원칭에 이어 많은
링왕촌 출신들이 혈연관계와 인척관계를 통해 마을을 떠나 링왕촌
역사상 가장 영광스러운 시대를 함께 만들었다.

왕원칭은 16세의 어린 나이로 마을을 떠나 린하이의 동호서원東
湖書院에서 공부하기 시작하였는데, 그의 학업을 계속 지지했던 모
친이 곧 별세하였다. 이 사건은 왕원칭에게 큰 충격이기도 했지만,
인생을 이끌어 줄 새로운 사람이 출현하는 계기가 되기도 하였다.
이때는 1898년으로 당시 중국은 이미 청일전쟁의 실패를 겪고 입헌
군주제를 도입하려고 시도하였으나 조정은 여전히 변화를 거부하
였고 동서양의 열강들은 청나라를 먹잇감으로 보고 있었다. 이러한
상황에서 동호서원을 비롯한 신식 학원들은 각종 새로운 사상과 사
조가 전파되는 중요한 장場이 되었다. 이들 학원들은 적폐를 없애
고 국가를 진흥하고 민족을 살리려는 목적을 갖고 있었으며, 혁명
사상이 아닌 유신파維新派의 개량적인 사조를 전파하고 있었다.

린하이 동호서원은 1871년에 동호東湖라는 호수의 호반에 있는
호산사湖山寺라는 사찰 건물을 활용해서 만들어졌다. 이 서원은 국
문國文의 명목으로 유학 과목을 설치하였지만 신학 과목도 함께 개
설하였는데, 서양 근대교육의 가장 기초 과목인 수학 등도 포함되
었다. 이러한 과목 설치는 왕원칭을 비롯해 전통적인 유학만 공부
했던 사람에게 충격적이었다. 그러나 왕원칭의 일생을 살펴보면 유

그림 6.1 왕원칭의 초상

王文庆像

학은 여전히 큰 영향을 미쳤다. 그는 문인이자 신사紳士로서의 기풍을 계속 유지하였는데, 초상 사진에서 멋진 독서인의 모습을 확인할 수 있다.

동호서원에서 공부하는 동안 왕원칭의 성적을 확인할 증거는 아직 발견되지 않았지만, 장샹章襄이란 국문과 선생이 그의 사고의 변화에 가장 큰 역할을 했다는 점은 알려졌다. 장샹은 린하이현 주변의 사오자두邵家渡란 지역 출신으로 그는 민족의 존망을 깊이 우려하는 사람이었다. 현재의 린하이시 박물관에 소장되어 있는, 장샹이 편집한 『시문적록時文摘錄』이란 문헌은 백 권이 넘는다. '시문時文'은 뉴스라는 뜻이고 '시문적록'은 장샹이 당시 신문에 보도된 뉴스를 수집하여 초록으로 편집한 것이다. 이는 장샹의 강의에도 활용된 자료이다. 장샹은 강의할 때 학생들에게 시문적록을 낭독해 주면서 중국인이 어떻게 외국인에게 괴롭힘을 당했는지, 조정의 부패가 얼마나 심하고, 적폐를 어떻게 청산해야 하는지 등 학생들이 기존에 알 수 없던 정보와 주장을 소개하였다. 장샹은 자신의 일기에서 학생을 언급한 적이 거의 없었지만 왕원칭은 두 번이나 언급하였다. 이를 통해 장샹이 왕원칭을 아꼈다는 점을 확인할 수 있고 둘 간의 사상적인 교류를 볼 수 있다. 당시 두 사람의 사상적 교류는 아직 봉건왕조를 전복하는 혁명사상까지 도달하지는 못했지만 구국救國·구민救民이란 근대 민족주의적인 사상 그리고 당시 유행하던 사회진화론 사상에 대해 공감대를 형성하였다. 즉 자연선택, 적자생존物競天擇, 適者生存 등의 사회진화론적인 자연법칙에 따르면, 선진 외국에게서 배우지 않고 기존의 길을 고집하면 나라가 망가질 수밖에 없다는 것이다.

그렇다면 '어떤 외국에게 배울까?' 라는 문제가 왕원칭에게 중요해졌고, 이는 왕원칭을 비롯한 많은 이들이 나라를 걱정하며 고민하는 문제였다. 그중 장런톈張任天이란 타이저우 사람이 있었는데, 장런톈은 왕원칭보다 3~4살 어리지만 나중에 왕원칭의 가장 친한 친구가 되었다. 왕원칭과 달리 장런톈은 108세란 고령으로 세상을 떠났다. 그는 1990년대까지 건재하였기 때문에 왕원칭의 혁명 생애에 대해 직접 증언을 해줄 수 있는 마지막 증인이었다고 할 수 있다. 나는 1990년대에 항저우杭州로 가서 그를 만나 내 외증조할아버지에 대한 이야기를 들었다. 여기 내가 이야기하는 외증조할아버지 이야기는 그의 기억에 기반을 둔 것이다.

왕원칭과 장런톈의 첫 만남은 왕원칭이 동호서원에서 공부할 때였고 그 후에도 두 사람은 여러 번 만났다. 장런톈은 린하이 베이구산北固山에 있는 한 도관道觀의 팔선암八仙岩이란 곳에서 검술을 배우고 있었다. 당시 왕원칭은 장샹 선생에게서 배운 국가와 민족에 대한 걱정을 장런톈에게 소개하였는데 마침 장런톈도 같은 생각을 갖고 있어서 이야기가 잘 통했다. 대화 마지막에 장런톈은 왕원칭에게 "형, 우리는 나라와 민족을 구하려면 어떤 길을 가야 할까요?"라고 물었다. 왕원칭은 "나라와 민족을 구하려면 선진 문물을 배워야 하는데, 이를 배우려면 동영東瀛(일본을 의미)보다 더 좋은 곳이 없지. 나는 이미 동영으로 가기로 했어."라고 대답하였다. 이 말을 듣고 장런톈은 "형, 형이 먼저 가셔요. 저는 너무 어려서 아직 못 가지만, 형과 같은 나이가 되면 꼭 형의 길을 따라 갈께요. 우린 나중에 만나게 될 거예요."라고 하였다.

그런데 왕원칭은 왜 일본을 유학의 목적지로 선택하였을까? 우선 일본이 중국과 지리적으로 가깝고, 구미歐美보다 유학생에게 더 편리했다. 구미와 달리 일본에서는 직접 전공과목을 듣지 않고 우선 예과預科에 가서 일본어를 배운 다음에 전공과목을 배우면 되었다. 중국인 유학생은 이런 방식으로 더 빠르게 적응할 수 있었다. 또 다른 이유는 구미보다 일본의 유학비용이 많이 낮았기 때문이다. 당시 저장 지역에서는 일반 가정도 자식을 일본으로 유학 보내는 경우가 적지 않았다. 왕원칭의 가족도 집안 형편이 좋지 않았지만 그의 일본 유학경비를 마련해 주었다. 가정의 재정 문제로 왕원칭은 상대적으로 수준이 낮은 동경제국정법대학東京帝國政法大學을 신청하였지만 그보다 집안 재정이 탄탄한 그의 조카 왕이자이王儀齋는 더 좋은 동경제국대학으로 유학을 갔다. 하지만 이러한 차이에도 불구하고 왕원칭은 유학을 통해 나라와 민족을 구한다는 개량적 민족주의 사상에서 한 걸음 더 나아가 폭력혁명이란 '진리'를 찾게 되었다.

이러한 사상 변화의 원인은 청 제국의 행태를 보며 이 나라를 구할 도리가 없다고 생각했기 때문이었고, 또한 사상적 측면에서 그를 지도하고 가르쳐 주던 선생들이 장샹과 같은 개량주의적 유신파 인사가 아니라, 타오청장陶成章, 쑨원孫中山, 궁바오취안龔寶銓, 웨이란魏蘭 등 혁명의 선구자들이었기 때문이다.

1903년에 학업을 마치지 않은 채[1] 왕원칭은 일본에서 귀국하여 고향 링왕촌으로 돌아왔는데 이는 공무와 개인 사정이 모두 작용했다. 개인 사정은 결혼인데, 전통적 혼인관습에 의해 왕원칭은 친족들의 안배에 따라 동향인 허숭펀何誦芬과 결혼하였다. 이때 만 21세의 왕원칭은 이미 전통적인 결혼 적령기를 놓쳤다. 현대인의 입장에서 보면 이런 혼인은 전형적인 봉건적 혼인이라고 할 수 있다. 결혼한 부인은 글자를 거의 모르고 인식도 무척 보수적이었지만, 왕원칭은 이 혼인에 대해 반대하지도 않고 싫다는 말도 한 적이 전혀 없었다. 그는 그 시대의 일반인처럼 결혼하고 자식을 낳았다. 이는 왕원칭의 내재적인 관념 속에 모순되는 부분이 많았음을 보여준다. 즉, 그의 혁명 사상은 당시 가장 진보적인 사상이었지만, 그는 동시

---

1) 왕원칭이 대학을 졸업하였다는 견해도 있지만 학업을 마치지 못했을 가능성이 더 높다. 당시 일본에서 보통 1년의 예과와 2년의 본과 과정을 마치면 졸업을 할 수 있었지만 왕원칭이 학업과 함께 혁명단체의 활동에 참여했다면 3년 내에 대학을 졸업하는 것은 거의 불가능했다. 아마 대학을 졸업했다는 주장은 예과를 정규 본과 과정으로 오인했기 때문일 것이다.

에 전통적 혼인을 통해 성씨 간의 관계망을 확보하고 종족을 발전시킨다는 소위 봉건적인 일을 당연한 도리로 보았다. 사실상 왕원칭은 모순된 시대에 태어난 모순적 인간이었는데, 바로 이 모순적 인간이 링왕춘에 대해 깊은 영향을 끼쳤고, 그 시대에 태어난 세대는 공통적으로 모순된 인간이란 특징을 갖고 있었다고 할 수 있다.

왕원칭의 이야기로 돌아가자. 왕원칭은 혼인이라는 개인사정뿐 아니라 공무 때문에 고향을 방문하였는데, 이 공무는 저장 지역의 회당會黨과 연락하여 무장봉기를 모의하는 일이었다. 회당은 청나라와 만주족 정권에 반대하는 민간의 비밀결사 조직을 말한다. 타이저우 지역에는 청나라를 반대하는 비밀결사 조직들이 많았다. 이른바 '타이저우의 인구 절반은 록콕綠殼이다.'[2]라는 당시의 말로 이를 알 수 있다. 그러나 비밀결사 조직과 일반 토비가 뒤섞여 있었기 때문에 정부는 이들을 구분 못하고 일률적으로 '록콕'이라고 불렀다. 예를 들어 계속 청나라를 반대했던 금만金滿이란 록콕이 있었다. 그는 총을 잘 쏴서 정부군과 지방 자경단이 다들 그를 잡지 못하였다. 그런데 그는 나중에 정부의 사면을 받고서 정부군 수군의 장교가 되었다가 청일전쟁 시기에 하마터면 조선으로 파견될 뻔하였다. 이를 보자면 타이저우 지역에서 청나라에 반대하는 세력이 많았지만 그중 반문潘門·홍문洪門처럼 조직적으로 반대하는 민간 비밀조직은 많지 않았음을 알 수 있다.

그래서 타오청장의 지시를 받고 저장 서쪽의 산악 지역에 들어가 반문潘門 조직을 찾으려던 왕원칭은 결국 아무도 못 찾았다. 다시 타이저우로 돌아가 셴쥐현仙居縣에 거주하고 있던 장런톈을 찾아 만나 산악 지역에 반문 사람들이 있다는 소식을 들었다. 그래서 장런톈과 함께 셴쥐현의 산간 지대로 깊이 들어갔지만 허탕을 쳤다. 2백 여 년 동안 청나라와 싸워왔던 이 비밀조직들이 자기방어를 위해 조직을 깊이 감추었기 때문이다. 그러나 이 과정에서 왕원

2) 록콕(lok-kok) 또는 녹각에 대해서는 4장 1절을 참조.

칭은 자신의 인식 변화를 장런롄에게 토로하였다. "내가 전에 일본에서 선진 문물을 배워서 우리나라를 구할 수 있다고 했었는데 그건 이제 아닌 것 같아. 이제 혁명이란 길 외에는 다른 길이 없어."라고 말하였다.

1905년 왕원칭은 타오청장의 소개를 받아 광복회光復會란 혁명당에 입당했다가 광복회 회원의 신분으로 쑨원이 영도하는 동맹회同盟會에 입당하였다. 광복회와 동맹회 회원의 신분을 동시에 가진 왕원칭은 본격적으로 혁명가로 성장하였다. 왕원칭은 폭동과 무장봉기를 구체적으로 조직하고 모의하는 일을 담당하였다. 1906년 왕원칭이 후난성과 장시성 접경지대에서 무장봉기를 조직하였지만 봉기는 무산되고 왕원칭은 바로 지명수배를 받았다. 그는 동쪽에 있는 고향인 저장성으로 가다가 장시성江西省과 저장성 접경의 한산에서 포위되었다. 마침 한겨울인데다 식량과 따뜻한 옷이 없었기 때문에 위장이 상하여, 이후로 위장병이 고질병이 되었고 건강도 망가졌다. 결국 그의 사망원인도 위암 때문이었다.

혹자는 왕원칭이 실패를 겪고 포위된 뒤 다시 일본으로 몸을 숨긴 적이 있었다고 하는데 일본에서 체류한 시간이 구체적으로 확인되지는 않는다. 아마 길지 않은 듯하다. 1907년 그는 다시 귀국하여 상하이上海에 머물렀다. 상하이에 머무는 동안 그는 주로 두 개의 업무를 수행하였다. 하나는 저장성과 안후이성安徽省 접경에서 무장봉기를 조직하는 것이고, 다른 하나는 상하이 주변에서 신학문을 가르치는 학원을 개설하는 것인데, 이 학원의 실제 목적은 혁명을 위한 예비사관을 육성하는 데 있었다. 예비사관을 육성하여 오합지졸인 민간결사 조직들을 지휘하는 것이 당시 혁명당의 일반적인 전략이었다.

왕원칭이 상하이에 체류하는 동안 같은 린하이 출신인 쑤청룽蘇成榮을 만났는데 쑤청룽이 나의 증조할아버지이다. 당시 주변 사람들이 쑤청룽을 더싼德三이라고 부르기도 하였다. 그래서 왕씨 족보나 다른 왕원칭과의 기록에 그는 쑤더싼蘇德三이라고 기록되어 있

196

다. 쑤더싼은 상하이의 보통 상인으로 사업 규모가 크지 않아 여관과 포목점만 각각 한 개씩 운영하고 있었다. 그 전에도 왕원칭이 상하이에 경유할 땐 항상 쑤더싼의 여관에 투숙하였고 쑤더싼도 자신의 사업을 활용해 혁명당을 도왔다. 이러한 이해관계도 있고 동향이란 친분도 있어서 둘은 친한 친구가 되었다.

그런데 이번에 둘은 예전보다 긴 이야기를 하였다. 왕원칭은 "내가 학교를 만들려고 해. 상하이에서 계동啓東이란 학교를 개설해서 군사지도의 측량과 제도 과정을 가르치면서 인재를 육성하고 싶어. 나중에 큰 도움이 될 것 같아. 그래서 우리집 땅을 모두 팔고 조카딸과 다른 동지들을 상하이로 불러와서 학교 교사를 시키려고 해. 가능하면 당신도 힘을 보태줘."라고 쑤더싼에게 요구하였다. 쑤더싼은 군말 없이 바로 재산을 모두 팔아 현금으로 바꿔 왕원칭에게 주었다. 왕원칭은 이 돈으로 계동학교啓東學校를 열었다.

이 시기에 청 제국도 과거 제도의 폐지, 신학문을 가르치는 학교 설립, 고위관료의 해외연수 등 실질적인 개혁 방안을 추진하였지만 이미 너무 늦어서 쓸모가 없었다. 혁명당은 개혁 조치의 빈틈을 파고들어 정부의 감시에서 벗어나 암암리에 혁명 세력을 육성하였다. 앞서 언급한 학교 설립의 사례도 그중 하나이다. 같은 시기에 추진秋瑾은 사오싱紹興에서 대통학교大通學校학교를 설립하였으며, 쉬시린徐錫麟은 안후이성에서 순경학교巡警學校를 만들었다. 이들 학교가 저장·안후이 무장봉기浙皖起義를 위한 인력과 조직을 마련해 주었지만 결국 성공하지는 못하였다. 1907년의 이 봉기에서 쉬시린은 안후이 순경학교에서 의거를 일으켰지만 빠른 시간 안에 정부에게 진압당하여 붙잡혔다. 추진도 마찬가지로 붙잡힌 뒤 바로 살해되었다. 의거 실패 이후 왕원칭과 타오청장은 또 다시 일본으로 망명하였는데 이는 왕원칭의 세 번째 일본 체류였다. 이번에는 군사학을 공부하기로 결심한 그는 일본에서 명성이 높은 군사학교인 육군사관학교陸軍士官學校에 입학원서를 냈다. 당시의 일본 육군이 장교가 되려면 먼저 육군사관학교에서 공부를 마치고 육군대학에 진학해야 했다. 입학 신청을 하며 왕원칭은 원서의 본적란에 '저장 타이저우'라고 적지 않고 '후베이湖北 샹양襄陽'이라고 기입하였다. 후베이 샹양은 왕씨 조상이 타이저우로 이주하기 전의 거주지였다. 왕원칭은 이를 통해 자신의 행방을 정부의 첩자로부터 숨기려 한 것이다.

그 해에 왕원칭의 둘째 동생 왕어도 군사학 공부를 시작하였다. 왕어는 형보다 키도 더 크고 튼실해서 군사학을 공부하고 군인이 되었다. 지금 우리가 볼 수 있는 왕어의 초상 사진은 퇴직하고 찍은 사진인데 그때 그의 몸은 이미 많이 나빠져 있었다. 그 사진에서는 군복을 입지도 않았지만 장군의 기세가 여전히 남아 있었다.

왕어는 '중국의 육군사관학교'란 별명을 가진 바오딩 군관학교保定軍官學校에 입학하였다. 나중에 왕룬도 같은 학교에서 공부하였다. 왕어와 함께 입학한 학생 중에는 나중에 저장 독군督軍(민국 시기 성급 군사장관)이 된 퉁바오쉬안童保喧, 뤼궁왕呂公望 등 신해혁명 이후의 명사들이 많았지만, 그중에서 가장 유명한 사람은 물론 장제스蔣介石였다. 장제스가 입학하였을 때 썼던 이름은 장위칭蔣虞清이라고 한다. 이 시기부터 왕어는 장제스와의 우정을 유지해왔다. 1908년에 장제스가 바오딩 군교를 떠나 일본 진무학교振武學校에 유학가기 전에 왕어와 동창들이 송별연을 열었다. 1909년 왕어는 졸업하고 저장성으로 돌아가 항저우에 있는 저장 강무당浙江講武堂이란 군사학교에서 교원을 맡았다. 저장 강무당은 청나라의 신정新政 개혁조치에 따라 각 성에서 자체적인 신식 군대新軍를 선설하기 위한 초급 군사 인재를 육성하는 군사교육 기관이었다. 저장 강무당 산하에는 청소년을 대상으로 설립된 육군소학陸軍小學도 있었다. 그 당시 소년 시기의 왕룬도 이 소학에서 공부하고 있었다. 왕어가 강무당에서 가르쳤던 학생 중 장딩원蔣鼎文이란 젊은이도 있었는데, 장딩원은 나중에 왕원칭 가족과 장제스 간의 관계에서 큰 역할을 한다.

1910년에 이르러 왕어는 강무당 교원 직무를 사직하고서 상하이

우쑹커우吳淞口 요새의 부사령관 겸 참모장이 되었다. 왕어를 통해 광복회는 이 신식 정부군의 요새를 장악하고 혁명군으로 전환시켰다. 이와 더불어 광복회의 군사적 지도자인 리셰허李燮和와 정치적 지도자였던 타오청장, 왕원칭의 활동으로 상하이의 신식 지방군은 대부분 광복회에 장악되었다. 이러한 광복회의 군사적 활동은 우창 봉기武昌起義 직후 상하이·난징·항저우에서의 신속한 승리에 기여하였다.

왕원칭과 왕어가 모두 군사학을 배우고 군대와 관계를 맺었다는 것은, 혁명당이 의지하는 역량과 혁명 방식에 대한 사고가 모두 바뀌었다는 점을 반영한다. 기존에는 청나라에 반대하는 민간 비밀결사에 의지하였으나 이들의 혁명 역량은 한계가 있었다. 나중에 청나라의 신정 개혁 기회를 이용해서 학교를 만들어 혁명역량을 확보하려 하였지만 정치·군사적 급진성으로 쉬시린과 추진을 비롯해 많은 혁명가를 잃어버렸다. 이러한 실패를 겪으며 혁명당은 청 제국 내부의 가장 큰 구멍을 발견하였는데 바로 청 제국의 신식 육군이었다. 이 군대는 구미와 일본의 근대 군대를 모방하여 엄격한 근대 군사체제를 내세웠고 전투력과 장비를 구비하고 있었다.

그런데 어떻게 이 군대를 장악할 것인가? 신식 군대의 고위층은 위안스카이를 비롯한 북양대신北洋大臣 집단이라 여기에 침투하여 이들을 장악하는 것은 불가능했다. 유일한 방법은 대대장·중대장·소대장과 같은 중하급의 장교를 장악하는 것이었다. 이들은 전투에서 병사를 직접 지휘하는 계급으로 군대의 근간이었다. 만약에 혁명당이 이들 장교를 장악할 수 있다면 혁명을 일으킬 때 모든 기층 병사의 총구가 혁명당의 지휘에 따르게 될 것이다. 그렇다면 이들을 어떻게 장악할 수 있는가? 방법은 쉽다. 사관학교를 졸업하면 바로 기층 군대에 파견되어 기층 사관으로 임용될 수 있기 때문에 사관학교를 다니면 자연스럽게 신식 육군에 들어가게 된다. 따라서 왕원칭, 왕어, 왕룬 모두 각종 사관학교나 군사인재를 육성하는 학교에 입학하였다. 이를 통해 한편으로는 군사적 지식을 습득하고 더 중요하게는 신식 군대의 힘에 의지해 혁명을 일으켜 결국 승리하였다. 사실상 신해혁명의 시작점인 우창 봉기도 우창의 신식 군대로부터 시작되었다.

1907~1910년 경, 가족들의 기대와 희망 그리고 자신의 이상과 지향을 안고 링왕촌을 떠나 다른 지역에 가서 경험을 쌓은 왕씨들은 다시 광복회의 깃발 밑으로 모여, 가장 먼저 마을을 떠난 왕원칭의 휘하에 들어가 혁명을 위한 힘을 기르고 있었다. 여기에는 향신 왕루성王魯聲의 딸이자 왕원칭의 질녀이면서 왕룬의 사촌동생인 왕쑤창王素常도 포함되었다. 왕쑤창은 광복회의 유일한 타이저우 출신 여성회원이며 왕원칭의 영향을 많이 받았다. 1907년에 부모의 지시에 따라 상하이로 공부하러 왔지만 며칠 안 지나 왕원칭을 찾아가 계동학교 설립을 분주히 도왔다. 왕원칭이 일본으로 도망간 이후 왕쑤창은 양저상楊哲商이란 다른 한 명의 린하이 출신 광복회 회원과 함께 상하이에서 투쟁을 계속하면서 동시에 기독교회학교基督敎會學校도 다녔다. 그의 모친은 현대 교육가인 장친章梣의 친동생인데 좋은 집안으로 서양식 교육도 받았고 중국에 있는 프랑스인들과 좋은 관계를 맺었다. 그래서 왕쑤창은 모친을 통해 상하이 프랑스 조계租界에 있는 한 프랑스 양행洋行 건물의 다락방을 빌려 거기에서 폭탄을 제조하려 시도했는데 동료 양저상이 폭탄을 만들다가 폭발 사고로 숨지고 왕쑤창도 부상을 당하였다. 이 폭발로 인해 상하이의 광복회 조직이 폭로되었고 왕쑤창도 체포되었다. 이 사고가 발생한 날은 1911년 11월 6일인데, 무창 봉기는 10월 10일에 발생했고, 상하이·난징·항저우에서도 혁명이 꿈틀대고 있었다. 나중에 왕쑤창은 보석으로 출감된 후 바로 왕어가 관리하는 우쑹커우 요새로 달려갔다. 상하이의 전투가 시작되자 요새는 광복군의 총지휘부로 활용되었다. 왕쑤창은 다른 여성 회원들과 함께 지휘부에서 비서 업무를 담당하다가, 광복군이 난징을 공격하는 동안 여성회원들의 참전 요구로 인해 조직된 '여성 소탕부대女子蕩寧隊'에 참가하였다. 따라서 그녀는 난징 성벽 바깥의 전쟁터에서 왕원칭 등 다른 왕

씨들과 함께 참전했던 것이다.

상하이에서 모여 있던 왕씨들 중 왕짠야오王贊堯란 이가 있었는데 왕원칭의 당질이다. 그는 동창이자 손위 처남인 장츠張翅의 영향을 많이 받았다. 장츠는 톈타이현天台縣의 명사로서 그의 자가 위성羽生이라 당시 사람들에게 장위성이라고 불렸다. 장위성은 왕원칭과 경력이 비슷했다. 지방 과거시험을 통과해 수재가 되었다가 전통 학문을 포기하고 일본으로 유학을 갔는데 일본에 갈 때 그보다 어린 왕짠야오를 데려갔다. 일본에 도착한 뒤 둘은 모두 왕원칭의 지도를 받아 사제 관계가 되었다. 왕짠야오는 난징과 항저우 전투에 모두 참가하였다.

이 외에도 왕어의 우쏭커우 요새 부대에 있던 왕위탕王與堂도 광복군의 상하이 부대에 가입해 상하이·난징·항저우 전투에 참가하였다. 또 다른 왕씨인 왕위쓰王與思와 왕이주王義祝는 광복회가 장악한 저장군의 제81표標(연대에 해당) 부대에 소속되어 난징 전투에 참가하였다.

요컨대 상하이·난징·항저우 전투 동안, 특히 항저우와 난징의 전투를 통해 링왕 왕씨 사람들은 다시 왕원칭을 중심으로 단결하였다. 왕원칭은 혁명군 내에서 왕씨 사람들의 구심점이 되어 혈연관계와 혼인관계를 통해 더 많은 사람들을 마을 바깥 세계로 이끌어냈다. 이렇게 왕원칭이 혁명가가 된 스토리가 바로 '어떻게 이 작은 산촌에서 이토록 많은 인물들이 나올 수 있었는가?'라는 의문에 대한 가장 피상적인 해답이 될 것이다. 그러나 이러한 피상적인 해답을 넘어 더 깊이 들어가려면 우리는 왕원칭의 스토리로 다시 돌아가야 한다.

왕원칭은 육군사관학교에 지원하였지만 그 다음 해인 1908년에 자퇴하여 혁명과 관련된 일을 다시 시작하였다. 이번에 그는 난양南洋으로 파견되었다. 당시 중국인들이 의미하는 난양은 현재 동남아의 말레이시아, 인도네시아 등에 해당한다. 왕원칭은 먼저 말레이시아 페낭Penang에 도착해 현지 화교사회의 환대를 받았다. 사실 링왕 왕씨 족보에는 청조 말기 왕씨들이 난양의 화교 여자와 결혼하거나 딸을 난양에 시집보냈던 기록도 남아 있다. 이는 당시 저장성을 비롯한 중국 연해 지역과 동남아의 밀접한 교류를 보여 준다.

왕원칭은 페낭에 도착한 직후 바로 광복회의 창당 원로인 리셰화와 만났다. 리셰화는 페낭에서 학교를 운영하고 있었다. 계속 타오청장의 직접 지휘를 받고 있던 왕원칭은 이제 리셰화의 지휘를 받게 되었고, 이러한 상황은 상하이·난징·항저우 전투까지 계속되었다.

리셰화가 왕원칭을 만난 후 왕원칭을 자신이 운영하는 학교로 초빙하여 교원 신분으로 난양의 혁명가와 연락하는 업무를 맡겼다. 타오청장은 리셰화와 왕원칭이 함께 일하는 것이 처음이라 서로 갈등이 생길 것을 우려하여 리셰화에게 편지를 썼다. 타오청장은 편지에서 '왕원칭 이 분은 믿을 만한 사람이지만, 사람을 가르치는 것이 그의 장점은 아닙니다. 그의 장점은 수학과 군사훈련이고, 이는 모두 전투할 때 필요한 능력입니다. 다만 한 가지 고민해야 될 것은 그가 말할 때 타이저우 사투리가 심해서 일반 사람들이 쉽게 그 말을 이해할 수 없다는 점입니다. 게다가 너무 정직하고 솔직한 편이라서 항상 사람들과 부딪쳐서 잘못하면 문제가 생길 수도 있습니다. 그를 너그럽게 배려해주시길 바라고, 믿을 만한 사람을 찾아 인간관계 측면에서 그를 보조하게 하면 가장 좋을 것입니다.'라고 리셰화에게 조언하였다.

리셰화는 타오청장의 조언을 받아들여, 왕원칭을 수라바야 Surabaya로 파견해 그가 수라바야의 화교사회에서 혁명을 고취하고 광복회 수라바야 지회를 담당하게 하였다. 수라바야에서 왕원칭의 주요 업무는 첫째, 중국어 신문사華文報紙 창립 및 신문을 통한 혁명사상 유포, 둘째, 군사학교 설립 및 혁명무장 훈련, 셋째, 화교사회에서 혁명 자금 모집, 넷째, 동맹회 쑨원과 황싱黃興의 난양 방문을 위한 연락과 준비 등이었다. 이 과정에서 왕원칭과 쑨원, 황싱 간의 관계가 긴밀해졌는데 특히 황싱과 친밀해졌다.

1911년 초에 이르러 왕원칭이 난양에서 진행했던 혁명 활동의 효과가 점점 나타났다. 마침 이때 황싱은 광저우廣州에서 동맹회의 역량에 의지하여 다시 폭동을 일으키려 하였다. 황싱은 난양의 광복회가 이 폭동에 참여하면 좋겠다고 광복회에 요청하였다. 광복회는 요청에 따라 왕원칭을 비롯한 회원들을 광저우로 보냈고, 왕원칭도 광저우 황화강黃花崗 폭동에 참가하려 하였다. 그러나 왕원칭은 항해 도중 안개 때문에 계획보다 하루 늦게 홍콩에 도착했고, 홍콩에서 다시 작은 배를 타고 광저우로 입성하였다. 그런데 광저우 폭동은 이미 실패로 끝났고, 광저우 성내도 이미 계엄 상태였다. 왕원칭은 비밀리에 광저우에 들어가서 동향 사람 야오퉁위姚桐豫에게 구조를 요청하였다. 양광兩廣(광둥과 광시)의 총독總督 밑에서 참모를 하고 있던 야오퉁위는 양복을 입고 머리도 짧은 왕원칭을 보고는 그를 재빨리 변장시켜 성 바깥으로 내보냈다. 훗날 어떤 사람이 왕원칭에게 농담으로 "황화강의 72명 열사가 거의 73명 열사가 될 뻔했다."라고 하였다.

애초에 황화강 폭동에 대해 광복회는 동맹회와 다른 생각을 갖고 있었다. 동맹회는 난양에 의지해 광둥·광서 지역에서 먼저 폭동을 일으켜 정권을 수립한 뒤 북방으로 진공할 방안을 세웠다. 동맹회의 주요 지도자들이 모두 광둥, 푸젠 출신이라 난양 화교와 관계가 밀접해서, 이들은 광둥에서 먼저 폭동을 일으킬 것을 계속 주장하였다. 반면 광복회의 주요 지도자들은 저장이나 장쑤 출신으로, 장강삼각주長三角에서 먼저 봉기를 일으켜 청나라의 허리에 타격을 주면 청나라 재정의 원천을 끊어내고 혁명당의 재정을 확보할 수 있다는 주장을 견지하였다. 그러나 황화강 폭동의 실패로 동맹회의 역량이 크게 소모되었고 광복회도 저장·안후이 봉기 실패 이후 가장 큰 손실을 입었다. 결국 신해혁명은 광복회와 동맹회 세력이 약한 우창에서 발발했고, 신해혁명 뒤에 두 당파 간의 갈등이 점점 심해지고 혁명 주도권 쟁탈까지 생겨났다. 이러한 혁명당 내부의 갈등이 중화민국 수립 이후, 특히 장제스의 집권 이후 왕원칭과 그 가족의 운명에 커다란 복선이 되었다.

황화강 폭동 직후 왕원칭은 항저우에 가서 저장·장쑤·상하이에
서 혁명을 책동하려 했다. 왕원칭은 수학을 잘했기 때문에 혁명당
의 재정에 많이 기여하였다. 왕원칭의 또 다른 공헌은 광복회와 동
맹회 간의 갈등을 완화시킨 데에 있다. 이러한 기여와 공헌은 모두
보이지 않는 장막 뒤의 공헌이라고 할 수 있다. 당시 상하이 동맹회
의 지도자는 천치메이陳其美(자는 英士)라는 인물이었다. 이 사람은
장제스와 의형제를 맺었고 동맹회에서 사실상 쑨원·황싱에 버금가
는 실권자이자 청방靑幇의 지도자로서 장제스도 그의 휘하에 있었
다. 한번은 타오청장이 천치메이와 말다툼을 하다가 화가 나 난양
으로 가버렸다. 타오청장은 광복회의 모든 일을 전부 리셰화와 왕
원칭에게 맡기고, 그 후 다시 상하이로 복귀했지만 천치메이가 있
는 항저우에 오길 꺼려했다. 그리하여 광복회와 동맹회 간의 모든
연락은 왕원칭이 상하이와 항저우를 오가는 방식으로 이루어졌다.
이후에는 장런톈이 와서 왕원칭을 대신해 상하이와 항저우 간 왕복
업무를 맡았다. 왕원칭은 타이저우로 되돌아가서 그곳의 혁명가들
과 연대하였는데 이는 왕원칭의 일생에서 두 번째 귀향이었다.

타오청장이 난양으로 떠난 이후 광복회의 실질적 운영은 리셰화
와 왕원칭이 담당하게 되었다. 왕원칭은 동맹회와 상하이 신식 군
대의 지도자에게 9월에 같이 의거하자고 설득하려 했지만 무산되
어 무장봉기는 무기한 미루어졌다. 무산된 원인은 동맹회가 상하이
의 신식 군대가 먼저 군사 정변을 일으켜야 자신도 봉기를 일으키
겠다고 주장한 반면 신식 군대도 먼저 움직이는 걸 원하지 않았기
때문이다. 결국 이렇게 서로 미루는 상태에서 10월 10일 우창에서
봉기가 발생하였다. 이 소식은 장런톈을 통해 상하이에 체류 중인
타오청장에게 전달되어 타오청장은 왕원칭에게 저장과 상하이에서
도 봉기하라고 재촉하게 되었다. 이리하여 계속 미루어진 무장봉기
계획이 정해졌다. 10월 말까지 항저우와 상하이에서 준비 작업이
신속하게 추진되었다. 항저우의 주요 책임자는 왕원칭이었고, 상하

이는 리셰화가 담당했다. 왕어의 부대도 리셰화의 지휘를 받았고 타오청장은 총괄 책임을 맡았다.

왕원칭이 타오청장의 명령을 받아 다른 혁명세력들을 끌어와서 광복회의 지휘 하에 통합시켜, 손이 모자랐던 리셰화에게 지원군을 제공해 주었다. 이러한 노력을 통해 항저우 전투를 위한 혁명당 측의 편제가 완성되었다. 그중 주력은 광복회원인 주루이朱瑞가 지휘하는 저장군 제81표였는데, 앞서 언급한 왕위쓰와 왕이주가 사관으로 복무했던 부대이다. 퉁바오쉬안, 뤼궁왕 등 동맹회 출신의 신식 군대의 장교들이 지휘하는 부대도 참전할 예정이었는데, 이들 중에는 천치메이의 명령을 받아 저장성의 동맹회 부대를 감시하는 장제스도 포함되었다. 왕원칭은 또한 여성 혁명가가 포함된 결사대를 조직하여 전투 편제에 포함시켰다.

그런데 왕원칭과 리셰허가 봉기를 일으키지 않은 상태에서 천치메이가 상하이에서 먼저 선수를 쳤다. 이는 분명히 동맹회가 광복회보다 먼저 주도권을 잡으려는 것이었다. 그러나 상하이의 군수공장인 강남제조총국江南制造總局을 점령하기 위해 천치메이가 조직한 이 전투는 실패로 끝났고 천치메이 본인까지 포로로 잡혔다. 이 실패로 상하이와 항저우 두 곳의 혁명세력은 무장봉기 일정을 앞당길 수밖에 없었다. 11월 4일 아침, 리셰허가 상하이에서 무장봉기를 일으켜 한 화장실에 구금되어 있던 천치메이를 구출하였고 같은 날 밤 항저우에서도 전투가 시작되었다. 혁명군은 다음 날 일출 전에 순무아문巡撫衙門을 점령하여 청나라의 저장 순무(청나라의 지방관)를 생포하였다.

항저우에서 승리를 얻은 후 신식 군대 세력은 새로운 지방 정권을 수립되었다. 며칠 후 새로운 저장성 참의회參議會가 설립되었고 광복회의 전과가 컸기 때문에 참의회에서도 가장 많은 다수 의석을 차지하였다. 당시 보수 세력과 동맹회는 광복회에 대해 적대적 감정을 점점 표출하기 시작했고 심지어 왕원칭을 비롯한 광복회 회원을 죽이겠다고 큰소리치는 자들도 있었다. 왕원칭 등은 이를 아랑

곳하지 않고 난징 전투를 준비하였다.

난징 전투에 참전한 혁명군 측의 전투 편제는 대략 3개로 첫째는 리셰허의 상하이군, 둘째는 퉁바오쉬안, 뤼궁왕과 주루이 등이 각자 지휘하는 저장군, 셋째는 장쑤성 신식 군대를 기초로 편성한 부대였다. 이 세 부대를 합쳐서 광복연합군光復聯軍이라고 불렀다. 왕원칭은 군 지도자 자리에서 물러났지만 연합군의 실력 강화를 위해 새로운 부대를 조직하는 업무에 지원하였다. 왕원칭은 왕어와 함께 타이저우 출신자를 모집해 단기간에 두 개의 타이저우 대대台州營를 조직하였다. 전투에서 왕원칭과 왕어는 각자 한 대대씩 지휘하였다. 왕원칭이 지휘하는 대대는 500명의 셴쥐현 출신 사람들로 구성되었고 왕어가 지휘하는 대대는 린하이현과 싼먼현 출신자로 조직되었다. 왕어의 대대에는 링왕촌 출신자도 많았다. 이와 더불어 인루이즈尹銳志가 조직한 '여성 소탕부대'와 기존에 항저우 전투에서 조직된 결사대도 참전하였다. 왕원칭은 이 세 개의 직속 부대를 저장군으로 편입시켰다.

난징 전투에서 광복연합군의 주요한 적은 청나라에 대한 충성심으로 중화민국 초반까지도 여전히 변발을 하고 있어서 '변발 장군辮帥'으로 불리며 웃음거리가 되었던 북양군벌 장쉰張勳이 지휘하는 장강수비대대江防營였다. 장강수비대대의 전투력은 상당히 강하였고 특히 장쉰은 쯔징산紫荊山의 톈바오청天堡城 요새를 활용해서 수비를 강화하였다. 만약에 연합군이 난징 성벽을 공격하면 수비대대는 쯔징산 위에서 발포하여 연합군을 정확하게 타격할 수 있었고, 요새에서 기관총을 활용하여 연합군을 제압할 수도 있었다. 따라서 연합군이 난징 성벽을 공략하려면 무조건 쯔징산 위 적군의 요새를 빼앗아야 했다.

실제 전투 과정에서 상하이군은 먼저 요새를 차지하려 시도했지만 성공하지 못하였다. 동시에 장쑤군은 포화 속에서도 위화타이雨花台 근처의 성벽을 공격하였다. 이때 저장군이 전투에 투입되어 사상자가 많은 상하이군을 교체하면서 결사대를 조직해 톈바오청 요새를 향해 돌격하였다. 샹스위안項士元이 「저장 민정청장 왕원칭을 추모함悼前浙民政長王文慶」이란 글에서 왕원칭이 직접 참가한 이 전투를 서술하였지만, 그 서술은 실제와 일치하지 않는다. 샹스위안은 왕원칭이 먼저 성문城門을 공격하는 전투에 참가하고 나중에 톈바오청을 공격하였다고 기술하였다. 그러나 실제로는 왕원칭이 속한 저장군은 먼저 톈바오청을 공격하였다. 톈바오청을 공격하는 결사대에는 왕원칭의 셴쥐 대대, 왕어의 타이저우 대대, 인루이즈의 여성 결사대와 주루이의 81연대도 포함되었다. 샹스위안 글에 나오는 왕원칭의 각개약진各個躍進 전술이 바로 이 톈바오청 공격에 등장하였다. 이는 타이저우 부대가 모두 경험이 없는 신병이라서 각개약진 전술을 통해 화포와 기관총으로 인한 사상을 최대한 줄인 것이었다. 톈바오청으로 진격했던 연합군은 절대적인 병력우세를 차지해 빠르게 요새 근처까지 공략하였다. 청나라 군대가 투항하겠다고 하자 연합군이 이를 받아들였는데, 청나라 군대가 이틈을 노려 반격하여 연합군을 산허리에 가두었다. 샹스위안의 서술에 따르면, 이때 왕원칭이 세 방면에서 협공하던 적군을 향해 팔을 휘두르며 연합군의 사기를 진작시켜 적을 제압하였다. 결국 이 격전을 통해 연합군은 청나라 군대의 반격을 격퇴하고 사기가 올라 톈바오청 요새를 함락하였다.

톈바오청 요새가 함락되자 전황이 바뀌었다. 연합군이 대포를 노획해 높은 곳에서 아래 성벽에 있는 청나라 군대를 향해 발포하여 차오양먼朝陽門과 위화타이 등의 공성전을 지원하였다. 장쉰의 부대가 성벽 밑에 지뢰를 많이 매설해 놨지만 연합군의 화력과 고지점령으로 인해 성문이 돌파되었고, 위화타이의 청나라 군대 진지도 쟝쑤군에게 함락되었다. 결국 장쉰 등이 난징을 포기하고 도망치면서 난징은 '광복光復'되었다.

난징의 '광복'은 왕원칭 가족 이야기의 전환점으로 볼 수 있다. 난징 광복 이전에는 왕원칭과 그 가족들이 역사의 발전을 추동하였지만, 이 전환점 이후에는 역사가 이들을 밀어가게 되었다. 이러한 전환의 원인은 두 가지 큰 변화에 있다. 하나는 광복회가 동맹회와의 경쟁에서 세력을 잃은 것이고 다른 하나는 혁명 진영의 전반적 후퇴였다.

난징 광복 직후 왕원칭은 중화민국 수립 준비 작업에 참여하는데 이때 천치메이가 장제스 등을 시켜 다오청장을 암살하였다. 저장·상하이·장쑤의 혁명에서 누가 보아도 광복회의 공헌이 동맹회보다 커서 난징 광복 후 다오청장이 쑨원과 황싱을 이어 제 3위의 실권자가 될 가능성이 컸기 때문에 천치메이가 다오청장을 제거하려 한 것이다. 사실 천치메이는 광복회를 제압하기 위해 리셰허도 암살할 계획을 세웠으나, 다오청장에 대한 암살만 실제로 감행되었다. 암살은 천치메이의 명령을 받은 그의 의형제 장제스가 청방青幇 중 한 명을 고용해 시행했다. 암살 후 왕원칭을 비롯한 광복회원들은 분노했고 동맹회의 쑨원도 살인범을 찾아 엄중 처벌하라고 요구하였다. 천치메이는 어쩔 수 없이 청방의 암살자를 잡아 죄를 묻고 장제스를 일본으로 피신시켰다. 왕원칭은 이러한 사실을 전혀 알지 못해 나중에 천치메이가 암살당해 죽은 후 심지어 추도사까지 직접 써서 그를 추모하였다. 사실 천치메이는 청방 세력을 이용해 많은 광복회 사람들을 살해하였다. 다오청장 이외에 타오쥔바오陶駿保, 쉬쉐추許雪秋, 천윈성陳芸生 등도 암살되었다. 당시 천치메이를 중심으로 형성된 세력에는 장제스, 허잉친何應欽, 천궈푸陳果夫, 다이지타오戴季陶 등이 있었는데 이들이 나중에 장제스를 중심으로 하는 정치세력의 핵심인물이 되었다.

당시 광복회가 점점 쇠락하는 상황에서 왕원칭은 정당의 이익보다 혁명의 목표에 집중하였다. 쑨원이 중국국민당의 전신인 중화혁명당中華革命黨을 창당한 후 천치메이가 쉬런루徐忍如란 사람을 통해 왕원칭에게 입당 여부를 묻자 그는 "나는 저장 출신이라 다른 사람보다 뒤지면 안 된다."고 결연하게 답하며 중화혁명당에 입당하였다.

장제스 정권 등장 이후, 장제스가 다오청장을 암살했기 때문에 신해혁명 이후의 광복회 관련 이야기는 금기가 되었다. 현재 우리가 왕원칭이 죽을 때까지 암살 사건의 진상을 몰랐는지를 알 수는 없지만, 한 가지 에피소드는 알려져 있다. 왕원칭이 장제스의 연회 초대를 거절하여 불만을 드러냈던 사건이다.

이 에피소드에는 두 개의 버전이 있다. 하나는 내 할머니가 나에게 이야기해 준 것이고 다른 하나는 장딩원의 회의록에 있는 것이다. 두 버전의 앞부분은 거의 똑같다. 이 사건은 위안스카이가 죽은 뒤에도 권력을 장악하고 있는 북양군벌에 반대하여 쑨원이 조직한 호법운동護法運動 시기였다. 왕원칭은 명령에 따라 푸젠성福建省에 가서 호법군護法軍을 지원하였다. 푸젠성에서 호법군의 상대는 북양군벌 돤치루이段祺瑞의 정부에 귀순한 기존의 저장군이었다. 따라서 왕원칭의 임무는 저장군 내의 동향 사람들과 과거의 동료들을 회유하여 호법군 진영으로 데려오는 것이었다. 주요 대상은 퉁바오쉬안, 천자오잉, 뤼궁왕이었다. 왕원칭은 천자오잉을 설득하기 위해 여동생을 소개하여 결혼까지 약속했다. 중간에 뤼궁왕의 방해가 있었지만 결국 천자오잉이 지휘하는 연대는 호법군으로 투항하였다. 왕원칭이 얼마 후 '시난 호법정부 푸젠·광둥 지원군 부총사령관西南護法政府援閩粤軍副總司令'으로 임명되어 푸젠성에서 퉁바오쉬안 등 저장군 원로를 설득하는 업무를 계속 수행하였다. 왕원칭은 군의 원로인 장쭌구이蔣尊簋(자는 百器)를 동원해 저장군 장교를 설득하기도 하였다. 이때 장딩원은 왕원칭 지휘 아래의 소령급 참모이자 왕원칭의 수행원으로 근무하고 있었다.

같은 시기 장제스는 푸젠성의 장타이長泰에 있는 '광둥군 제2지대粤軍第二支隊'에서 지대장 직무를 맡고 있었다. 장타이는 왕원칭의 근무처와 가까웠다. 한번은 왕원칭이 장딩원과 장타이를 경유하여 잠시 머무는 동안 장제스가 왕원칭 일행을 초대하려 하였는데 왕원칭이 숙소에 없어서 장제스는 초대장만 남기고 돌아갔다. 왕원칭은 숙소에 돌아와 초대장을 보고서는 장딩원과 다른 수행원에게 "상대하지 마라. 그는 까다로운 사람이다."라고 말하며 응하지 않았다. 나의 할머니의 버전으로는 왕윈칭은 "장제스와는 왕래하지 마라, 심보가 바르지 못해."라고 말했다고 한다.

이러한 왕윈칭의 장제스에 대한 평가는 장제스의 죄상을 알았기 때문이라고 볼 수도 있지만, 왕윈칭의 혁명 이력과 혁명의 성패를 중시할 뿐 개인적 원한을 따지지 않는 성격으로 보면 상당히 이례적인 것이라고 할 수 있다. 사실 장제스가 왕윈칭이 없는 동안 방문하고 초대장을 두고 간 일은 공자孔子가 양화陽貨를 방문했던 이야기와 유사한데, 유학 경전을 잘 알고 있던 왕윈칭이 장제스의 방문 목적을 모를 리 없었다.3) 즉 장제스가 스스로 마음이 편하지 않아서 일부러 고전을 모방해 왕윈칭과 관계를 맺으려 했지만 오히려 역효과가 난 것이다. 따라서 나중에 왕윈칭이 장딩원에게 한 말은 어느 버전이든 모두 장제스에 대한 그의 부정적 태도를 보여주고 있다. 즉 자신을 공자로 여기고 상대방을 양화처럼 여기는 사람은 자신의 이미지만 중시하는 사람이기 때문에 상대할 필요가 없다는 것이다.

이 사건이 발생한 후 왕윈칭은 장제스와 그를 중심으로 한 국민당 세력으로부터 점점 멀어졌고 이러한 상황은 1925년 그가 사망할 때까지 이어졌다. 그러나 이 이야기의 등장인물인 장딩원은 그의 충고를 받아들이지 않고 장제스와 인맥을 맺고, 왕윈칭이 사망한 후 동생 왕어, 매제 천자오잉도 장제스의 집단에 편입되었다.

신해혁명 후 혁명당의 후퇴도 왕윈칭에게 부정적 영향을 미쳤다. 그는 실망하면서도 혁명의 이상과 실천을 끝까지 견지하였다. 신해혁명 직후 저장성의 독군督軍인 주루이와 도독都督인 취잉광屈映光이 황제 제도를 회복하려는 위안스카이에게 투항하였다. 이들은 원

---

3) 『논어』 「양화」편에 등장하는 이야기이다. 노나라魯의 권력자인 양화가 공자를 만나려 했으나 만나주지 않자 돼지를 선물로 보냈다. 공자는 굳이 양화가 집을 비웠을 때에 찾아가서 인사를 전했다. 이 이야기를 그대로 대입하면 장제스가 공자이고 왕윈칭이 양화가 되어버리는 것이다.

래 신해혁명에 적극적으로 참여했었지만 위안스카이에게 포섭되어 투항하였다. 이들의 투항 때문에 저장성의 혁명 성과는 모두 위안스카이의 차지가 되어버렸다. 이들이 투항한 후 위안스카이는 바로 왕원칭, 장츠, 장런뎬 등을 돈과 관직으로 포섭하려 하였다. 왕원칭은 장츠, 장런뎬과 논의하여 위안스카이의 돈만 받아 항저우에 왕공관王公館이란 별장을 열고 온종일 안에서 담배만 피우며 마치 혁명을 포기할 것처럼 연기하였다. 그러나 실제로는 암암리에 저장성의 정치인, 군인, 언론인들과 연락하면서 위안스카이에 반대하는 투쟁을 준비하였다. 결국 저장군이 쿠데타를 일으켜 주루이를 쫓아내고 저장성의 '독립(위안스카이 정부로부터의 독립)'을 선포하였고, 왕원칭이 상당 기간 동안 성장省長을 맡았다.

왕원칭은 신해혁명 이후의 이러한 혁명 진영의 후퇴를 모두 목도하였지만 더러운 시류에 영합하지 않았다. 1912년 위안스카이는 중화민국 대총통大總統 직위에 취임한 직후 왕원칭에게 '난양선위사南洋宣慰使' 직위를 맡겨 그를 난양으로 보내려 하였다. 왕원칭은 난양에서 모집한 지사들이 황화강 폭동 때 다수 희생되었기 때문에 난양에 돌아가서 친구와 지인을 뵐 면목이 없다며 단호하게 거절하고, 다른 한편으로 혁명 활동을 지속하였다. 위안스카이 반대운동, 그리고 북양정부에 반대하는 호법운동에 참여하고 저장군 장교를 포섭하는 업무를 맡았다. 이후 왕원칭의 건강이 악화되어 활동이 줄어들었다. 1922년 타이저우 지역에 홍수가 발생하자 그는 재해구제에 참여했고, 1924년 장런뎬이 난양으로 동행하자는 초청을 했지만 그는 과거 위안스카이에게 거절할 때와 같은 이유를 들어 거절하였다. 같은 해 여름에 왕어와 함께 군벌 쑨촨팡孫傳芳에 반대하는 닝보寧波 독립운동에도 참여했지만 결국 실패하였는데 이것이 그의 마지막 혁명 활동이었다. 그는 1925년 초에 위암으로 사망하였다.

광복회와 동맹회의 당쟁에서 왕원칭의 비타협적 태도는 왕원칭 본인뿐 아니라 그 가족과 후손의 운명에도 큰 영향을 미쳤다. 그의 가족과 후손은 난징 국민정부의 장제스 정권과 끊임없이 마찰하였다. 비록 다른 왕씨 사람들의 중재 덕분에 갈등이 심해지지는 않았지만 왕원칭 가족은 늘 장제스 정권과 불편한 관계였고, 결국 1949년 이후 장제스 정권이 타이완으로 갈 때도 따라가지 않고 중국 대륙에 남았다. 그런데 그 가족이 왕원칭의 혁명 유산을 계승한 것이 나중에는 결국 혈육이 헤어지는 계기가 되어버렸다.

왕원칭이 사망했을 때 아들 한 명은 이미 요절하였고 다른 한 아들도 건강이 상당히 안 좋은 상태였다. 유독 나의 할머니 왕바오렌의 건강만 괜찮았다. 그때 왕바오렌은 나의 할아버지인 쑤위헝과 함께 상하이의 한 학교를 다니고 있었다. 사실 왕원칭은 세상 물정을 다루는 능력이 뛰어났지만, 인간관계에 인위적이거나 가식적이지 않았다. 예를 들어 앞에서 언급했듯 왕원칭은 천자오잉을 북양군벌 진영에서 호법군으로 끌어들이기 위해 여동생을 그에게 소개하고 혼약을 맺었다. 천자오잉은 왕원칭에게 감사하는 마음을 갖고 있었고, 유명한 왕씨 가문의 사위가 되고 왕원칭의 인정을 받게 된 것이 영광이라고 여겼다. 게다가 왕원칭의 상하이 체류 기간에 나의 증조할아버지는 부동산을 팔아 혁명 자금을 댔고 왕원칭도 그 은혜에 보답하려는 마음을 계속 갖고 있었다. 그러나 그는 직접 딸을 쑤씨 아들과 결혼시키지 않고 두 젊은이를 상하이의 같은 학교로 보내 공부를 시켜, 이들은 학교에서 함께 공부하며 연애하였다. 왕원칭은 이 과정에서 그저 바람이 부는 대로 돛을 다는 역할을 했을 뿐이다. 이렇게 세상일을 처리하는 것은 왕원칭의 장점이었으며, 이는 국민당에서 흔히 나타났던 정략결혼이나 링왕촌의 일부 사람들이 혈연을 이용해 출세하려던 것과 같은 가식적 인간관계와는 다르다.

할아버지와 할머니는 왕원칭의 이러한 안배에 따라 결혼하였지만, 당시 왕원칭은 이미 세상을 떠났다. 할아버지는 할머니와의 결혼을 기뻐하며 "하늘에 천당이 있고 땅에는 쑤왕이 있다上有天堂, 下有蘇王."는 말로 표현하였다. 이는 쑤저우蘇州와 항저우 두 도시가 천당처럼 좋다고 찬양하는 "하늘에는 천당이 있고 땅에는 쑤저우와 항저우가 있다上有天堂, 下有蘇杭."는 말에서 나온 것이다. 할아버지 쑤위헝은 왕바오롄과 결혼하는 것이 이처럼 영광스러운 일이라고 여겼다.

결혼한 해는 1929년으로 할아버지의 말에 따르면 항저우의 즈장호텔之江飯店에서 현대식 결혼식을 했다고 한다. 당시 즈장호텔에서 결혼식을 연 사람들은 대부분 명사들이었다. 쑤위헝과 왕바오롄은 명사는 아니었지만 모든 링왕 왕씨와 이들과 관련된 사람들이 둘을 뒷받침하고 있었다.

당시 쑤위헝은 상하이교통대학上海交通大學에서 공부했고 왕바오롄은 상하이여자학교上海女子學校에서 공부하였다. '해방解放(1949)' 이후 학력을 등록할 때 둘이 소속된 인민공사人民公社는 두 사람을 모두 대학생으로 등록하였고 이는 전체 인민공사에서 가장 높은 학력이었다. 사실 인민공사의 지도자들은 대학과 학교를 잘 구분하지 못해서 할머니의 출신 학교를 대학으로 오인한 것이다.

할아버지는 상하이교통대학에서 2학년까지만 수료하고는 종군하였다. 그는 광저우에 가서 황푸 군관학교黃埔軍校 제4기로 입학했는데 린뱌오林彪 등이 동기였다. 당시의 관례에 따르면 황푸 군관학교와 저장성 출신에 육군대학에서 연수하고 북벌전쟁까지 참전한 경험이 있으니 장제스의 직계부대에 입대할 가능성이 아주 컸지만, 할아버지는 장제스의 직계부대 선발에서 떨어졌다. 아마도 왕윈칭과 장제스 간 갈등 때문에 왕윈칭의 영향을 많이 받은 할아버지도 장제스에 대해 늘 부정적인 생각을 가지고 있었기 때문일 것이다.

쑤위헝의 사상은 공산당과 더 가까웠다. 1925년 그는 루딩이陸定一가 지도하는 공산주의청년단共産主義青年團에 참가하였고, 같은 해에 린하이의 공산주의 소조共産主義小組인 '을축독서회乙醜讀書會'에도 참가하였다. 1927년 4월 12일 장제스가 국민당 내부의 공산당원을 숙청한 이른바 4 · 12 사변四一二事變 이후 그는 장제스 반대운동에 참여하였다. 1차 국공합작이 국·공 양당의 결렬로 종결된 이후 그는 공산당원으로서 지명 수배를 당하였다. 린하이에서 발표된 지명 수배 명단의 첫 번째가 바로 쑤위형이었다. 나중에 천자오잉, 왕어 등 장제스와 관계가 가까운 왕씨 집안 사람들이 탄원하고 나서야, 공산당과 결탁한 혐의가 없다고 확인을 받고 육군대학에 연수하게 되었다.

1933년 연수가 끝나고 쑤위형의 직업군인 생활은 순조롭게 진행되었다. 항일전쟁 기간 타이얼좡台兒莊 전투를 비롯한 중요한 전투에 참전하여 31세의 어린 나이로 소장까지 승진했다. 그러나 1939년에 쑤위형은 청첸程潛이 후쭝난胡宗南을 반대하는 모략에 참여하면서 후쭝난에게 잡혀 6년이나 감금되었다. 이 사건도 그가 국민당 좌파, 그리고 공산당과 가까운 사이여서 생긴 일이었다. 그는 항일전쟁 이후에야 출감되어 '해방전쟁解放戰爭(제2차 국공내전)' 시기에는 거의 린하이에만 거주하면서 지역사회를 위해서 일하였다.

국민당 집권 시기의 부침과 불행을 겪으며 우리 집안은 국민당과 완전히 인연을 끊고 새로운 공산당 정권을 환영하게 되었다. 우리도 다른 집안들처럼 정상적으로 생활할 수 있었지만 한 사건으로 비극이 초래되었다. 이 비극으로 우리 집안사람들은 국민당 감옥에 갇히든지 아니면 공산당 감옥에 갇힐 수밖에 없었다.

쑤위형은 공산당과 과거에 사이가 좋았다고 자신하면서 국민당 정권과 함께 타이완으로 도망가려고 하지 않았다. 린하이 '해방' 직전 장딩원이 그에게 서신 한 통을 보내서 얼른 타이원으로 오라고 권고하였지만 쑤위형은 "둥이 곧 틀 겁니다. 당신들만 가면 되고 저는 당신을 따라가지 않겠습니다."라고 답장을 보냈다. 당시 쑤위형의 큰 아들, 즉 나의 아버지는 이미 1947년에 린하이 후이푸중학回浦中學 학생 신분으로 공산당이 조직한 쓰밍산 유격대四明山遊擊隊에 입대했고 1948년에 다시 후이푸중학에 파견되어 학생연합회學聯 주석을 맡으면서 공산당 지하활동을 수행하였다.

그러나 나의 둘째 삼촌은 아버지와 다른 길을 선택하였다. 그는 어렸을 때부터 링왕촌의 외가집에서 자랐다. 그를 돌봐준 외친은 왕칭롄王靑蓮과 사이가 가까웠다. 왕칭롄은 왕바오롄의 사촌 동생이고 중화민국 공군 사령관 저우즈러우周至柔의 부인이었다. 이 시기에 왕원칭의 영향력은 이미 사라졌고 왕어, 왕룬 등 링왕촌 출신 장군들도 사망해서 왕씨들이 기댈 곳은 저우즈러우 밖에 없었다. 둘째 삼촌은 국문, 역사와 함께 군사도 좋아하였는데 특히 공군에 관심이 많았다. 이는 아마도 저우즈러우의 영향 때문이었을 것이다. 결국 그는 항공학교에 지원했는데 연령, 체중 등이 신청자격에 미달하였지만 나이를 속이고 주머니에 은화를 넣어 심사를 통과하였고 최종적으로 항공학교에 입학해서 중화민국 공군에 입대하였다. 나중에 국민당이 내전에서 패전한 뒤 그가 부대를 따라 홀로 타이완으로 가면서 우리 집안이 흩어지게 되었다. 게다가 이로 인해 소위 '해외관계海外關系'라는 죄명이 씌어진 우리 집안은 극좌 정치 운동에서 큰 피해를 입게 되었다.

극좌 노선 시기의 재난이 우리 집안을 완전히 파괴했다. 우리 집안의 경험은 수많은 중국 가정이 겪은 시대의 축소판이라고 할 수 있다. 극좌 운동은 재난을 가져왔지만, 온 가족을 단결시키고 우리로 하여금 전통적인 인성과 윤리를 더 중요시하게 만들었다. 그 덕에 우리는 난관을 극복할 수 있었던 것이다.

재난은 1958년부터 시작되었다. 먼저 할아버지에 대해서 이야기하겠다. 처음엔 공산당 정권이 그에게 잘해 주었다. 새로운 직위도 주고 주택 문제도 해결해줬다. 심지어 간부 주택을 분배 받아 항저우로 이주하였다. 그러나 1958년 반우파투쟁에서 아버지가 우파로 구분되면서 할아버지도 연루되었다. 간부 주택에서 쫓겨났고 과거 국민당 정권에 복무했던 경력이 들춰지고 '낙후한 말落後的話'을 했다고 고발당했다. 어떤 이가 한 국민당의 반동 장교가 "공산당은 모든 인민들이 주택을 갖게 되고 직업도 얻게 된다고 얘기했지만 나는 아직 일도 없고 방도 없다."고 원망했다며 할아버지를 고발하였다. 이 고발로 할아버지는 항저우 퉁루현桐廬縣 지방법원에서 '무리하게 소란을 피웠다無理取鬧'라는 죄명으로 징역 3년을 판결 받았다.

수감된 후 그는 다시 '반동적 입장을 견지하고 회개할 생각조차 없다'라는 죄명으로 형기가 7년 더 늘어났다. 진짜 이유는 감옥이 제공하는 음식이 부족해서 그가 다른 몇 명의 수감자들과 함께 소란을 일으켰기 때문이다. 그 후 극좌 운동이 심해지면서 그의 형기는 사실상 무기징역이 되었다. 1975년 중앙정부가 국민당의 현급·연대급 군·정 간부를 석방한다고 선포하고 나서야 18년 동안의 수감 생활을 마치고 나올 수 있었다.

수감 기간 중인 1970년에 나의 아버지가 반혁명의 죄명으로 총살되기 직전, 우리를 감시하던 인민공사의 조반파造反派들이 감옥에 있는 할아버지를 찾아가 비판하였다. 이들이 할아버지에게 "너의 가문은 3대가 전부 반동이다."라고 욕하자 할아버지는 이들에게 "우리 가문은 3대가 전부 혁명가이다"라고 날카롭게 응수했다. 이들 조반파는 몹시 화를 내며 멜대로 할아버지를 때리다가 멜대가 끊어진 후에는 주먹과 발로 힘이 모두 빠질 때까지 구타하였다. 이미 노인이었던 할아버지는 곳곳에 골절을 입어 거의 죽을 뻔하였다. 이러한 고초를 겪은 할아버지는 출감 후에 몸 상태가 계속 안 좋았지만 그래도 장수하여 1992년까지 살았다.

나의 아버지가 집안에서 가장 먼저 피해를 입었다. 해방 직전인 1949년 5월 아버지는 공산당원 신분을 공개하였다. 남하공작대 간부南下幹部이자 타이저우의 선선부장宣傳部長이었던 왕젠잉王健英이 아버지를 신임하여 타이저우 공산당 지방위원회中共台州地委(현 타이저우시 공산당위원회)에 근무하도록 했다. 아버지는 후이푸 중학의 우등생이었고 학생운동에 오래 종사했기 때문에 이론적 사유가 많았다. 그리하여 사회의 좌경 분위기가 심해지고 국가와 공산당 내부의 문제점이 갈수록 많아지자 지하당 활동을 했던 원로 당원으로서 당 최고지도부에게 의견을 제기할 필요가 있다는 생각으로 편지를 써서 좌경 사조를 비판하였다. 그가 의견을 제기하자마자 직장 동료들은, 그의 외할아버지인 왕원칭 가족이 지주로 판정되었고 그의 아버지가 전 국민당 장교였으며 타이완에 망명한 동생도 있다고 고발하며, 그가 공산당에게 이견을 제기한 것은 분명히 사회주의 제도를 공격할 의도라고 주장하였다. 따라서 반우파투쟁이 시작되자 우파로 분류되었다. 그가 얻은 우파 칭호는 투쟁의 시작 단계에 씌어진 것이라서 반우파투쟁 확대 시기에 우파로 분류된 사람들과 달리 나중에도 복권될 수 없는 '진정한 우파'였다. 우파로 분류된 직후 아버지는 시골 농장으로 보내져 돼지치기를 맡았다. 어머니도 연루되어 모간산莫幹山의 한 농장으로 하방下放되었다.

우파로 분류되자 아버지는 더욱 더 못 참고 더 많은 편지를 최고 지도부에게 보냈다. 그는 계속 독재에 반대하고 민주를 주장하는 의견을 표출하여 결국 반혁명 현행범現行反革命으로 붙잡혔다. 수감 중이던 1970년 중국 공안부가 반혁명 현행범들을 총살하여 반혁명 세력을 진압하라는 명령을 내렸다. 아버지는 자신이 원로 당원이고 발언으로 인한 죄이니 죽을죄는 아니고 기껏해야 종신형이지 총살까지 당할 이유는 없다고 생각했지만, 극좌 사조가 횡행하던 시기인지라 법칙과 도덕이 모두 무시되었다. 결국 아버지는 1970년 4월 불과 만 40세의 나이로 총살당했다.

총살 전 우리가 소속된 인민공사의 지도부가 고분고분한 농민 사원들社員(인민공사 구성원)을 동원해 나의 아버지를 처결하라는 청원서에 손도장을 찍도록 했다. 농민들의 '강렬한 요구'를 상급 정부에게 보여주면서 우리 가족들을 압박하고, 우리를 마을사람으로부터 고립시켜 일체의 동정심을 갖지 못하도록 하였다. 동시에 인민공사 지도부가 조반파를 조직해서 감옥에 있는 할아버지를 비판하기도 하였다. 이로 인해 앞서 언급했듯이 할아버지가 구타를 당하는 일도 벌어졌다.

나의 셋째 삼촌도 공산당 당원이었다. 그는 일찍이 혁명에 참가하여, 해방 직후는 두차오구杜橋區 정부公所에서 근무하다가 시커우향溪口鄉 부향장副鄉長까지 지냈었다. 1950년대 중반부터 그는 저장성 삼림공업국森林工業局 원저우溫州 지사分局에 전임되어 임업 기술과 관련된 업무를 담당하였다. 당시 소련으로부터 고가의 나뭇진樹脂 측정기 한 대를 수입했는데 셋째 삼촌이 실수로 훼손하게 되었다. 같은 직장의 어떤 사람이 삼촌의 출신을 지적하며 사건을 정치화시켰다. 심지어 셋째 삼촌을 미국과 장제스 집단의 간첩이라고 비판하며 일부러 기계를 파괴했다고 모욕했다. 이로 인해 삼촌은 후저우湖州 감옥으로 이송·수감되었는데 이때가 1958년으로 그의 나이 25세에 불과하였다. 나의 아버지는 이때 이미 우파로 분류되었고 나의 할아버지도 그 전에 수감된 상태였다.

4년 뒤인 1962년 셋째 삼촌은 알 수 없는 원인으로 감옥에서 사망하였다. 당시 우리 집안은 이미 심각한 피해를 입어 더 이상 조사할 여력도 없었다. 할머니와 함께 하방되어 있던 아버지가 같이 감옥에 가서 사망 원인을 알아봤지만 감옥 측은 정확한 이유를 얘기하지도 않고 시체를 이미 묻었다고 말할 뿐이었다. 유품조차 하나도 없었다. 할머니와 아버지는 시체를 묻은 곳의 표시만 확인하고 돌아왔다. 나중에 아버지도 반혁명 현행범으로 수감되어 할머니는 우리 형제들을 먹여 살리느라 바빠서 셋째 삼촌의 유해 발굴에 관심을 가지지 못하였다.

가장 비참한 시기는 1970년대 아버지가 총살된 이후였다. 특히 1970~1971년에 인민공사 지도부는 우리를 '발본색원斬草除根'하려는 정책을 실행하였다. 즉 우리가 살아갈 방도를 모두 막아 우리를 자멸自滅시키려는 것이었다. 구체적으로 우선 직상이 있는 어머니를 엄격하게 감시하고 월급을 못 주게 막았다. 따라서 우리는 할머니와 큰 형의 노동에 따른 노동점수公分만으로 식량 배급을 받아 두 누나와 나, 나의 남동생까지 먹고 살아야만 했다. 1970년 즈음이었던 당시에 형이 16세가 되어 어른처럼 노동점수를 벌 수 있는 연령이 되었으나, 10대 초반의 두 누나와 8세의 나, 그리고 6세의 동생은 모두 노동점수를 벌 수 있는 자격이 없었다. 그래서 할머니와 형의 노동만으로 6명 식구의 식량을 제공 받아야 했다. 인민공사

지도자들의 또 다른 통제 수단은 마을사람들이 우리를 돕지 못하도록 한 것이다. 따라서 우리는 스스로 의지해야만 하였다. 다행히 할머니는 지식을 갖춘 여성이자 왕원칭의 강직한 성격을 이어받아 난관을 극복할 용기와 방법을 갖고 있었다.

내 기억에 한번은 내가 할머니에게 기대어 쉬고 있는데 어떤 사람이 우리 집에 와서 "아들도 모두 죽었고 집안에 노인과 어린이만 남았는데 앞으로 어떻게 살아갈 거요?"라고 할머니에게 물었다. 할머니는 담배를 피우셨는데 그때도 담배를 피우고 계셨다. 담배 연기를 한숨 깊게 마시며 "「홍등기紅燈記」를 좀 보셔."라고 대답하셨다. 나는 어렸지만 「홍등기」 따위의 모범극樣板戱이 어떠한 의미가 있는지는 알 수 있었다. 「홍등기」는 혁명에 대한 신념을 강조하는 내용이라서 나는 할머니의 말이 곤경이 아무리 커도 신념만 있으면 희망이 있다는 뜻이라는 것을 알아챘다.

할머니는 곤경을 극복하는 방법도 갖고 있었는데, 엄격한 분배와 분업, 그리고 우리가 병에 걸리지 않도록 예방하는 것이었다. 당시 우리 중 노동력이 있는 사람은 형뿐이었다. 형은 낮에는 생산대에 가서 노동하고 새벽과 밤에도 집안일을 끊임없이 해야 하였기에 충분한 식량을 주어야 했다. 그 다음은 나와 동생의 배를 채워야 하였다. 그러나 우리는 배부르게 먹을 수 없었다. 매일 밤 나랑 동생은 생산대에서 형이 돌아와야만 밥을 먹을 수 있었다. 형이 7시, 8시 넘어서도 집에 안 오면 모두 배가 고파 꼬르륵 소리가 나도록 계속 기다렸다. 동생은 항상 밥상 옆에 앉아 "배고파 죽겠다, 배고파 죽겠다."고 혼잣말을 하곤 하였다. 누나는 우리보다 더 비참했다. 왜냐하면 할머니는 남존여비 사상을 갖고 있어서 두 누나에게는 일만 시키고 흰 쌀밥을 한 번도 주지 않았다.

그러나 이렇게 식량을 분배하더라도 여전히 굶어 죽을 수 있었다. 우리가 굶어 죽지 않은 건, 우리가 살고 있던 마을 옆에 시커우 댐溪口水庫이 있었는데 이 댐으로 만들어진 인공 호수와 주변의 작은 하천에 수많은 민물 생선과 민물 새우가 있었기 때문이었다. 특이하게도 우리가 거주했던 동네 사람들이 민물 생선과 새우를 먹지 않은 덕에 우리는 굶어 죽지 않았다. 당시 할머니가 나에게 시킨 일이 바로 생선을 잡는 일이었다. 그러나 댐 주변에서 생선을 잡는 것은 상당히 위험했다. 1972년 여름 태풍이 끝나자마자 나는 다시 댐 주변의 하천으로 나갔다. 태풍으로 수위가 높아져 하천의 물이 나의 가슴까지 찼다. 물길을 잘 안다고 자신했기 때문에 나는 미리 놓아져 있던 징검다리矴步의 위치를 추정하여 돌을 따라 조심스럽게 건너다가 중간에서 유속이 너무 빨라 돌을 못 밟고 넘어졌다. 몇 번 물을 먹으면서 버티다가 간신히 돌을 다시 밟았다. 그땐 정말로 죽을 뻔했는데, 다른 위험도 많았다. 지금 생각해도 무섭다.

어쨌든 생선과 새우를 잡아 쌀과 같은 식량 이외에 배를 채울 수 있는 먹을거리를 찾을 수 있었다. 식용유 배급도 거의 없어서 생선과 새우를 그냥 물에 끓여 먹었다. 당연히 맛이 없었지만 죽지 않기 위해 먹어야 했다. 생선과 새우를 밥처럼 먹던 우리는 포만감을 느끼기 위해 뼈와 껍질까지 함께 먹었다. 이 때문에 나는 지금도 뼈와 껍질을 뱉지 않은 채 생선과 새우를 먹는 습관을 갖고 있다.

할머니와 비교하면 나의 어머니는 집안을 꾸려나가는 역할을 잘 해내지 못하였다. 어머니는 당시 공급·수매 합작사供銷合作社에서 일하였는데, 빈농 계급 출신이라 직장을 잃지는 않았지만 직장에서 감시를 받고 비판도 주기적으로 받아야 했다. 아버지가 살해당한 뒤 충격을 받은 외할아버지와 외할머니가 연이어 세상을 떠났다. 왕씨 집안에서 시작된 재난이 우리 쑤씨를 거쳐 어머니 쪽인 첸씨錢 집안까지 해를 입힌 것이다. 당시 어떤 사람이 "관을 산소로 옮길 때는 인부 몇 명을 불러와서 어깨에 메고 옮겨야 하는데 당신 집안은 죽은 사람이 너무 많아서 멜대를 사용해 연이어 옮길 수밖에 없다."라고 할 정도였다.

할머니는 어머니가 했던 많은 결정들을 거부했는데, 나중에 보면 할머니가 더 식견이 있었다. 가장 어렵던 시기에 어머니는 나를 다른 사람에게 양자로 보내려 했지만 할머니가 극구 반대했다. 또 어머니는 나에게 수공예를 배우게 하려다 할머니의 반대로 무산되었다. 어머니는 내가 수공예 도제 노릇을 하면 입을 덜 수 있어 집안의 식량 사정이 나아질 것이라고 생각했다. 마침 목각木雕을 하는 장인이 내가 자질이 있다며 누차 우리 집을 방문해 나를 제자로 들이려 하였지만 할머니는 계속 거절하였다.

할머니는 금수저를 물고 태어난 양반집 아가씨였지만 지식과 능력이 뛰어나, 집안에 남자도 한 명 없는 곤경 속에서도 가족을 지탱해냈다. 나중에 알게 된 사실이지만 할머니도 본래 혁명에 참가하려고 했었다. 당시 그는 민주 혁명을 추진하는 모임에 참가했으나 상하이의 린하이 출신 인사들이 그를 말렸다. 천사오쩌우陳韶奏란 사람은 "당신은 더 이상 혁명에 참가하면 안 됩니다. 당신 형제들이 이미 다 죽었는데(왕원칭의 아들 두 명이 모두 10대에 사망), 당신에게마저 일이 생기면 저희가 선생님께 죄를 짓는 겁니다."라고 하였다. '선생'은 왕원칭을 말한다. 그리하여 할머니는 이러한 모임에서 나왔다. 할머니뿐만 아니라 당시 링왕촌의 여성 중 지식과 능력을 갖춘 사람이 상당히 많아서 나중에 중화민국 장군인 사위들이 많이 나왔다.

우리가 1971~1972년 동안 살아남게 된 다른 요인들도 있었다. 병에 걸린 가족이 없었다. 심지어 감기조차 걸리지 않았다. 만약에 한 명이라도 병에 걸렸다면 모두 살아남기 어려웠을 것이다. 할머니는 늘 우리에게 병에 걸리지 말라고 당부했고 우리는 정말로 병에 걸린 적이 없었는데 이는 기적이라고밖에 할 수 없다. 게다가 1972년부터 변화의 조짐이 나타났다. 구제금을 받아 고비를 넘기게 된 것이다.

변화의 원인은 미충저우宓崇洲란 사람이 비밀리에 링왕촌으로 돌아온 것이다. 미씨는 링왕촌에서 규모가 작은 성씨였다. 전하는 바에 따르면 미씨는 청나라 중후반에야 링왕촌으로 이주하였다. 이미 자리를 잡은 성씨들로 형성된 집성촌에서 새로운 작은 성씨 집단이 살아남기 어렵다는 일반적인 생각과 달리 미씨들은 약방을 열

어 조상에게 전수받은 비방으로 왕씨의 환대를 받았다. 왕씨들 중
에는 악담을 하는 이도 있었는데 "여왕벌蜂王(왕씨를 지칭)이 꿀蜂蜜
(동일한 발음으로 미씨를 지칭)을 먹는다." 같은 말이다. 왕씨들은 미
씨들에게 샤뎬의 작은 터를 내주고 왕씨 주택으로 둘러싸서, 미씨
가문이 왕씨처럼 크지 못하도록 막았다. 여왕벌처럼 세력이 강한
왕씨가 미씨를 꿀처럼 빨아먹는 것이다. 이 말에 대한 다른 해석은
왕씨들이 병에 걸리면 미씨의 약국에 가서 약을 받아야 하니 미씨
들이 '꿀' 같은 존재였다는 것이다. 실제로 미충저우는 두 번 왕씨
들에게 '꿀'을 가져다줬다.

미충저우는 왕푸천王輔臣의 당번병이었다. 왕푸천은 링왕 왕씨
출신으로 '해방' 직전에는 국민당군 하이먼海門 요새의 사령관이었
다. 당시 린하이현이 먼저 해방되고 링왕촌을 비롯한 동쪽의 농촌
지역에서 하이먼 요새까지 항구지역은 여전히 국민당군이 장악하
고 있었다. 따라서 링왕촌을 경유하는 고대 역로는 국민당과 관련
된 사람들이 타이완으로 도망치기 위해 반드시 지나야 하는 길이었
다. 그래서 왕푸천은 미충저우를 링왕촌으로 보내 자신의 가족을
비롯하여 타이완으로 망명한 국민당 인사들의 가족들을 마을에서
데려왔다. 이는 미충저우가 왕씨에게 준 첫 번째 꿀이었다.

미충저우가 임무를 수행한 뒤 왕푸천이 고맙게 여겨 그를 같은
배에 태우고 타이완으로 갔다. 타이완에서 미충저우는 사업을 시작
했는데, 왕푸천도 큰돈을 정착비로 주어 그의 사업을 도와주었다.
미충저우는 그저 평범하고 성실한 사람으로 공산당에 대한 무슨 원
한이 있는 것이 아니어서 링왕촌에 남겨진 어머니를 늘 그리워하였
다. 그래서 1972년 그는 가짜 일본 여권으로 홍콩을 거쳐 대륙으로
입국하여 약재상 신분으로 링왕촌에 돌아왔다.

도착한 후 바로 미씨의 종택에서 어머니와 만나 펑펑 울었다. 아
주 비참한 장면이었다. 그를 통해 타이완 친족과의 연락이 점차 회
복되었지만 연락은 여전히 비밀리에 진행되었다. 당시 링왕촌 사람
들이 편지와 사진을 타이완으로 보내 달라고 부탁하면 그는 이를

전달하면서 동시에 타이완 친족들이 링왕 사람에게 보낼 돈을 갖고 다시 바다를 건넜다. 한번은 미충저우가 우리 집에 찾아와서 할머니에게 둘째 삼촌의 소식을 전달하고 돈도 주었다. 둘째 삼촌은 미충저우를 통해 할머니에게 서신을 전달하였는데, "미충저우는 신뢰할 수 있는 분이니 할 말이 있으면 모두 그에게 말해 주세요. 아들의 얼굴을 보고 있다고 생각하시고요."라는 내용이었다.

미충저우는 1970년대에 몇 차례 귀향한 이후 1980년대에 이르러서야 다시 링왕촌에 돌아왔다. 한번은 그가 링왕 사람에게 편지를 전달하다가 타이완 경찰에게 걸려 상당 기간 동안 대륙 귀성이 금지되었다.

1980년대가 되자 그는 거의 일 년에 한 번씩 고향에 돌아왔다. 올 때마다 사람들은 헤어진 가족의 새로운 소식이 있는지, 그리고 가족이 보낸 게 있는지 확인하러 찾아오곤 하였다. 우리도 일부러 링왕촌에 가서 해협 건너편 둘째 삼촌의 소식을 알아보고 우리 소식도 전달하였다. 그 시대에는 '고향의 편지가 만금보다 귀하다家書抵萬金'는 말이 과언이 아니었다.

이렇게 미충저우의 '꿀'을 통해 우리는 둘째 삼촌과 연락이 다시 회복되어 매년 홍콩을 통해 돈을 받았다. 그 덕분에 우리는 가장 어려운 난관을 극복할 수 있었다.

1973년에 나는 12세였는데 당시 농촌 지역 입학률을 높이려고 모집 자격이 개정되면서 나와 같은 '흑오류黑五類(지주, 부농, 반혁명분자, 악질분자, 우파분자)' 출신도 입학할 수 있게 되었다. 그래서 나는 집안에서 처음 학교에 다니는 사람이 되었고 나중에 동생도 가게 되었다. 그러나 아쉽게도 형과 누나들은 교육 받을 기회를 잃었다.

중학교 때 사인방四人幇이 실각하면서 내가 고등학교로 진학할 기회를 얻었다. 처음에는 두차오杜橋 고등학교에 지원하였지만 허가를 못 받아 수준이 떨어지는 장안章安 고등학교로 진학하였다. 그러나 이 학교는 수준이 너무 낮아 대학 진학 정원조차 할당되지 못했다. 내가 다른 고교로 전학해서 대학입시를 볼까 고민하는 동안 아버지의 복권平反되어서 아버지를 대물림接班(퇴직자의 자녀를 해당 기업에 대체 취업시키는 제도)하여 직장을 다닐 수 있게 되었다. 동생도 고등학교에 진학을 못하고 기술학교에서 기술을 배워 공장에서 일하게 되었다.

어머니와 형이 아버지의 복권에 앞장섰다. 1978~1979년 당시 정치운동의 피해자에 대한 복권이 추진되었으나, 아버지는 1980년까지 복권되지 않았다. 어머니는 질병을 사유로 퇴직을 신청하고 형을 대물림으로 직장에 취업시켰다. 어머니의 노력으로 얼마 후 아버지가 복권된 직후에 할머니가 바로 몸져누웠다. 갑자기 뇌출혈을 일으켜 린하이로 가서 입원하여 회복되었지만 반신불수가 되었다. 나는 카메라를 빌려 할머니를 찍었다. 당시 반신불수가 되어 할머니의 모습이 많이 망가졌지만 나는 촬영한 사진 중 가장 좋은 사진을 한 장 골라 보관하였다. 사실 우리의 유일한 가족사진에는 내가 없다. 그 사진은 1950년대 항저우의 한 사진관에서 촬영했는데 그때는 형만 태어난 상태였다. 이게 우리 가족의 유일한 사진이 되었고, 그 이후 집안이 파괴되어 남아 있는 사진이 없다.

나의 둘째 삼촌은 1989년에 타이완에서 귀향하였다. 할머니는 이미 1986년에 세상을 떠났고 출감한 할아버지만 있었다. 문화대혁명 시기 조반파와 홍위병들이 몇 차례 우리 집을 뒤져 가산을 몰수하였는데 호랑이 털가죽으로 만든 담요 등 좋은 물건들은 거의 모두 몰수되었다. 그들이 마음에 두지 않은 나머지 물건들을 할머니가 보관했는데 벼루도 그중 하나였다. 벼루에 적혀 있는 글자를 알아볼 수 없어서 할머니에게 보여주었다. 할머니는 벼루를 보지도 않고 둘째 삼촌이 남긴 거라고 말해줬다. 당시 나중에 둘째 삼촌이 돌아오면 꼭 이 벼루를 보여 주어야겠다고 생각하며 남아 있는 물건들을 모아서 숨겨 두었다. 한번은 내가 숨긴 물건들이 모두 없어지고 벼루만 남아서 다른 곳으로 옮겨 두었다. 드디어 둘째 삼촌이 돌아와서 벼루를 찾아 보여 주었는데 삼촌은 자기랑 상관없다고 대답하였다. 사실 이 벼루는 골동품으로 한漢 시대 미앙궁未央宮 동쪽

누각의 기와로 만들어졌으며 글자는 후대 수집가의 서명이었다. 둘째 삼촌은 이 벼루를 보고 의미심장한 말을 하였는데, "속담에 '위로는 기와 한 장이 없고 아래로는 땅 한 뼘이 없다上無片瓦 下無寸土'는 말로 가난을 표현하지만, 우리 쑤씨 가문은 땅 한 뼘은 없어도 기와 한 장이 남았다. 이 기와가 많은 고난을 겪고서 여전히 남아 나의 귀향을 맞이하고 있으니 우리 집안은 하느님의 보우를 받고 있다."고 하였다. 정말 그랬다. 천리天理가 사악함을 이겨내고 가장 어려운 시기에 우리를 도와주었다. 국가도 좋은 방향으로 전환되었다.

이 비참한 서사는 왕원칭과 쑤위형 후손들의 구술을 바탕으로 정리한 것이다. 서사 중의 '나'는 현재 린하이시 문화 관련 부처의 지도자이자 린하이시 링왕촌 역사문화자원개발팀歷史文化資源開發小組 지도부 중 한 명이다. 왕원칭과 쑤위형의 후손으로서 영광과 불행을 겪었던 그는 문화 분야의 간부가 된 후 왕원칭과 관련된 역사 발굴에 관심을 기울였다. 우리가 링왕촌에서 조사하는 동안 많은 마을사람들이 이 외가 친척을 언급하면서, 링왕촌 사람들이 조상에 대한 기억을 되찾고 해외 이산가족과 관계를 회복하는 데에 그가 매우 중요한 역할을 했다고 평가하였다.

왕원칭, 쑤위형 가족의 서사는 백 년 간의 커다란 사회적 전환기에 발생한 여러 서사 중의 한 사례이지만, 독특한 학문적 가치를 지닌다. 우리는 다음 이야기를 통해 이 장의 첫머리에서 제기한 두 질문에 대한 답을 찾아 볼 것이다. 먼저 왕원칭의 동생 왕어의 이야기를 살펴보자.

왕어는 왕원칭보다 두 살 어렸다. 앞에서 언급한 왕원칭 사망 전인 1924년에 형제들은 군벌 쑨촨팡을 반대하여 닝보 독립을 선언하고 쑨촨팡군을 공격하였다. 이때 왕어는 저장군의 일원이었는데 쑨촨팡이 저장성에 들어와 통치하자 저장군은 쑨촨팡군에 통합된 상태였다. 이 독립 사건은 사실 저장군의 원로들이 쑨촨팡에 대해 불만이 많았던 데다 광저우 국민정부廣州國民政府가 암암리에 독립을 지지했기 때문에 발발하였다. 왕어는 왕원칭과 비슷하게 북양 정부의 저장군 신분도 갖고 있었지만 동시에 광저우 국민정부의 첩자이기도 했다.

그러나 이 공격은 쑨촨팡의 역습 때문에 실패했고, 왕원칭은 상하이로 망명하여 천자오잉의 집에 숨어 있다가 위암으로 죽게 되었다. 왕어는 비밀리에 정저우鄭州까지 도망갔고 펑위샹馮玉祥 휘하에서 일했는데, 펑위샹과 광저우 국민정부의 관계가 좋아 펑위샹군을 떠나 광저우로 이동할 수 있었다. 광저우에 도착한 뒤 바오딩 군관학교의 동창들에게 연락을 취했는데, 이때 바오딩 군교의 선배인 장제스는 이미 황푸 군관학교의 교장직을 맡는 등 상승세를 보이고 있어서 왕어도 자연스럽게 장제스를 중심으로 한 정치세력에 편입되었다.

당시는 국부國父 쑨원이 사망한지 얼마 안 되어 국민당과 국민정부의 권력을 도대체 누가 장악할지 알 수 없는 상황이었다. 장제스는 군대의 지휘권과 당·정부 권력을 일부 갖고 있었지만, 당·정부 권력의 대부분은 여전히 왕징웨이汪精衛가 장악하고 있었다. 여론도 쑨원의 러시아와 공산당에 대한 협력聯俄聯共 정책을 계승한 왕징웨이를 지지하였다. 장제스는 권력 투쟁의 과정에서 항상 중국공산당과 코민테른을 적대시했기 때문에 왕징웨이가 쑨원의 정책을 계속 유지한다면 장제스의 권력과 지위에 큰 타격이 될 것이었다. 서산회의파西山會議派(국민당 우파 파벌)가 이미 반공反共 성명을 발표한 뒤라서 광저우 각계 사람들이 모두 장제스의 행보를 지켜보고 있었다. 만약 장제스가 왕징웨이를 지지하면 왕징웨이 파벌이 커질 것이고, 서산회의파를 지지하면 왕징웨이, 공산당, 코민테른이 협력하여 장제스를 억누를 것이었다. 이러한 격렬한 권력 투쟁 속에서 중산함中山艦 사건이 발생하였다. 왕어와 천자오잉은 모두 중산함 사건에 직접 참여하였다.

1926년 3월 18일에 발생한 중산함 사건이 (현재의 평가로는 가능성이 높지 않지만) 장제스가 고의로 계획한 것인지 아니면 잘못된 판단으로 인한 것인지 아직도 논란이 있지만, 장제스와 그의 파벌은 이 난관을 무사히 넘겼다. 이 사건 이후 장제스와 왕징웨이, 공산당, 소련(코민테른)의 관계는 개선되었고, 장제스가 왕징웨이를 지지한다는 공식적인 표명으로 인해 이들의 장제스 집단에 대한 경계심이 줄어들었다. 결국 중산함 사건으로 장제스의 군사 지휘권과 정치적 권력이 강화되어 다음해 4·12 사변을 예비하게 되었다.

이 사건 이후 장제스 집단은 승진의 기회를 얻었다. 왕어도 천자오잉의 후임으로 후먼虎門 요새의 사령관으로 승진했다. 중산함 함장인 공산당원 리즈룽李之龍을 직접 체포하여 승진한 천자오잉을 뒤이어 승진한 것이다.

승진한 왕어는 장제스를 따라 북벌전쟁에 참전하였지만 당시 왕어가 지휘한 부대와 전투 상황은 현재 알 수가 없다. 북벌전쟁 이후 그는 저장성으로 돌아가서 전하이鎭海 요새의 사령관을 맡았다. 1930년에는 새로 건설된 난징의 장닝江寧 요새 사령관이 되었다. 장닝 요새는 중요한 방어선으로 특히 일본군의 침략을 막기 위해 수입된 현대 무기들이 배치되었다.

왕어가 부임한 지 얼마 안 되어 장닝 요새에서 전투가 벌어졌는데 상대는 장강 상류의 일본 내수함대內河艦隊였다. 이 전투는 1932년 1월 28일의 상하이전투1.28淞滬抗戰가 난징까지 파급되며 일어났다. 일본 내수함대가 장강을 거슬러 와서 난징을 포격하자 난징 국민정부는 어쩔 수 없이 뤄양洛陽으로 이전하였다. 왕어가 지휘한 장닝 요새가 일본군과 교전했는지는 확인이 안 되지만 전투 결과를 보면 일본 군함이 난징 일대의 장강을 장악하여 국민정부를 직접 포격했다. 장닝 요새는 제 역할을 하지 못한 것이다.

그 다음해 1933년에 일본 군함이 자주 국민정부를 도발하여 샤관下關 일대에서 출몰했다. 분노한 왕어는 이제는 뭔가 해야 한다고 결심하고는 독자적으로 요새의 대포를 이용해 일본 군함을 포격하려고 계획하였다. 그러나 이 계획은 나중에 허잉친何應欽에 의해 발각되어 취소되었다. 일본군을 포격하지 못한 왕어는 국민당 정부의 타협과 무저항 정책에 대해 불만을 품게 되었고 결국 장제스 집단에서 이탈해 상하이로 가서 은거하였다. 장제스도 더 이상 그를 활용하지 않았다.

왕어가 장제스로부터 이탈한 후 링왕 왕씨가 중화민국 고위층에서 활동하는 것도 점차 줄었다. 2년 후 왕룬이 사망하면서 왕씨들은 완전히 정치의 중심부에서 멀어졌다. 군사 방면에 남아 있던 왕씨 장교들도 장제스의 직계 군대가 아닌 비정규군이나 지방수비대에 근무하게 되었다. 게다가 항일전쟁이 발발하면서 왕씨들이 도처에 흩어지게 되었다. 항일전쟁이 끝난 후 바로 시작된 국공내전에서 국민당 진영에 있던 왕씨 중 일부는 패전 후 국민당과 같이 타이완으로 망명하였다.

왕어의 최후는 매우 처량했다. 우리는 마을사람들의 단편적인 구술을 엮어 대략적으로 이를 복원해 보았다.

왕어는 1941년에 사망하였다. 이때는 전쟁 중이라서 그의 관은 상하이에 남겨져 고향으로 돌아갈 수 없었다. 그의 사망 소식이 전문으로 링왕촌에 도달한 뒤 링왕촌에 남아 있는 동생 왕진칭王藎卿이 새로 건축된 주택(현재 왕원칭 고택)에 빈소를 설치해 마을사람들이 모두 모여 제사를 지냈다. 장제스도 사람을 보내 추도 편액을 전달하여 동창의 우정을 보여주었다. 전쟁 후 1946년에 이르러서야 왕어의 관은 상하이에서 하이먼으로 해상 운송되었다. 하이먼에 도착한 후 고대 역로를 통해 링왕촌에 복귀하였다. 향신들이 사람들을 조직해 하이먼에서 링왕촌까지 수십 리의 도로 옆에서 절을 하고 관을 영접하면서 장관이 펼쳐졌다. 링왕촌에 도착한 후 그의 가족이 관을 잠시 뎬허우산殿後山에 놔두었는데 그 위치는 지금 왕원칭 묘지의 앞쪽이다. 관을 잠시 보관하기 위해 작은 집도 지었다. 그러나 정세가 혼란하여 링왕촌 주변의 록콕과 토비가 봉기하자 도둑들도 이 기회를 활용하였다. 한번은 도굴꾼이 왕어의 관을 도굴하여 값진 물건이 있는지 확인한 후 관을 파괴하고 시신을 밖으로 버렸다. 다음날 이를 발견한 왕어의 가족은 분노하면서 시신을 수습하여 다시 뎬허우산 높은 곳의 간이 묘지에 안장하였다. 해방 직전이어서 장례를 제대로 지낼 여유가 없었기 때문에 간단히 처리한 것이다.

대륙의 '해방' 이후 왕어의 가족들은 대부분 타이완으로 이주하였고 링왕촌에 남았던 그의 부인도 왕푸천의 방어 구역인 하이먼항을 통해 결국 타이완으로 갔다. 링왕촌에는 왕어의 손자 중 한 명만 남아 있다. 이 사람은 아주 성실한 사람으로 이제 60대가 되었고 마을에서 미화원으로 근무하고 있다. 해방 직후에는 어려서 큰 비판을 받지 않았지만 출신 때문에 차별을 받은 적이 많았다. 왕어의 후손 중 딸 한 명이 원난성에 남아 있다. 본토 쪽의 후손은 이 둘밖에 없다.

왕어의 묘지는 문화대혁명 시기에도 피해를 입었다. 당시 생산대에 왕어의 관에 황금이 있다는 소문이 퍼져서 일부 사람들이 이를 꺼내서 현금으로 바꿔 생산대 재산으로 활용하려 하였다. 많은 사람들이 산에 가서 왕어의 묘지를 파내고 관을 열었지만 왕어의 금니밖에 찾지 못했다. 금니를 그의 입에서 빼내어 생산대에게 주고 관을 다시 묻었다. 당시 생산대의 회계로 근무하고 있던 내가 이 금니를 돈으로 바꿨다. 금니의 무게를 달아 보니 몇 그램밖에 안 되어서 당시 가격으로 2위안에 불과했다.

나중에 사인방이 물러난 후 타이완의 왕어 가족이 먼저 윈난에 있는 왕어의 딸에게 연락을 했고 그 후 링왕촌에도 연락이 닿았다. 얼마 후 미충저우를 통해 링왕촌의 상황을 파악하면서 연락이 잦아지고 관계도 회복되었다. 그러나 1990년대에 이르러 왕원칭 고택과 관련된 한 사건으로 관계가 틀어졌고 타이완의 가족들은 링왕과의 관계를 끊어버렸다. 나중에 우리가 타이완에 가서 다시 만났지만 이들은 "다른 일은 상의할 수 있지만 링왕촌과 관련된 일은 절대 언급하지 않겠다. 당신들이 링왕촌을 언급하면 우리는 바로 가겠다."고 하였다. 이러한 오해는 지금까지도 풀지 못했다. 우리는 이들이 이번 왕룬 장군의 이장 의식을 통해 다른 후손들과 소식을 나누고 마음도 풀어 조상 밑에 다시 모이기를 기대하고 있다.

왕원칭과 왕어의 동생인 왕진칭은 형들이 밖으로 떠난 후에도 링왕촌에 남아 있었다. 해방 직전 록콕이 가장 심했던 시기에 '세 개의 발三脚'이라는 별명을 가진 토비에게 납치되었다. 세 개의 발이 있는 것처럼 빨리 달릴 수 있어서 이렇게 불리게 되었다. 이들은 링왕, 캉구康谷, 뉴터우산牛頭山 일대에서 활동하면서 사람을 납치하곤 하였다. 왕진칭은 이들에게 잡혀 류터우산 저수지 근처 둥컹洞坑이란 곳에 감금되었다. 납치된 후 왕씨들이 황금으로 된 박金瓜을 가지고 왕진칭을 꺼내오려 했지만 이 물건이 '세 개의 발'에게 전달되기 전에 왕진칭은 살해당했다. '세 개의 발'이 담배를 주자 처형 전의 마지막 담배라고 오해한 왕진칭이 밧줄을 풀고 도망치다가 '세 개의 발'이 쏜 총에 죽은 것이다.

왕진칭의 자녀 중에서 공부를 잘 한 사람들이 많았는데 그 중에는 왕어의 가족을 따라 타이완으로 간 사람도 있고 대륙에 남아 있는 사람도 있다. 넷째 아들인 왕전둥王振東이 가장 능력이 뛰어났는데, 하얼빈에 가서 공부하여 건축학 교수가 되었다. (촌민과 왕원칭 후손의 구술에 기반하여 정리)

우리가 왕원칭 가족의 후손을 인터뷰하면서 가장 알고 싶은 내용은 이들의 조상에 대한 평가였다. 왕바오롄의 손자는 다음과 같이 당당하고 차분하게 조상을 평가하였다. 왕원칭 등 마을을 떠나 혁명에 참가한 조상들은 가문을 빛내고 국가와 민족을 지탱한 기둥이었다는 것이다.

왕원칭, 왕어 이들은 링왕촌이란 작은 산촌을 떠나 외지로 가서 공부하였다. 새로운 학문을 공부한 후 신해혁명에도 참여하고 민국 초기 정치에도 참여하였다. 나는 줄곧 이런 생각을 해왔다. 이들을 보자면, 하늘이 링왕촌을 보살펴 준 셈인가? 아니면 해를 끼친 것인가? 보살펴 준 측면이 물론 있다. 왕원칭 등이 밖으로 나간 후 얼마나 많은 사람들이 이들을 따라 갔던가. 이들 중 희생된 사람들도 있지만 더 많은 사람들이 살아남았다. 난징을 공격할 때는 타이저우 대대에서 소대장, 중대장에 불과했던 이들이 나중에 혁명이 승리하고 나서 연대장, 사단장이 될 수 있었다. 이들 장교와 장군들이 링왕촌의 위상을 순식간에 끌어올렸고 이들의 인맥을 통해 더 많은 마을사람들이 고향을 떠나 좋은 직위를 얻었다. 이리하여 링왕촌은 중화민국 시기에 기세가 등등하였다. 당시 외부 사람들이 링왕 왕씨는 멜대도 가로로 멘다고 얘기하였다. 좁은 도로에서는 멜대를 세로로 메야 되는데 가로로 멘다는 말은 당시 링왕촌 사람들의 기세가 그만큼 컸다는 것이다. 국민당이 타이완으로 패주하기 전까지 링왕 왕씨는 주변 지역에서 가장 강력한 세력이었다.
그러나 표면적으로만 높은 벼슬아치가 많았지 사실 왕원칭은 광복회와 동맹회의 당쟁 속에서 곤란한 지경에 처해 결국 국민당 지도부에서 배제되었다. 왕어도 장제스 집단에 편입되었다가 항일 과정에서 장제스와의 이견 때문에 은퇴하였다. 왕룬도 일찍 사망했는데 그의 사망도 항일 문제와 관련있을지 모른다. 이 세 사람이 사라진데다 이들이 국민당 핵심 계층과 빚었던 크고 작은 갈등으로 인해 이후 링왕촌 출신들은 영향력이 지속될 수 없었다.

정세의 빠른 변화도 링왕촌의 발전에 부정적인 영향을 미쳤다. 북벌전쟁 이후 국민당 정권이 평화롭게 발전했던 소위 '십년의 황금기黃金十年'는 너무 짧았다. 출세한 링왕 사람들이 기반을 다지기도 전에 일본이 중국을 침략했고 이어서 국공내전이 벌어졌다. 링왕촌 출신들은 대부분 군에 복무했기 때문에 전쟁터에 나가야 했고, 고향과 연락이 단절되어 고향 사람들은 이들에게 기댈 수 없었다. 짧았던 평화의 시기에 일부 장군들이 귀향해서 땅을 구입해 주택을 지어주고 기부를 통해 도로, 교량, 학교를 지어준 것을 제외하면 고향과의 관계는 매우 드물었다.

다음과 같은 일화가 이러한 상황을 잘 보여준다. 중일전쟁이 본격화된 후 많은 국민당 장교들이 가족을 링왕촌으로 보냈다. 이들은 부인과 자녀에게 "걱정하지 마라, 우리는 3년 후 다시 돌아올 것이다."라고 말했지만 제때 돌아오지 못하고 8년이 지나서야 돌아오게 되었다. 앞에 언급한 저우즈러우의 부인인 왕칭롄의 올케는 난양의 부자 상인의 딸이었는데, 왕칭롄의 남동생인 왕위강王興剛과 결혼하였다. 그는 부잣집 출신이라서 평소 손이 컸다. 원래 왕위강은 전쟁터로 가기 전에 전쟁이 3년 내에 끝날 줄 알고 부인에게 3년 쓸 돈을 남겼는데 3년이 지나도 왕위강이 돌아오지 못하자 곤란하게 되고 말았다. 부인은 생계유지를 위해 값진 물건을 모두 돈으로 바꾸고 구리 침대까지 팔았다. 결국 종전 때까지 그렇게 견뎌야 했다.

이 일화를 통해 우리는 마을을 떠난 사람들이 축적한 재산이나 투자를 해놓은 게 없었다는 사실을 알 수 있다. 따라서 이들의 이향이 마을에 큰 이득을 가져오지는 못하였다. 오히려 이들이 타이완으로 패주한 후 공산당 정권이 들어오면서 대륙에 남은 가솔과 후손은 물론, 연고가 있는 사람들까지 모두 '혁명의 대상'이 되었다. 우리 가족의 비극이 이를 잘 보여준다. 이들이 마을을 떠난 것이 링왕 왕씨들에게는 재난과 비극을 가져왔으며, 특히 해방 이후의 일들은 더욱 그러했다.

비록 우리 가족과 링왕 왕씨들은 갈수록 심한 고초를 겪었지만 우리는 여전히 우리 가문 출신들이 자랑스럽다.

문화대혁명 후반에 둘째 삼촌의 지원금을 받아서 집안 형편이 점점 나아지자 할머니는 총살된 아버지를 위해 무덤을 짓기로 했다. 무덤이 완공된 후 무덤 뒷면에 연꽃과 잉어를 조각하였다. 당시 극좌파들이 '강령과 노선'에 따라 이를 비판하였다. 비판 대회에서 이들은 할머니를 이렇게 질타하였다. "무덤에다가 잉어를 그렸으니 잉어가 용문龍門을 넘는다는 뜻이지. 잉어가 용문을 넘으면 바로 용이 될 수 있으니 너희 집안이 반역을 일으켜 황제가 되겠다는 거지!" 그러자 할머니는 "누가 중국의 황제를 쫓아냈는지 너희들이 알아? 내 아버지야, 내 아버지가 쑨원이랑 함께 황제를 물러나게 했거든."하고 대답하였다. 이 말을 듣자 비판하던 사람들이 움찔했다. 결국 이 일은 흐지부지되었다.

나는 해방 이후의 일들로 많은 고초를 겪었다. 한번은 내가 링왕촌에 갔을 때, 어떤 사람이 나에게 물었다. "왕원칭의 후손으로서 링왕촌에 오면 영광을 느끼지 않나? 린하이시에서는 왕원칭의 이름을 딴 원칭가文慶街란 길이 있을 정도로 왕원칭의 이름이 항상 언급되는데 당신은 기쁘지 않은가?" 그래서 나는 "그런 느낌이 전혀 없다. 왕원칭의 후손으로서 우리는 너무 많은 고통을 겪었다. 무슨 영광같은 건 이들 조상들이 떠나면서 모두 사라졌다. 우리에게 남겨진 것은 조상들이 국가의 운명을 위해 분투하고 항쟁하던 뒷모습과 생생하게 기억나는 힘든 시절뿐이다."라고 대답하였다.

왕원칭 등의 역사적 지위를 어떻게 평가할까라는 문제도 매우 어렵다. 왕원칭, 왕어, 왕룬은 모두 수명이 길지 않아서 이들이 남긴 문자 자료가 많지 않다. 따라서 우리는 문자 자료로 이들의 내심을 밝힐 수 없었다. 또한 혁명가와 군인 신분이었기 때문에 공식적으로 발표할 기회도 많지 않았고 비밀이 많았다. 따라서 다른 역사 자료에서도 이들과 관련된 흔적은 많지 않다. 광복회와 동맹회의 갈등이나 장제스가 다오청장을 암살한 일도 상당 기간 동안 언론 통제의 대상이었다. 이로 인해 당시 사람들조차 왕원칭 등을 잘 알지 못하였다. 또한 해방 이후의 정세 때문에 이들을 알던 사람들도 언급하지 않거나 그렇게 할 수도 없었다. 결국 문화대혁명이 끝난 이후에야 이들과 관련된 구술사 자료가 점차 복원되었다. 당시 장런톈은 내게 편지를 주며 할머니에게 왕원칭에 관해 물어봐도 괜찮은지 확인하였다. 할머니가 병상에 누워 나에게 이야기해 주어서 나는 항저우에 있는 장런톈의 집에 가서 다시 할머니의 말을 전하였다. 장런톈도 그가 아는 왕원칭의 이야기를 나에게 해주었다. 이런 방식으로 나는 점점 왕원칭에 대해 알게 되었다.

다시 왕원칭 등을 돌아보자면 한 가지 평가를 할 수 있는데, 이들이 혁명적 이상을 견지했던 사람들이었다는 점이다. 왕원칭은 광복회와 동맹회 사이의 갈등에서 어느 한 편에 서지 않았는데 이는 드문 품격이었다. 나중에 천치메이와 다오청장의 관계를 알게 되고 암살 사건도 겪었지만 그는 광복회와 동맹회의 우호관계를 유지하기 위해 끊임없이 노력하였다. 왕원칭의 목표는 하나였다. 혁명을 통해 현대 민주국가를 세우는 것이다. 이 목표를 완성하기 위해 그는 계속 분투했고, 이 점에서 그는 혁명당의 일반 지도자들보다 훌륭한 품격을 갖고 있었다. 왕어도, 할아버지 쑤위형도 그랬다. 이들은 국민당의 편에 섰지만 결국 국민당을 벗어났다. 이들은 장제스 정권에 대해 이견을 가지고 있었고 자신의 견해를 지키려던 사람들이었다.

우리 타이저우 사람들은 항상 타이저우 사람들은 굳은 기개를 갖고 있다고 말한다. 어떤 사람은 이 굳은 기개가 링왕촌에 흐르는

120리의 역류 때문이라고 여긴다. 보통 물은 서쪽에서 동쪽으로 흐르지만 링왕촌의 물은 동쪽에서 서쪽으로 흐른다. 우리의 조상인 이들 혁명가들은 분명히 이러한 굳은 기개를 갖고 있었다.

대역사와 소역사를 대조해 보면, 우리는 왕원칭 세대의 사람들이 가진 전통적인 측면을 볼 수 있다. 특히 종족과 혼인을 통해 인간관계를 엮는 전통은 링왕 왕씨의 특색이라고 할 수도 있다. 어쩌면 우리가 이러한 전통을 잃어버려 비극이 초래된 것일 수 있다. 따라서 이들에 대한 재평가를 통해 우리 스스로를 재성찰할 필요가 있다. 나는 '조祖'가 들어가는 세 단어를 잊어버리면 안 된다고 생각한다. 즉 조상祖宗, 조풍祖風, 조국祖國이라는 세 단어이다. 먼저 조상을 잊어버리면 안 된다. 조상은 우리의 본보기이고 조상의 유전자는 우리에게 영향을 주고 있다. 그 다음에는 조풍을 잊어버리면 안 된다. 조풍은 조상으로부터 이어받은 가풍이고 가문의 품격을 뜻한다. 이는 후손들의 언행, 인간관계, 곤란과 좌절에 맞닥뜨렸을 때의 용기와 인내력 등을 규정한다. 가장 높은 층위에 조국이 있다. 현대 사회의 개개인은 모두 국민이다. 국민이라면 고향과 나라를 사랑해야 하고 조국에 책임감을 가져야 한다. 왕원칭 등의 생애를 뒤돌아 보면 이들은 길지 않은 일생에서 조상과 조풍을 잊지 않고 국가에 대한 국민의 책임도 잊지 않았다. 링왕촌의 이야기를 통해 나는 이 세 '조' 자를 마음속에 명심한다. 이들 세 '조' 자는 또한 우리 모두가 재성찰해야 할 것이라고 생각한다. (왕원칭 후손의 구술에 기초하여 재정리)

(2) 왕원칭의 고택故居

왕원칭 고택은 리좡천里莊溪의 동북쪽 언덕에 위치하고 샤덴과 마주보고 있다. 고택 전체가 높은 석벽으로 둘러싸여 있고 마당이 넓고 가옥이 깊숙이 위치한 전형적인 대저택深宅大院이다. 총면적은 4,000제곱미터에 달하며 현재 남아 있는 링왕촌의 장군 고택 중 면적이 가장 큰 편에 속하며 현급縣級 문화재로 지정되었다. 왕원칭 고택 전체는 두 개의 대문과 두 개의 사합원四合院이 병렬로 합쳐진 구조였는데, 나중에 외부의 사합원이 철거되어 향정부의 청사로 쓰였던 내부 사합원만 보존되어 있다. 왕원칭 고택의 외부 대문外臺門은 동쪽을 향하고 있으며 위에 걸려 있는 돌로 만든 편액에 '거지안居之安(여기서 살면 평안하다)'이란 한자가 쓰여 있는데 이 글자는 중화민국 시기의 유명한 서예가이자 교육가인 장친章梫이 왕씨에게 써준 것이다. 대문의 문미에 두 마리의 사자가 공을 갖고 노는 석조상이 있고 '산천읍수山川挹秀(산천으로 아름다운 경치를 안는다)'란 글씨가 쓰여 있다. 대문 양쪽엔 소나무와 측백나무 모양의 조각도 있다. 외부의 대문으로 들어가면 남쪽에는 꽃밭이 있고 가운데에는 자갈을 깐 보도이고 북쪽에 병렬된 두 개의 사합원이 있다. 지금은 꽃밭에 야채와 과수를 심고 작은 닭장까지 설치해서 과거의 경치가 사라져 버렸다. 보도를 따라 안쪽으로 가면 내부의 중문內臺門에 도착한다. 내부의 중문은 사합원의 본채와 같이 남향이며 대문의 문미에 '태원세주太原世胄(타이위안 왕씨의 후손)'란 글자가 쓰인 편액이 걸려 있어서 왕씨에게 그들의 조상이 타이위안 왕씨라고 알려준다. 내부의 중문 양쪽에는 두 개의 방화벽이 펼쳐져 있는데 동·서 양쪽 곁채의 박공벽山墻이 된다. 이들 박공벽은 말의 안장 모습으로 위에 무늬도 있다. 이러한 박공벽은 저장성 동부 지역 전통 민가 건축의 기본적인 특징을 가질 뿐 아니라 상하이 스쿠먼石庫門 건축양식에 포함된 서양 스타일도 융합되어 있다.

중문으로 들어가면 사합원 내부에 진입하게 된다. 이 사합원은 두 개의 안마당道地이 있다. 외부의 안마당은 하늘로 날아가는 봉황의 모습을 자갈로 꾸몄고, 이 봉황은 본채 기둥 위에 조각된 용의 모습과 함께 상서로운 기운을 나타낸다. 원래 본채 가운데 칸 위에 '옹목당雍睦堂'이란 나무 편액이 걸려 있었다. 따라서 이 사합원의 이름도 옹목당이다. 본채와 곁채는 모두 2층의 목조 구조이고 기초와 기둥으로 지탱된다. 기둥 위에 십이지상生肖이 조각되어 있고, 모든 들보와 창틀은 나무로 만들어졌는데 각양각색의 목조 공예로 치장되어 서로 겹치지 않는다. 이는 당시 공예가의 정교한 손재주를 잘 보여 준다. 본채를 통과하면 내부의 안마당에 도착한다. 내부 안마당은 좁고 길다. 뒤쪽 벽에는 '복록수福祿壽'란 세 신령의 조각이 완벽하게 보존되어 있다. 이 안마당 뒤쪽이 왕원칭 부모의 생가로서 왕원칭이 태어나고 자란 곳인데, 나중에 불타서 터만 남아 있다. 내부 안마당의 양측에는 아치형 문이 두 개가 있어서 각각 동쪽과 서쪽 곁채로 가는 통로 역할을 한다. 서쪽 곁채에는 왕어의 후손이 살고 있다.

마지막으로 왕원칭 고택과 관련된 이야기를 들어보자.

사실 '왕원칭 고택'이란 이름은 명실상부하다고 할 수 없다. 건축 비용은 왕어가 냈으나 건축공사를 직접 이끈 사람은 왕진칭이었다. 건축은 1917년에 시작해 1926년에 완공되었는데 왕원칭이 이미 사망한 뒤였다. 왕원칭은 이 주택에서 하루도 살지 못했던 것이다. 링왕촌에서 왕원칭이 살고 있던 주택은 현재 고택 뒤쪽에 있는 불타버린 부모의 생가였다. 현재의 고택보다 많이 작아 일반적인 민가 주택이라고 할 수 있다.

왕원칭은 자신의 고택에서 하루도 머물지 않았지만 그와 관련된 유물이나 기억은 많이 남아 있었다. 많은 유물들이 정세의 변화 속에서 사라졌지만, 이와 관련된 이야기를 나도 알고는 있다.

그림 6.2 왕원칭 고택의 조감도

　예를 들어 왕원칭이 소장한 책과 자료들은 그가 사망한 뒤 그의 관과 함께 링왕촌으로 보내졌다. 타이완에 있는 둘째 삼촌은 어렸을 때 링왕촌에서 자랐는데, 왕원칭의 조카딸이 그를 키웠다. 그래서 왕원칭 고택에 대해 잘 알고 있었고, 어렸을 때에는 왕원칭에 대한 소장 자료를 읽는 걸 좋아했다. 그에 따르면 당시 그는 『혁명군革命軍』이란 책의 저자인 천톈화陳天華의 친필 문서를 본 적도 있다고 한다(사실 『혁명군』의 저자는 쩌룽鄒容으로 잘못된 기억이다). 삼촌은 이런 자료들이 모두 진짜 보물이라고 말했지만, 이 자료들은 1950년대의 토지개혁 시기 왕원칭 가족이 지주로 분류됨에 따라 고택의 마당에서 불태워졌다. 또한 값진 물건들은 욕심 많은 이들이 가져가 버렸다. 그중 왕원칭의 친필 서예도 있다. 당시 향정부가 그의 소장자료를 태웠을 때 링왕촌 초등학교의 허何씨 교장이 이 서예를 가져가 교장 사무실에 걸었다. 나중에 린하이시의 한 지도자가 링왕촌을 시찰하면서 이를 보고 "이 글자는 나의 사무실에 거는 게 더 알맞으니 선물로 나한테 줘."라고 요구했다. 결국에는 선물로 이 지도자에게 건네졌다. 당시 8세의 한 초등학생은 이 사건을 보고 나중에 나에게 알려 줬지만 허씨 교장이 이미 사망해서 그 지도자가 누구인지 알 수 없게 되었고 이 서예의 운명도 알지 못하게 되었다.

역사적·문화적 가치가 있는 물건들이 많았지만 제대로 보존되지 못하였다. 왕원칭의 본처는 글자를 모르는 분이었고, 우리 쑤씨와 왕어, 왕진칭의 후손들도 영락하여 유랑하느라 이런 물건들을 보존할 수 없었다. 특히 훗날 벌어진 정치운동에서 우리를 포함한 왕원칭 가족들은 통제 대상으로 분류되어 끊임없이 수사와 숙청을 당해야 했고 종이 한 장조차 보존할 수 없었다. 이런 물건 중에서 정말로 혁명의 대의로 빼앗던 것은 그리 많지 않았다. 사리사욕을 혁명의 명목으로 위장하여 타인의 재산을 빼앗은 이들이 적지 않았다. 당시 우리 같은 '흑오류'들은 자기 목숨도 지키기 어려웠는데 어떻게 이런 물건들을 보호할 수 있었겠는가.

그래도 일부 물건은 남았다. 예를 들어 왕원칭과 쑨원이 호법운동을 일으켰을 당시 광둥성 성장이었던 주란朱瀾이 왕원칭에게 마호가니 나무로 만든 가구 세트를 선물로 주었다. 책상, 벼루, 의자 등이 포함된 것이었다. 해방 이후 이런 물건들 대부분을 빼앗겼지만 일부는 박물관과 왕어 후손의 집에 조금씩 남았다.

1955년에 샹스위안項士元 선생이 문화재 통계 때문에 링왕촌의 왕원칭 고택을 방문하여 조사했었다. 그는 조사일지에 이런 말을 남겼는데, 대략적으로 그 내용을 외울 수 있다.

'1955년 4월 12일, 링왕향 향정부. 여기는 왕원칭의 고택이다. 이미 점심시간이 지나서 식은 국수 몇 그릇만 남았다. 조사팀은 이걸로 점심을 때우고 원칭의 유물을 조사하였다. 조사해 보니『전당서全唐書』와『무영전武英殿』의 취진판聚珍版(건륭 연간, 『사고전서』 일부의 인쇄본) 총서 등 세 상자의 유물만 남았다. 나중에 이를 모두 박물관에 주어 보존토록 했다. 왕원칭의 첫째 부인 등을 만났지만 모두 얼굴이 초췌했다. 왕원칭 묘지도 참배했지만 한 줌의 황토만 남았을 뿐이다.'

정치운동 과정에서 왕원칭 고택에 발생한 재난을 나도 알고 있다. 토지개혁 직후 나의 부모는 업무상 링왕촌에 한 번 간 적이 있었다. 링왕촌에서 왕원칭의 본처를 만났는데 당시 그녀는 이미 지주 부인으로 분류되어 왕원칭 고택에서 쫓겨나 하인들이 거주했던 방에 머물렀다. 그 방마저도 온전한 방이 아니라 2층의 방을 나누어 타인과 공유해야 했다. 생활용품과 재산도 모두 몰수되어 필수품만 분배되었다. 그녀는 왜 정권이 바뀌었는데 인심까지 나빠졌는지 이해할 수 없었다. 왜 이웃들이 철천지원수처럼 대하며, 자기 집 물건들을 임의로 빼앗거나 나눠 갖고 불태우는지 이해하지 못했다. 그녀는 당연히 이 현실을 참을 수가 없었다. 나의 아버지가 외할머니인 이 여자에게 조금 더 참으라고 권고했지만 소용이 없었다. 그녀는 친척집으로 이사하였다가 1955년 여름과 가을 사이에 두려움, 슬픔, 굶주림 속에서 세상을 떠났다.

사실 링왕촌 촌민의 입장에서 보면 타이완으로 도망간 사람의 후손에 대한 대우치고는 인도적이었다. 이 고아와 과부에게 직접적인 신체적 상해를 주지도 않았다. 나쁜 짓들은 주로 정책에 따라 과열된 상태에서 벌어졌다. 문화대혁명이 벌어지면서 극좌 풍조가 날로 심해졌지만 링왕촌 사람들은 다른 지역보다 급진적이지 않았다. 그래서 당시 옆 동네 사람들이 전통식 건물이 많은 링왕촌을 봉건주의의 보루라고 여겨 이 건물들을 철거하려고 농기구를 무기 삼아 들고 와서는 조반造反을 하고 링왕촌 사람들과 '무장투쟁武鬥'을 하였다. 링왕 사람들도 어쩔 수 없이 자위를 위해 싸워야 했고 몇몇은 다치기도 하였다.

문화대혁명이 끝난 후 대륙과 타이완 간의 연락이 점차 복구되면서 1980년대 말 타이완에 거주하던 왕어의 후손들이 왕원칭 고택을 되사오기로 하였다. 당시 왕원칭 고택은 공유재산이라서 왕문의 고택처럼 이미 집이 없는 사람들에게 나뉘어져 분배된 주택보다는 거래가 상대적으로 쉬운 편이었다. 따라서 이 거래는 타이완에 있는 후손들이 기존의 가옥을 되찾는 선례가 될 수 있었다. 향정부와 타이완 측의 합의도 20만 위안에 고택의 소유권을 넘겨주는 방식으로 순조롭게 진행되었고 린하이현과 타이저우시의 통일전선 부문도 거래를 허용하였다. 타이완 측이 20만 위안 중 15만 위안을 선납금 형식으로 납부하였다. 그러나 1990년대 초반에 이르러 링왕향은 캉구향과 합병되어 캉링향康嶺鄉이 되었다. 링왕향의 향정부 청사도 폐지되어 캉구로 이전되었다. 동시에 청사로 쓰던 왕원칭 고택의 두 개 사합원 중 하나를 철거하여 남은 건축자재를 캉구로 가져가서 새 건물을 지을 때 사용하였다. 당시 향정부 합병이 폭력적으로 진행되어 링왕 사람들도 막을 방법이 없었다. 타이완 친척들이 나중에 왔을 때는 집이 반만 남아 있고, 향정부는 남아 있던 소유권 양도 비용을 5만 위안에서 25만 위안으로 인상하였다. 이들은 매우 분노하며 공산당 정부가 약속을 어긴 데 대해 크게 비난했다. 거래가 더 이상 이행될 수 없었다. 몇 년이 지나 대륙 측이 타이완의 친척들의 화가 풀렸을 것이라고 여겨 타이완에 가서 이들을 찾아 계약을 이행하도록 합의하려 했다. 그러나 왕원칭 고택은 이미 문화재로 선정되어 소유권이 양도되더라도 마음대로 주택을 변경할 수 없게 되었다. 따라서 타이완의 친척들은 더 이상 거래에 관심을 가지지 않았다. 현재까지도 왕원칭 고택의 재산권 문제는 여전히 진행 중이다. 타이완 측이 이미 15만 위안의 선납금을 냈지만 고택 자체가 문화재가 되어버려 중국 당국이 소유권을 되사오려고 했지만 타이완 측이 동의하지 않았다. 양측은 이 문제 때문에 계속 맞서고 있다. 대륙에 남아있는 왕어의 손자와 윈난성에 거주하는 왕어의 딸은 이 문제 때문에 난처해져 버렸다. 현재 촌민위원회도 이들을 달래기 위해 양보의 조치로 이 왕어의 손자를 곁채에 들어와 살게 했다. 그러나 재산권 합의는 대륙 쪽만 결정해서 해결될 수 없고 타이완 측의 합의가 필요하다. (왕원칭 후손의 구술을 기초로 정리)

(3) 왕룬王綸 가족의 이야기

링왕촌에서 조사하는 동안 우리는 왕룬 장군의 이장과 장례식에 참석하였다. 장례식에서 우리는 왕룬 장군의 아들, 손자, 외손녀 등과 만나 왕룬과 관련된 문자자료를 받았다. 이러한 자료를 후손들의 구술과 결합하여 왕룬의 신해혁명부터 장성전투長城抗戰까지 짧았던 군 생활을 복원하고 그의 가족 이야기까지 서술해 보겠다.

앞의 왕원칭 이야기에서 언급한 항저우 광복 전투에서 사오싱 대통학교紹興大通學校, 항저우 강무당杭州講武堂, 저장 육군소학浙江陸軍小學 등 신식 군사학교의 학생들은 왕원칭에 의해 소년학생부대少年學生部隊로 편성되었다. 이 부대에 왕원칭의 동향인 왕룬이 있었다. 왕룬은 왕원칭과 같은 차남파에 속하지만 먼 친척이고 자는 젠와이劍外, 족보상의 이름은 왕위스王與士이다. '룬'은 학생 시절 선생들이 불렀던 이름으로 나중에도 계속 쓰게 되었다. 1892년에 태어나 항저우 광복 작전 때 20세도 안 되었지만 학생부대의 부대장이 되었다. 항저우 작전 승리 후 그는 난징 전투에 참전하지 않고 군사학교에서 계속 공부하였다. 왕원칭, 왕어와 달리 그는 직업군인을 진로로 택해 중화민국의 군사 근대화에 기여하고자 했다.

왕룬은 육군소학에서 다시 공부하고 1913년에 졸업하여 보증 추천 정원으로 육군 제2예비학교로 진학해 1916년에 졸업했다. 그 뒤 사관후보생부대軍官候補生隊로 편입되었다가 복무 기간 만료 후 바오딩 육군군관학교保定陸軍軍官學校에 진학하여 1919년에 졸업하였다. 바오딩 군교에서 첫째 아내 양제충楊潔瓊과 결혼해 장남을 낳았다.

졸업 이후 왕룬은 산둥 육군 제5사딘으로 배속되어 소대장, 분대장 등을 맡았고 1920년 다시 바오딩 군교로 돌아가서 8기 학생들의 분대장을 맡았다. 그 후 육군부의 군형사軍衡司와 펑톈 군수공장奉天兵工廠에 근무하다가, 1924년에 둥북3성 강무당東三省講武堂 분대장을 맡았다.

위와 같이 바오딩 군교를 졸업한 왕룬은 계속 북양군벌 세력에서 활동하였다. 1920년 이전에는 주로 직계 군벌直系軍閥에서 활동하였고, 이후에는 봉계 군벌奉系軍閥 계통이었다. 이 시기 왕룬의 형인 왕강王綱이 독일에서 유학을 마치고 소련을 거쳐 귀국하다가 봉계 군벌 장쭤린張作霖의 권유로 선양 군수공장沈陽兵工廠에서 공장장 겸 수석 엔지니어가 되었다. 왕룬이 같은 시기에 봉계 군벌에 들어 갔던 것은 아마 형과 관련되었을 것이다. 그러나 1925년에 왕강은 폐병과 만주 지역의 혹한 때문에 사직하고 고향 린하이로 돌아갔다. 왕룬도 1924년 여름에 봉계 군벌이 관리를 맡고 있던 육군대학陸軍 大學의 입시에 합격하였다.

육군대학은 중화민국 시기 최고의 군사 교육기관이었다. 중국은 청조 말엽 신정新政 시기부터 일본을 모방하여 군사 교육 시스템을 수립하였다. 초급 군사인재를 육성하는 육군소학(예를 들어 왕룬이 다녔던 저장 육군소학), 육군중학(각 성의 강무당), 일본의 육군사관 학교에 해당하는 군관학교(대표적으로 바오딩 군교와 황푸 군교) 등 이 있었다. 나중에는 바오딩 군교를 재편하여 바오딩에서 육군대학 을 개교하였다.

육군대학 입시는 상당히 어려웠지만, 합격하고 나서 3년 후 졸업 하면 좋은 일자리를 쉽게 찾을 수 있었다. 군벌과 인맥이 있는 학생 은 졸업 직후에 독자적으로 부대를 지휘하는 연대장이나 여단장 등 이 될 수 있었지만, 왕룬처럼 성적은 뛰어나도 인맥이 없는 학생은 주로 참모직을 맡았고 최악의 경우에는 학교에 남아 교관이 되었다.

왕룬은 육군대학 입시에 합격한 후 한동안 입학하지 않고 군대에 머물며 근무하였다. 이 시기 화북지역에서 직계 군벌과 봉계 군벌이 충돌하면서 육군대학의 주인도 계속 바뀌었기 때문이다. 왕룬의 학 업은 오래 지체되었다. 제2차 직봉전쟁第二次直奉戰爭(1924년 9월 15 일~11월 3일)이 완전히 끝난 후에야 육군대학이 다시 정상화되어 왕룬은 입학했고, 3년 후인 1927년에 졸업하였다.

졸업 후 왕룬은 더 이상 북방 군벌의 계통에 복무하지 않았다. 그동안 군벌에 있었던 이유는 주로 학업을 마치기 위한 것이었는데, 바오딩 군관학교과 육군대학이 당시 중국에서 가장 좋은 군사교육 기관이었기 때문이다. 북벌전쟁이 시작되자 그는 남하하여 국민혁명군에 참가하였다. 드물었던 육군대학 졸업생이어서 빠르게 국민혁명군의 총사령부 참모가 될 수 있었다. 이때부터 고급 참모로서의 생애가 본격적으로 시작하였다.

1928년 왕룬은 북벌전쟁에서 참모로 공로를 세우고 점차 중용되어 국민정부 국방부 산하의 참모본부에 들어가 소장으로 승진하였다. 국민당 내부의 파벌정치에 따라 참모본부는 국민정부의 총참모장인 허잉친何應欽 세력이었기 때문에 왕룬도 자연스럽게 허잉친의 파벌에 편입되었다. 허잉친이 그의 딸을 수양딸義女로 삼은 것에서 이러한 왕룬과 허잉친의 밀접한 관계가 드러난다.

1933년, 왕룬이 허잉친 세력에 편입된 이후, 허잉친은 장제스와 화해하여 멸공 작전에서 난창 행영南昌行營(당시 최고 군사기관인 군사위원회의 지방 파출기구)의 중요한 역할을 맡게 되었다. 왕룬도 허잉친을 따라 난창에 와서 부참모장副參謀長을 맡아 초공剿共(공산당 섬멸) 작전에서 허잉친을 도왔다. 이는 그가 고급 참모가 된 이후 처음 참여한 대규모 작전이었다.

이 작전은 중국공산당의 군사기록으로는 '제2차 반포위토벌작전第二次反圍剿'이다. 허잉친은 20만 명이 넘는 병력을 조직해 3만에 불과한 홍군의 제1방면군紅一方面軍과 싸웠지만, 사단 몇 개가 섬멸당하고 말았다. 허잉친의 고급 참모로 참전한 왕룬은 매일 지도 옆에서 전황을 지켜보며 긴장된 시간을 보내다 보니 북벌전쟁 시기 앓

았던 신경쇠약증이 재발하고 말았다. 왕룬의 큰 아들에 따르면, "매우 피로하고 초췌해 보였다." 이 작전은 정규 군사교육을 받은 우등생 왕룬에게는 커다란 실패였고, 공산당 군대와 싸운 첫 번째이자 마지막 작전이었다. 이후 그는 주로 남침하는 일본군에 대항하는 군사작전에 힘썼다.

1932년 왕룬은 난징에 돌아가 군사위원회 제1청 제1처 처장을 맡았다. 1·28 상하이 사변으로 일본군함이 장강에서 난징을 향해 발포하였다(왕어가 이 시기에 난징의 장닝 요새에 근무). 위험에 처한 난징 국민정부는 모든 정무기관을 뤄양으로 이전시켰고 왕룬도 여기에 참여하였다. 그 후 참모본부가 개편되어 그는 참모본부 제1청 청장으로 승진하며 중장이 되었다. 왕룬은 링왕촌 출신 중화민국 장군 중 유일하게 살아 있는 동안 중장까지 승진한 사람이다.

1933년에 취임한 지 얼마 안 되어 왕룬은 허잉친을 따라 다시 화북 지역으로 돌아왔다. 화북 지역은 그가 학창시절 오래 머물렀던 지역이었지만, 일본의 침략에 직면해 있었다. 1933년 초 일본군이 산해관山海關을 공격하였다.

청더承德가 함락되면서 베이핑北平(베이징의 옛 이름)의 방어는 시펑커우喜峰口—구베이커우古北口 장성長城 일선에 달려있게 되었다. 당시 장쉐량張學良은 이미 증원된 서북군西北軍과 중앙군中央軍 부대를 신속하게 파견해 러허성熱河省(당시 청더가 속한 성급 지역)에 아직 자리를 잡지 못한 일본군을 역습할 수도 있었지만, 결국은 아무 조치도 취하지 않았다. 당시 증원된 중앙군 부대의 지휘관인 두위밍杜聿明이 장쉐량과 만나 그에게 러허성의 상황이 어떤지 물어봤는데 장쉐량은 얼버무리며 "일본군 비행기를 주의해야 한다"는 말만 하였다. 부참모장이었던 왕룬이 허잉친과 정참모장 황사오훙黃紹竑과 함께 2월 11일에 베이핑을 처음 방문한 것도 장쉐량에게 군사비를 조달하고 러허성을 반격하여 되찾기 위한 것이었지만 결국 무산되었다.

장쉐량의 행위는 언론의 비난과 허잉친 등의 불만을 초래하였다. 결국 허잉친은 장쉐량의 지휘권을 박탈하고 자신이 총책임을 맡았다. 허잉친은 지휘권을 얻자마자 장제스에게 왕룬을 다시 베이핑으로 보내 달라고 요청하였다. 당시 왕룬은 베이핑 방문 후 다시 난징으로 복귀한 상태였다. 이에 따라 왕룬은 또 다시 허잉친 휘하의 고급 참모가 되었다.

그러나 중국은 이미 전세가 불리해져 반격의 가장 좋은 기회를 놓치고 말았다. 왕룬이 베이핑에 도착한 바로 다음날 일본군은 러허성의 주둔지에서 떠나 장성 방어선에 대한 총공격을 시작하였다. 먼저 공격을 받은 중국군의 방어 진지는 시펑커우 장성이었다. 시펑커우 장성은 서북군이 큰 칼로 무장한 결사대를 동원해 일본군을 습격한 전투로 유명해졌고 나중에 「큰 칼 진행곡大刀進行曲」이란 유명한 군가도 만들어졌다. 그러나 진짜 전쟁터는 구베이커우 장성이었다. 중국군에서 전투력이 가장 강한 중앙군이 일본군과 구베이커우 장성에서 3월 중순부터 5월 말까지 연이어 대치하였다. 이 기간 동안 각각 정·부참모장을 맡았던 황사오훙과 왕룬은 장성 방어선의 산 어귀를 하나씩 맡아 대치 상황을 관찰하며 부대 배치를 조정하고 일본군의 돌파를 방어하였다.

그러나 전세는 일본 쪽으로 기울었다. 5월 말까지 장성 방어선 동부의 렁커우冷口, 중부의 구베이커우와 서부의 시펑커우가 모두 함락되었다. 일본군은 승승장구하며 퉁현通縣을 점령하고 베이핑을 서·북·동 삼면에서 포위하였다. 이러한 상황에 따라 허잉친은 퇴각하려고 하였다. 그는 연대 하나만 베이핑에 남겨 마지막 수비대로 삼앉는데 남겨진 지휘관이 바로 왕룬이었다.

허잉친이 황사오훙과 왕룬을 불러 철군 이후의 대책을 상의하였는데, 이들은 일본군이 중국 측과 모든 군사행동의 중단을 협의할 계획이 있다는 소문을 들었다. 황사오훙은 한편으로 베이핑의 방어를 정비하면서 다른 한편으로 정전 협상을 추진하자고 제안했으나, 왕룬은 반대했다. 황사오훙의 회고에 따르면 당시 왕룬은 "제가 포병을 중화먼中華門으로 이동시켜 둥자오민 거리東交民巷(외국 주중대사관 거리)를 포격하면 일본인이든 영국인이든 미국인이든 전부 다 포격으로 죽을 수도 있습니다. 그렇게 하면 최악의 경우 어쨌든 베이핑을 뺏기게는 되겠지만, 방관하던 영국과 미국 등도 영향을 받게 되어 일본에게 손해를 따지게 될 것입니다. 이들이 같이 모여 살고 있으니 어쩔 수 없지요, 뭐."라고 하였다. 황사오훙과 다른 이들이 동의하지 않고 왕룬을 막았다. 왕룬은 화가 나서 위층으로 올라가 자버렸다.

장성의 항일전투가 끝난 후 중국은 일본과 탕구협정塘沽協定을 맺고 일본군이 전투로 얻게 된 모든 이익을 승인하였다. 일련의 협정을 통해 장성 이남과 베이핑·톈진 이북의 광활한 지역이 완충 지역이 되었고 이 지역은 실제로는 중국에게 무방비 지역이 되었다. 이러한 제약을 받게 된 국민정부는 협상을 무력화하려고 치안 유지를 명목으로 정규군에게 경찰 복장을 입혀 무방비 지대에 배치하였다. 그러나 베이핑과 톈진 지역에는 더 이상 방어할 만한 요새가 이미 없어져 버렸다. 이런 상황에서 장성 전투에 대해 불만을 품은 왕룬은 화를 내며 난징으로 돌아갔으나 일본군의 습격을 우려한 허잉친이 그를 다시 베이핑으로 배속하였다. 허잉친은 왕룬의 불만이 아직 풀리지 않을까봐 일부러 기차역에서 성대한 환영식을 열어 그의 복귀를 환영하였다. 그러나 왕룬의 베이핑 복귀는 결국 인생의 종착

점이 되었다. 왕룬의 죽음에 대해 아직 논란거리가 남아 있는데 후손들은 일본 간첩이 일본군의 침략을 적극적으로 막을 사람을 없애려고 그를 암살한 거라고 여긴다.

이들이 제시하는 첫 번째 증거는, 왕룬 집의 부엌에서 장작에 불이 났는데, 진화한 이후에 장작에서 폭탄 두 발이 발견되었다는 것이다. 폭탄을 누가 설치했는지 알 수 없었지만 범인이 왕룬을 폭탄으로 죽이려 시도했고 부엌에서 자연스럽게 불이 난 것처럼 위장한 것은 분명하다. 왕룬은 이 암살 시도 직후에 불행을 당하였다.

중·일 협상 기간 일본은 허잉친, 장췬張群, 왕룬에게 각각 말 한 마리를 선물로 주었다. 왕룬은 말을 좋아하는 사람이었다. 그의 큰아들은 "선친께서 독일로 유학을 가려고 여가 시간을 모두 독일어 공부와 독일 승마술 공부로 보냈다. 그는 열심히 공부하여 당과 국가에게 기여하려고 했지만 결국 공부 때문에 생명을 잃었다."고 밝혔다. 왕룬이 말을 좋아한 이유는 아시아의 군신軍神이 되고자 육군이 가장 강한 독일로 유학가려고 했었는데, 독일 군사학교 입시에 승마술이 있었기 때문이었다. 그는 항상 부하와 동료에게 장래 전쟁이 나면 승마술이 큰 역할을 할 테니 승마술을 꼭 배우라고 하였다. 왕강의 딸이자 왕룬의 양녀가 한번은 승마술 공부에 대해 물었다. "둘째 삼촌, 왜 매일매일 승마술을 공부하세요?" 그러자 왕룬이 "전쟁이 일어나면 차를 타는 건 불가능하니까, 전쟁을 위해 미리 준비해야 한다."고 대답하였다.

큰 아들의 기억에 따르면 왕룬은 원래 말 한 마리를 갖고 있었지만 복부에 상처가 있어서 선물로 받은 새 말로 연습하려고 했다. 큰 아들은 담력도 있었고 새 말이 다루기 어렵다는 것도 알았기 때문에 부친에게 자신이 먼저 말을 타 보겠다고 했다. 왕룬이 받아들여 큰 아들이 중난하이中南海의 호수 옆에서 말을 시승하였다. 말이 물을 무서워해서 다루기 매우 어려웠기 때문에 그는 부친에게 타지 말 것을 권했다. 왕룬은 아들의 말을 받아들이지 않고 새 말을 탔다. 결국 1935년 4월 23일 아침 말을 타다가 사고가 나고 말았다.

큰 아들에 따르면 왕룬은 그날도 중난하이의 호수 옆에서 말을 타고 있었다. 왕룬은 그저 가끔 채찍질했을 뿐인데 말이 갑자기 나는 듯이 달렸다. 이 갑작스러운 일에 왕룬이 지병 발작을 일으켜, 말의 고삐를 잡지 못하고 뒤로 젖혀지며 넘어졌고 뒷머리를 크게 다쳤다.

왕룬의 장례식에서 발표된 공식 조문에 따르면 그가 말을 타는 동안 옆에 참모와 마부가 있었다고 한다. 중난하이 호수 옆에서 말을 탔다는 아들의 증언과 일치한다. 그러나 말이 날뛴 원인은 채찍질 때문이 아니라 말이 얼음 창고 옆을 지나가다 놀랐기 때문이라고 한다. 왕룬이 넘어진 뒤에 두 사람이 그를 부축해 일으키고는 눈구석에 피가 줄줄 흐르는 걸 발견하고 차량을 불러와 셰허 의원協和醫院으로 이송하여 응급조치를 취하였다. 그러나 그는 뒷머리의 뇌진탕이 심해져 혈관이 터졌고 결국 오전 11시에 사망하였다.

논란은 왕룬의 사망이 그의 실수 탓인지, 아니면 말 탓인지에 집중되었다. 왕룬의 큰 아들의 증언에 따르면 전자의 가능성이 더 높고, 당시 왕룬 사망에 대한 공식 설명도 놀라 뛰던 말에서 떨어져 순직하였다고 서술하고 있다. 따라서 말 자체의 문제가 아니라 말을 탄 사람이 말을 다루지 못한 걸 탓하였다. 그러나 나중에 당국은 비밀리에 마부를 총살하고 말도 죽였다. 왕룬 가족은 이를 증거 인멸 시도로 보았다. 왕룬 양녀의 남편이 마침 일본에 유학하고 있었는데 그는 일본군 관계자가 일본 신문에 게재한 글에서 왕룬을 반드시 죽여야 한다는 내용이 있었다고 제보하였다. 또 왕룬 사망 직전에 일본은 누차 왕룬의 집을 방문하여 왕룬을 괴롭혔다. 왕룬의 양녀에 따르면 일본이 사람을 파견하여 자신에게 일본으로 유학을 갈 것을 종용했지만 왕룬은 그 방문자가 이해할 수 없는 링왕촌 사투리로 "상대하지 마라, 상대하지 마라"라고 했다고 한다. 따라서 왕룬의 가족들은 일본이 자신들 마음대로 안 되니 왕룬을 암살하려 했다고 추정하였다.

군신이 되고 싶었던 왕룬은 항일전쟁이 전면적으로 발발하기 직전에 세상을 떠났다. 그의 죽음은 후손에게 많은 역사적 질문과 가설을 남겼다. 왕룬의 외손녀는 만약 왕룬이 항일전쟁에 참전했다면 큰 공헌을 했을 것이라고 주장하지만 역사는 가설을 허용하지 않는다. 객관적으로 평가하자면 왕룬은 우수한 군인이었지만 한계를 가지고 있었고, 그를 비롯하여 그의 동료들이 군신이 되기는 어려웠을 것이다.

이러한 한계는 성격상의 한계를 뜻하는 것이 아니라 출신과 배경의 한계를 뜻하는 것이다. 또한 이러한 한계는 왕룬만 해당하는 것이 아니라 이 시기 링왕촌 출신의 관료, 장군들이 공유한 한계이자 그 시대의 많은 사람들이 공유한 한계였다. 따라서 우리는 대역사 속 왕룬의 이야기에서 나와 그 가족의 소역사로 돌아가서 이러한 한계의 근원을 찾아봐야 한다.

왕룬이 속한 가문은 왕정신王正心부터 링왕촌의 향신鄕紳·지주地主 가문이었다. 왕룬의 가까운 친족 중 신해혁명에 참가한 지사기 많았다. 예를 들어 왕룬의 둘째 삼촌인 왕스저우王師周(또는 쌍계雙溪)의 외동아들이자 사촌 형인 왕이자이王儀齋, 큰 삼촌인 왕루성王魯聲의 딸이자 사촌 여동생인 왕쑤창王素常, 그리고 왕짠야오王贊堯 등이다. 왕룬의 부친인 왕디성王迪聲은 아들 네 명을 낳았고 각각 이름이 왕강, 왕룬, 왕훙王竑, 왕웨이王維이다. 왕강, 왕룬, 왕웨이는 모두 대학을 졸업했고, 왕훙만 링왕촌에 남아 조상의 유업을 계승하였다. 토지 이야기에서 분석했듯이 왕정신부터 이 가문의 토지 점유 방식은 청조 중엽의 향신 지주제로부터 점점 근대적인 부재지주제로 전환되었다. 부재지주제를 통해 상업자본과 토지를 연계하여 더 많은 수익을 얻게 되었다. 또한 대대로 이어진 향신의 특징 때문에 교육을 중시하고 투자도 많이 하였다. 이에 따라 왕룬 등 젊은 세대에 대한 지원을 아끼지 않았고 이러한 지원이 왕원칭, 왕어 가족에 비교하여 훨씬 더 많은 편이었다.

아래의 표에서 정리된 이들의 학력과 경력을 통해 우리는 이 가문의 독특한 점을 엿볼 수 있다.

표 6.1 왕룬 가문의 학력 및 경력

성명	학력 및 경력
왕강王剛	1915년 저장성의 일본 유학 국비 지원에 선정되어 일본으로 유학을 갔다가 다시 독일로 유학했다. 독일 베를린대학에서 토목건축학 박사학위를 취득한 후 귀국했다.
왕룬王綸	저장성 육군소학, 군관예비학교 제2기, 바오딩 군관학교, 육군대학 등을 졸업했다. 독일로 유학할 계획이었으나 가지 못했다.
왕웨이王維	저장의학전문학교浙江醫學專門學校(현재 저장대학 의과대)를 졸업했다.
왕이자이王儀齋	일본 육군사관학교 입시를 준비하는 청나라 유학생을 위한 예비학교인 일본 토빈학교東斌學校를 졸업했다. 천치메이 등도 이 학교를 졸업했다. 많은 자료와 구술이 이 학교를 동경제국대학으로 오인하곤 한다.
왕쑤창王素常	상하이 기독교회여자학교를 졸업했다. 일본에서 단기 연수 후 신해혁명에 참가했다. 이후 다시 상하이교회 성요한대학上海敎會聖約翰大學에 입학했고, 프랑스 리옹대학에서 단기 연수를 했다.
왕쑤펀王素芬	난징중앙대학 생물과를 졸업했다. 그녀의 남편은 난징 허하이대학河海大學 수리학과를 졸업했으며, 중화민국 시기와 더불어 중화인민공화국 수립 이후에도 수리 전문가로 일했다.
왕샤오펀王肖芬	상하이리다대학上海立達大學 사범대를 졸업했다. 난카이대학南開大學을 졸업한 남편과 결혼했다.

왕원칭 등은 링왕촌을 떠나 공부하면서 서양의 근대적 계몽을 받아들였는데, 왕룬 가문의 사람들은 근대적 계몽을 받아들이기 위해 자발적으로 마을을 떠나 근대 교육을 받았다. 왕원칭 세대가 왕룬 세대보다 한 세대 높아서 10세 이상의 차이가 있었다. 따라서 왕원칭이 링왕촌에서 밖으로 나가 외부 세계를 지향했던 첫 번째 사람이었다고 할 수 있다.

왕원칭 등이 가져온 외부의 새로운 지식과 사상을 쉽게 받아들이고 더 열심히 배웠던 사람들은 왕룬 가문에서 나왔다. 앞의 토지 이야기에서 언급했듯 비록 왕룬의 부친 세대에서는 둘째 삼촌을 제외하고 모두 사서오경을 공부했지만, 둘째 삼촌인 쌍계선생은 왕원칭이 고향을 떠났던 때보다 훨씬 일찍 스푸石浦로 나가서 장사를 했다. 쌍계는 링왕촌에서 처음 근대적인 특징을 갖춘 사람이었다. 아쉽게도 형제들의 공부를 지원해야 했기 때문에 더 큰 장사의 기회를 포기하고 번 돈을 갖고 귀향하여 노동하지 않는 향신지주가 되어버렸지만, 그래도 이 덕분에 왕룬의 부친 세대가 새로운 것을 신속하게 받아들일 수 있었다. 또한 앞의 교육 경력에서 보듯이 이들은 이미 교육에서 남녀평등의 원칙을 따랐다.

그러나 서양의 계몽에 대한 갈구는 왕룬 등에게 현실과 이상의 괴리를 겪게 했다. 당시 근대적 계몽의 가장 중요한 논리인 사회진화론은 세계를 부단히 진화하는 생물권으로 비유하면서, 모든 민족의 문명은 적자생존의 원칙에 따라야 하며 적응하지 못한 문명은 도태되어야 한다고 주장했다. 어떻게 중화문명을 도태되지 않게 할 것인가라는 문제에 대해 이들 지사들은 '선진先進'에게 배워야 한다는 해법을 제시했다. 그럼 누가 '선진'인가? 중국에 있어서 선진은 구미와 일본이며, 링왕촌에 있어서 선진은 상하이, 베이핑 등 대도시였다.

더 선진적인 지식을 배우려면 더 먼 곳으로 떠나야 하고 선진 지식을 배워야만 민족을 살릴 수 있다는 게 이들의 논리였다. 하지만 현실은 이상과 큰 격차가 있어서, 먼 곳에서 배운 선진 지식을 현실 사회에 적용하긴 어려웠다. 이론과 현실의 괴리 속에서 이들은 고군분투하는 이상주의자가 되어갔다.

왕룬의 이상주의자로서의 면모는 후손들이 기록한 일화들에서 엿볼 수 있다. 1931년 왕룬은 고향을 떠난 후 처음 귀향해서는, 집안 땅을 일구던 소작농들을 모아서 조상이 남긴 농지 계약문서田契와 주택임대 계약문서房契를 사람들 앞에서 불태우며 '경자유전耕者有 其田'을 선포하고 링왕촌에서 '토지혁명'을 일으켰다. 이 행동에 그의 계모는 땅에 쓰러져 통곡하였고, 부친도 초조함에 발을 구르며 놀라서 외쳤다. "이것들은 20만 대양大洋(은화의 단위) 어치란 말이다!" 그러자 왕룬은 "설마 제가 20만 대양 값어치도 안 된단 말입니까?"라고 대답했다.

이 에피소드가 왕룬이 애초에 공산당을 동경했으며 공산당이 장래에 정권을 장악하게 될 것을 정확하게 예측했다는 점을 보여준다는 견해도 있다. 그러나 당시 왕룬은 공산당을 포위하여 토벌하는 작전에 참여했으므로 공산당을 동경했을 가능성이 높지 않다. 이 에피소드는 그저 왕룬이 서양의 평등사상을 받아들여 지식인이자 이상주의자로서 책임감을 발휘한 것으로 볼 수 있다. 쑨원의 삼민주의에도 유사한 경자유전의 내용이 있었으나 국민정부가 각종 원인으로 실행하지 못했을 뿐이다. 왕룬은 책임감 있는 지식인이자 국민정부의 장군으로서, 고향인 링왕촌에서 어떤 이들은 크고 화려한 주택에 사는데 다른 이들은 초가지붕 아래 힘겹게 살고 있는 불평등한 상황을 고치려고 한 것이다. 계약문서를 불태운 이 사건은 왕룬의 이상주의자로서의 면모를 잘 보여준다.

왕룬의 첫 번째 부인이 1929년에 사망한 후 그는 정자오이鄭昭儀 여사와 재혼하였다. 첫 번째 부인 사망 후 많은 명사들이 자기 집안의 여자를 소개해주려고 했지만 왕룬은 중화민국 시기 상류사회의 이러한 관행적 정략결혼을 거절하였다. 이상주의자였던 그는 보통 집안 출신으로 교육을 많이 받은 여성과 결혼하려고 했고, 마침내 베이징대학北京大學 출신의 정자오이를 만난 것이다.

정자오이는 1933년과 1935년에 아들을 하나씩 낳았다. 그중 한 명이 바로 왕룬의 이장 때 링왕촌에 왔었던 노인이다. 왕룬 사망 후 국민정부로부터 열사 유족으로 인정되어 정자오이는 아들 3명과 딸 1명을 데리고 난징으로 갔다. 동시에 왕룬의 시신을 난징의 탕산진湯山鎮에 안장했다. 1937년 중일전쟁이 전면화되자 유족들은 국민정부를 따라 충칭重慶으로 이주했고, 정자오이는 교육사업에 투신하며 충칭 거러산歌樂山의 가오뎬쯔高店子 소학교에서 교사를 맡았다. 2차 대전 종전 후 그는 아이들과 함께 다시 난징에 돌아왔다가 국공내전에서 국민당이 패주하자 다시 서쪽으로 국민정부와 함께 도망쳤다. 이들은 나중에 윈난성을 거쳐 홍콩에서 잠시 머물다가 타이완으로 가서 정착하였다. 정자오이 여사는 타이완 화롄국립여자중학花蓮國立女子中學에서 교장을 역임했으며 1964년에 사망하였다.

왕룬의 장남은 항일전쟁 시기 학업을 포기하고 입대하였다. '십만 청년 십만 군인十萬青年十萬軍'이란 국민정부의 구호에 호응하여 중국원정군中國遠征軍에 편입된 그는 두위밍을 따라 미얀마로 가서 일본군과 싸웠다. 일본의 패전 후 그는 삼촌 왕웨이가 일하고 있던 칭다오青島 육군의원으로 갔다가 군 생활을 마쳤다. 본토가 '해방'되자 삼촌과 함께 타이완으로 가서 타이완의 토지개혁에 참여했고, 산림을 사들여 과수원으로 정비하고 링왕촌의 조상들처럼 다시 농사를 짓기 시작하였다. 노년에는 수차례 링왕촌으로 돌아가 과수원을 판 돈을 모두 기부하였다. 2001년에 사망하여 우리가 직접 그의 이야기를 들을 수는 없었지만, 그의 차남이 해준 이야기를 앞서 왕룬의 이장을 다루면서 서술한 바 있다. 삼남은 태어날 때부터 건강이 안 좋았고 미국으로 이주했다가 일찍 사망하였다.

왕룬의 딸은 본토에 남아 있는 유일한 후손으로 가장 비참한 운명을 맞았다. 그의 딸이자 왕룬의 외손녀가 우리에게 모친의 이야기를 해주었는데, 왕룬의 딸은 생모를 잃고서 6년 뒤 부친마저 잃었다. 계모를 따라 이곳저곳 다니며 항일전쟁 시기 충칭에 머무는 동안 후난湖南 출신의 쉬徐씨 젊은 이를 만나 연애하고 결혼하였다. 결혼 후 바로 충칭에 정착하면서 왕룬의 딸은 계모와 형제 모두와 헤어지게 되었다. 해방 후 이들은 적극적으로 공산당에 협력하였지만 1957년 반우파투쟁 때 남편이 우파로 몰려 다량산大涼山 이족彝族 지역으로 하방되어 노동교화勞動改造를 받았다. 결국 남편은 알 수 없는 원인으로 사망했고 현재까지 시신도 못 찾고 있다. 왕룬의 딸은 충칭에서 6명의 자녀를 어렵게 부양했으며 심지어 피를 팔아 생계를 유지하기도 했다. 또한 문화대혁명 시기에도 비판을 받게 되었는데 "대군벌 왕룬의 딸", "전쟁범 허잉친의 수양딸", "우파분자의 마누라" 등의 모욕을 감수해야 했다. 그녀의 자녀들은 이 일을 말하자면 지금도 가슴이 두근거리고 무섭다고 한다.

(4) 왕룬의 고택과 샤뎬의 전통 민가民居

왕룬 가문은 링왕 왕씨 차남파의 상샤뎬파上下店派에 속하는데 이 가문 사람들이 지은 민가 건물은 주로 샤뎬下店에 위치한다. 차남파의 번창은 청조 초기에 벼슬을 지낸 왕스팡王世芳에서 시작하여 왕룬의 부친 세대에 이르러서 세력이 크게 번창했다. 따라서 이 시기 샤뎬에는 왕룬 고택을 비롯한 화려한 전통 민가가 즐비하게 이어지며 군락이 형성되었다.

개혁·개방 후 새로 건축된 서양식 다층 시멘트 건물은 샤뎬의 기존 민가 군락의 전체 구조를 파괴하였다. 과거에 샤뎬의 민가들은 서로 연결되어 모든 민가의 사합원이 복도를 통해 다른 사합원과 통하였다. 심지어 앞에 언급한 미충저우의 민가도 왕씨의 민가와 연결되었다. 따라서 높은 곳에서 민가 군락을 내려다보면 청색의 벽과 검푸른 기와가 즐비하게 이어져 샤뎬 구역은 마치 길이 없는 듯 보였다. 장마철에도 처마 밑으로 걸어가면 우산을 쓸 필요가 없었다. 또 벽과 기와 밑에 숨겨진 골목에는 다른 비밀도 있었는데, 머리 위는 처마가 가렸지만 양쪽으로 청산녹수青山綠水를 볼 수 있었다. 골목과 길의 설계에 많은 신경을 썼던 것이다. 공중이나 산에서 내려다 볼 때 청색 벽과 검푸른 기와 가운데 회백색으로 보이는 곳이 사합원의 안마당天井이다. 현지 방언으로 '다오디道地'라 부르는 안마당은 모두 자갈로 만들어졌는데, 색깔이 다른 자갈로 각각 의미를 갖도록 조성하였다. 과거 민가 군락이 온전히 남아있을 때 산에서 샤뎬을 멀리 내려다 보면 회백색의 다오디와 청색, 검푸른 색이 뒤섞여서 마치 하늘로 가는 계단처럼 보였다.

샤뎬 입구에 있는 왕스팡의 고택을 지나 첫 번째 건널목으로 가면 바로 우측이 왕룬의 고택이다. 왕룬 고택 건너편은 왕짠야오의 고택인데 그의 딸인 왕멍즈王夢之가 이 건물을 공산당 지하조직의 사무실로 사용하기도 했다. 왕룬의 고택은 샤뎬에서 가장 규모가 크고 전통 민가의 건축양식보다 서양의 영향을 많이 받았다. 이 주택은 1926년부터 착공하였는데 당시 왕룬은 바오딩 육군대학을 다니고 있어서 공사를 실제로 계획하고 감독한 사람은 그의 모친이었다.

왕룬 고택은 왕룬 가문의 종택이 연장된 것으로 볼 수도 있다. 왕룬 고택과 종택 사이가 다오디로 연결되어 종택은 서쪽에 있고 고택은 동쪽에 있어서 왕룬 고택은 '동택東宅'이라고도 한다. 동택은 왕룬이 서양을 추앙했다는 걸 보여 준다. 전체적으로 보면 가옥이 깊숙이 자리하고 마당이 넓은 중국의 전통적 건축 양식을 포기하여 오히려 정원을 갖춘 서양식 별장과 유사하다. 모든 가옥들은 동향으로 지어졌고 대문으로 들어가면 작은 정원과 나무로 된 2층의 서양식 건물이 있다. 목조 구조, 사합원 형식의 본채와 곁채, 석조와 목조의 결합, 방화용 박공벽 등 전통적 요소가 남아있긴 했지만 건물의 높이, 공간의 배치, 창문과 대문의 설계는 모두 서양식이다. 그러나 주택이 완공된 후 왕룬은 전쟁에 분주하여 여기에 머물 시간이 거의 없었다. 왕룬 사망 후 가족들은 그가 남긴 유산으로 링왕촌에 렌산교連山橋란 다리를 지었는데, 다리 상판을 지탱하는 나무기둥을 만들고 남은 목재를 재활용하여 고택의 2층 건물 위에 5층 정자 모양의 누각을 지었다. 누각은 1936년에 완공되었는데, 이 누각 덕분에 해방 후에도 동택이 링왕촌의 대표적 상징물이 되었다. 2층의 기반과 5층의 누각을 합치면 총 7층이라서 정상에 올라가면 링왕촌 전체의 풍경을 즐길 수 있었다. 그러나 여름에 태풍이 잦고 폭우와 강풍도 많은 링왕촌의 자연조건에 맞지 않아 넘어질 위험이 있어서 1950년에 철거되었다.

왕룬 고택은 링왕촌의 민가 건축이 현대화되는 기원이라 할 수 있다. 이런 양식은 부지 면적이 작다는 장점이 있다. 전통 민가의 부지 면적은 일반적으로 2무畝 이상인데 왕룬 고택의 부지 면적은 1무를 조금 넘는 정도였다. 이로 인해 공간의 이용에서 효율성을 높이고 주택용지의 부족과 인구 과다로 인한 갈등을 완화할 수 있었다.

동택의 대문으로 나가 길을 따라 고대 역로와의 교차점까지 가다 보면 고대 역로의 왼쪽에 눈에 잘 안 띄는 뒷문이 있는데 여기를 통해 종택으로 들어갈 수 있다. 과거에는 왕룬 집안 사람들이 모두 이 뒷문을 통해 드나들었기 때문에 이 집을 '후문택後門宅'이란 별칭으로 불렀다. 굳이 뒷문으로 종택에 들어간 이유는 당연하게도 후손에게 '뒷거래走後門'를 장려하려던 것이 아니라 향토 사회의 흘러넘치는 온정 때문이었다. 종택은 남향이지만 남쪽 정문과 연결된 골목이 매우 좁아서 왕룬 집안의 사람들이 정문으로 출입하면 이웃에 방해가 될 수도 있었던 것이다. 물론 왕룬 집안이라면 돈으로 이웃의 택지를 사서 골목을 확대시킬 수도 있지만 그렇게 하지 않았고, 가족 행사를 치를 때조차 뒷문을 이용해서 주변 이웃들이 점차 '후문택'이라 부르게 되었다.

지금은 정문 앞의 골목이 촌내 도로 정비를 통해 확대되어 굳이 뒷문으로 들어갈 필요가 없다. 사실 왕룬의 장례식에서도 행렬이 정문을 통해 종택 안으로 들어갔다. 종택은 칭대 함풍咸豊(1851~1861) 연간에 완공되었다. 박공지붕硬山頂을 갖추고 벽돌과 목재가 복합된 2층 구조이다. 본채는 7칸, 곁채는 6칸으로 되어 있다. 본채과 곁채 가운데의 앞마당 다오디는 나중에 왕룬에 의해 다시 설계되었다. 그는 형형색색의 자갈로 국민당 당기의 청천백일青天白日 도안을 본채 중간 칸의 앞바닥에 만들었고 다오디의 한가운데에는 날아가는 말 도안을 넣었다. 이는 말을 좋아했던 왕룬의 취미가 반영된 것이다.

과거 종택의 양측에 두 개의 부속 건물이 있었지만 문화대혁명 시기에 철거되었다. 동쪽의 부속 건물 밖에 있던 꽃밭을 통해 종택이 왕룬의 동택과 연결되었다. 문화대혁명 시기의 철거로 종택과 동택의 일체성이 파괴되었다.

종택의 정문으로 나가서 좁은 골목을 따라가다가 다시 왼쪽으로 가면 두 채의 현대 민가의 가운데에 무너진 전통 주택 한 채가 남아 있는데, 이 주택은 청조 도광道光(1821~1850) 연간에 지은 주택으로 왕룬의 둘째 삼촌인 왕쐉계의 집이다. 왕이자이와 왕쑤창 남매가 여기서 태어났다. 지금은 무너진 상태이지만 커다란 규모를 확인할 수 있어서 과거에 이 집의 주인이 유명한 향신이었음을 알 수 있다. 왕이자이와 왕쑤창의 고택은 총 26칸의 방이 있고 이중의 사합원 구조로 링왕촌에서 부지가 가장 넓은 주택이었다. 왕쐉계의 전기에 따르면, 그가 주택의 남쪽 산황천山皇溪 옆에 별장을 추가로 지어 맑은 물길을 내려다 볼 수 있었다는 기록이 있다. 별장 부지는 지금은 찾아 볼 수 없다. 마을사람들에 따르면, 이 주택의 목조는 링왕촌에서 가장 정교하여 이음새榫卯(장부와 장붓구멍)에도 섬세한 무늬가 새겨져 있다고 한다. 아쉽게도 이 무늬들은 벌레와 곰팡이, 인위적인 파괴 등으로 많이 사라졌다.

상술한 민가 이외에도 샤롄 구역에는 왕지샹王吉祥 고택, 미씨 종택 등 청조 말엽과 중화민국 시기의 건물들이 여러 채 있다. 이들 민가들은 중화민국 장군들의 저택으로 '해방' 후 대부분 빈집이 되었다. 토지개혁 당시 링왕향 정부는 근처 쉐이아오촌水磱村의 왕씨들 중에서 주택이 없는 빈곤한 농민들을 이들 장군 저택으로 이주시켰다. 현재 하나의 사합원에 다수의 가구가 불편하게 함께 살고 있어서 이들은 낡은 집에서 계속 살기보다는 새로 집을 짓고 싶어한다. 장군 고택들이 문화재로 인정되지 않은 상황에서 신규로 택지 허가를 받기도 쉽지 않기 때문에 새집을 짓는다면 장군 고택들은 철거될 수밖에 없을 것이다. 현재 링왕촌의 지도자들은 역사문화 발굴과 촌락 관광 개발 사이에서 이 문제를 고민하고 있다.

2 "자원으로서의 명사들"과 촌락관광

링왕 왕씨는 고대부터 긴 역사를 가지고 있고 근대에도 파란만장한 우여곡절이 많았다. 기층 정부의 지원을 받아 링왕촌은 역사문화 발굴에 착수하여, 현지의 대학과 함께 역사자료를 수집·정리해서 자료집 형식으로 출간하였다. 이를 통해 방문객에게 링왕촌의 역사를 보여 주고자 하였으며, 자료집 내용을 안내판이나 촌내 도로 양측의 전시판에 전시하기도 한다. 촌의 지도자들은 관광 개발이 반드시 링왕촌의 역사를 보여주면서 추진되어야 한다는 분명한 입장을 가지고 있다.

링왕촌의 노인협회 회장은 관광 개발에 적극적으로 참여하는 사람으로서 조사 기간 동안 우리의 주요한 정보제공자가 되었다. 첫번째 조사 때 그는 자료집 몇 권을 우리에게 선물로 주고 족보도 빌려 주었다. 또 명사들의 고택을 구경하라고 강하게 추천하면서 촌락관광의 시험 개발로 인한 성과를 우리에게 보여 주려 하였다. 회장의 안내로 우리가 함께 고택을 하나씩 구경하면서 왕룬 고택 앞까지 왔을 때, 마침 관광객 몇 명이 있었다. 이들은 회장을 관광 안내원으로 착각하고는 우리와 함께 따라가며 안내를 들었다. 한 관광객이 안내판에 기록된 왕룬의 생애를 읽고는 더 알고 싶어 회장과 이야기를 나누었다. 그러나 회장은 왕룬이 국민당 군대에서 취득한 가장 높은 관직인 '참모본부 제1청 중장 청장參謀本部一廳中將廳長'이라는 명칭과 다음해의 왕룬 이장 계획만 알고 있어서 이 관광객의 호기심을 다 충족시켜 주지 못했다. 마지막에 회장은 "참모본부, 제1청, 중장, 청장이라고요. 아주 높은 관직이죠."라며 다시 왕룬의 관직을 강조하였다. 나중에 우리가 선물로 받은 자료집을 읽어 보니 그중 왕룬의 전기가 「참모본부 제1청 중장 청장 왕룬」이라는 제목으로 편찬되어 있어서 외우기 어려운 관직명을 노인협회장이 익숙하게 말했던 것이 그제야 이해가 갔다. 이후 우리는 조사과정에서 관광 개발에도 깊이 관여하면서 유사한 상황을 많이 보게 되었는데, 특히 관직을 통해 왕씨 조상을 명사로 포장하는 경우를 자주 볼 수 있었다. 이러한 '포장'은 근대 시기의 혁명지사와 민국 장군들만 해당하는 것이 아니라 고대의 조상들에게도 활용되었다.

링왕촌 개발을 주도하는 마을 지도자들이 표면적으로는 향토라는 가치를 매우 중시하는 듯하지만 실제로 그들이 중시하는 것은 가시적인 향토문화의 유산이었다. 즉 촌락과 산수의 자연적 공존 구조, 전통 민가, 옛 교량, 역로 등의 유형有形의 문화공간이 이에 해당된다. 이들은 유형의 향토문화 유산에서 무형의 향토 역사를 찾으려 했고, 또 향토 역사를 통해 촌락의 현실을 개선하고 작은 산촌을 관광 명소로 만들려 하였다. 이러면서 이들은 향토문화의 유형 유산을 풍수로 표현하고, 벼슬아치가 많이 나온 향토 역사를 관직 중심으로 이야기하였다. 그러면서 '풍수가 좋은 땅에서 벼슬아치들이 많이 나왔다'는 식으로 유형과 무형을 연결시키는 논리를 만들어냈다. 즉 관직 중심의 서술구조를 통해 링왕촌이 풍수가 좋다는 것을 논증하는 동시에, 풍수가 좋기 때문에 링왕촌에서 벼슬아치가 많이 나왔다는 걸 논증하였다. 문제는 풍수가 좋은지를 누구도 증명할 수 없으며, 향토 역사를 발굴한다는 목표도 결국은 더 높은 관직을 찾는 것으로 대체되었다는 점이다. 높은 관직은 많이 찾아내었지만 왕씨 종족의 역사는 여전히 설명하기 어려운 채로 남아 있고, 만일 역사를 제대로 설명할 수 없다면 풍수가 좋은 땅이라는 표현도 근거 없는 말이 될 것이다.

우리가 링왕촌 개발에 처음 참여했을 때 마을 지도자들은 이러한 곤경에 빠져 난처한 상황이었다. 문제를 해결하고 개발을 순조롭게 추진하기 위해 이들은 몇 개의 컨설팅 업체를 불러와서 향촌 관광 개발 규획을 만들었는데, 업체들의 규획은 단순하고 대동소이했다. 즉 지금까지 남아 있는 촌락과 산수의 자연적 공존 구조를 포기하고 거주구역居住區, 역사문화보호구역歷史文化保護區, 향토관광구역鄕土旅遊區, 기타 기능적 구역功能區 등으로 구분하여 규획하며, 관직을 얻었던 왕씨 조상들의 이야기와 유물들을 역사문화보호구역의 전시관이나 박물관에 전시하라는 것이었다. 링왕촌 지도자들은 이 규획을 따라 가면 수많은 철거와 개조가 수반될 수밖에 없고 결국 링왕촌이 관광지가 되면서 현재의 활기를 잃게 될 것이라는 걸 알면서도 다른 방도가 없으니 따를 수밖에 없었다.

링왕촌 개발의 또다른 목표는 링왕촌을 '민국 장군촌民國將軍村'으로 만들려는 것이었다. 이를 위해 지도자들은 많은 학자들을 초청해서 중화민국 시기의 자료를 수집해 분석하였다. 이들이 왕원칭, 왕어, 왕룬, 왕쑤창, 왕이자이, 왕멍즈 등의 학력, 이력, 혁명운동과 항일전쟁 시기의 공헌 등을 정리하였다. 우리는 이렇게 많은 인력과 재력을 투입해 민국 시기에도 잘 알려지지 않았던 사람들을 지금 연구한다는 데 대해 놀라움을 느꼈다. 당시 우리는 중화민국의 저장성 첫 성장이 왕원칭이라는 사실조차 몰랐었다.

그런데 링왕촌의 관광 개발과 역사문화 발굴은 표면적으로 역사문화 자원과 향토문화 자원을 보호하며 개발하는 것으로 보이지만 실제로는 이를 낭비하고 파괴하는 것이다. 촌민과 촌락의 주체성이 간과되었기 때문이다. 촌락의 향토문화는 죽었든 살아있든 마을주민들의 생활 속에서 존재하고 표현되며 또한 기록되어 있는데도, 개발을 주도하는 이들은 이에 대해 관심을 갖지 않거나 이를 풍수와 벼슬아치라는 저속한 논리로 곡해하였다. 촌락과 종족의 역사문화에 대해 이들은 명사의 공적에 대한 서술에만 집중하고, 명사의 위상을 높여 링왕촌이 화려한 명분을 가지고 돈을 벌 수 있기를 기대하였다. 결과적으로 향토문화와 역사 자원은 파편적으로 개발되어 많은 비용을 투입했지만 돈이 되지 않았다.

향토의 역사와 문화 자원을 이용하는 데 실패하면서 곤경에 처한 마을 지도자들은 다시 베이징의 한 규획설계연구원에 의뢰하여 신촌규획新村規劃을 만들었다. 그러나 이 규획은 필연적으로 전통적인 촌락의 공간구조를 더욱 붕괴시킬 것이다. 이 규획이 강조하는 경관화景觀化와 기능적 구역화功能區化를 통해 전통적인 촌락에서 자연적으로 형성된 '풍수 관념과 유가 윤리의 공간적 체현'이 파괴될 수밖에 없기 때문이다.

신촌규획 이외에도 지도자들은 향토문화를 담고 있는 무형 문화유산, 민간신앙, 생산과 생활의 풍습 등을 연극화舞臺化시키려고 했다. 예를 들어 링왕촌의 풀 엮기草編를 무형 문화유산으로 만들고 개앙문開秧門 풍습을 공연으로 만들려고 하였다. 사실 이러한 전통의 재생산은 문화의 연극화에만 치중하여 핵심적 요소들을 간과하기 쉽다. 이러한 딜레마는 링왕촌뿐만 아니라 저장 동부 지역 그리고 더 나아가 중국 남부 벼농사 지역의 많은 촌락들이 직면한 문제이다. 풍부한 향토의 역사문화 자원을 발굴하고 자원화하면서 촌락의 현대화에 기여할 수는 있겠지만 결국에는 향토의 역사문화가 파괴될 수 있다. 그런데 더 긴 역사 속에서 돌아보자면 이렇게 '탈향토' 과정이 현대화의 소외와 공존하는 현상은 왕원칭 시대부터 이미 시작되었다. 이것이 바로 우리가 제시하려는 '경독을 통한 가문 계승의 단절'이라는 명제이다.

3 경독을 통한 가문 계승의 단절耕讀分家

서구의 침략에 수반된 서구 지식과 학문의 도입은 기존의 경독을 통한 가문 계승耕讀傳家이란 전통 향토사회의 구조에 충격을 가했다. 전통적인 지식인들이 유학을 공부하는 목적은 실용적이기보다는 종족의 명성을 지향하는 측면이 컸다. 그러나 이제 실용적이지 않은 유학공부는 뒤떨어진 것이 되었고 가난한 지식인窮秀才은 사람들에게 멸시를 받게 되었다. 서구의 지식과 학문을 공부하는 목적은 바로 과거 유학이 강조하던 경세치용經世致用이었다. 당시 혼란한 정세 속에서 내우외환을 해결해야 했던 지식인들에게 무의미한 유학공부를 벗어나 실용적인 공부를 하는 것이 유일한 출구였다. 링왕촌이 있는 저장성 동부 연해지역은 서구의 지식과 학문이 처음 전파된 지역으로서 새로운 문화를 잘 받아들이는 곳이었고, 산촌이지만 폐쇄적이지는 않았던 링왕촌도 서구 학문을 공부하는 열기를 빠르게 따라갔다. 1907년 재편집된 족보의 서문은 다음과 같이 서구 학문을 숭상하는 내용을 담고 있다.

현재의 황제는 경자년庚子(1901)에 조서를 내려 각 성과 직예直隸
의 서원書院을 학당으로 바꿨다. 그 이후 연燕(베이징)이든 오吳(상하
이)든 일본이든 어디서도 링왕 왕씨 출신의 젊은 국민들을 찾을 수
있었다. 나는 이들의 연설을 들은 적이 있었다. 이들의 사상을 개괄
하면 대개 국혼國魂을 강조하고 타인에 의존하는 것을 비판하고 천
상천하 유아독존을 주장하였다. 나도 이들을 동경하고 있었다.4)

서구 학문을 숭상하는 풍조를 만들어낸 이는 왕원칭이었다. 그의
경력은 경독을 통한 가문 계승의 종결을 잘 보여준다. 왕원칭의 모
친은 경독을 통한 가문 계승이라는 전통의 관행에 따라 어려운 가
정형편에도 불구하고 왕원칭을 사숙에 보내고 향교까지 공부시켰
다. 그러나 왕원칭은 향교에서 가난한 지식인이 되지 않고 장샹章襄
의 지도를 받아 서구 학문을 배우면서 초보적 혁명사상을 가지게
되었고 나중에 일본으로 가서 혁명가가 되었다. 그런데 왕원칭이
참가한 혁명은 청 왕조의 통치를 종결시켰을 뿐 아니라 향토사회의
구조까지 바꾸면서 경독을 통한 가문 계승이란 모델을 와해시키게
된 것이다.

우리는 왕원칭이라는 한 인물의 생애를 통해 다원적 현대화 경로
를 볼 수 있다. 그의 생애를 통해 서구 열강들의 전쟁과 침략이 중국
에 커다란 충격을 가했지만, 전통 촌락에서는 경독을 통한 가문 계
승에 대해 새로운 가능성을 제공해 주었다는 점을 확인할 수 있었
다. 경독을 통한 가문 계승 모델은 이미 현실적 실용성이 사라질 위
기에 처해 있었는데, 때마침 외부로부터 쳐들어온 새로운 가능성은
종족과 촌락에 의해 경독을 통한 가문 계승을 지속시켜줄 희망으로

---

4) 章棳, 「嶺根王氏譜序」, 『台州王氏譜志』, 總卷.

받아들여졌다. 따라서 많은 이들이 여전히 가문을 빛낼 목적으로 마을을 떠나 새로운 학문을 공부하였다. 그러나 당시 그들이 생각하지 못한 점은, 서양의 학문들이 지향하는 소위 현대화가 탈향토화 과정을 수반한다는 점이었다. 결국 이들은 공부, 즉 '독讀'을 통해 마을을 떠났지만, 다시 고향으로 돌아오지 못하고 가문에 실질적으로 기여하지도 못하였다. 우리는 이러한 과정을 '경독을 통한 가문 계승의 단절耕讀分家'이라고 해석하려 한다. 경독을 통한 가문 계승이라는 과거 모델에서 경독은 벼슬을 한 뒤 고향으로 돌아가 종족의 이익에 도움이 되는 것이었다. 이제는 공부를 통해 외부로 나간 후 다시 돌아갈 길이 없어졌다. 서구 학문이 점점 보급되고 계몽주의, 과학적 사고, 민주주의가 가치의 기반으로 수용되면서 향토성과 전통성은 비판의 대상이 되어버렸고 향촌사회는 현대화 개조의 대상으로 전락했다. 외부로 나간 이들은 자신의 정신적 고향이었던 향토사회를 이러한 현대사회로 이끄는 데 앞장섰다.

왕룬으로 대표되는 이상주의자들이 대표적이다. 이들은 현대화와 계몽을 통해 낙후한 민족과 국가를 구하고 고향을 부유하고 강대하게 만들고자 했으나, 아이러니하게도 현대화 과정은 경독을 통한 가문 계승에 위기를 초래하고 촌락사회를 해체시켰다.

이러한 위기의 가장 두드러진 표현이 바로 토지에 대한 현대 상업 자본의 점유로 등장한 부재지주제였다. 앞서 토지 이야기에서 부재지주제가 향촌에 미친 파괴력을 다룬 바 있다. 이는 향촌사회를 현대화시키거나 향촌의 진보와 발전에 기여하지 못하였으며 향촌을 자본주의 세계체계에 종속시켰을 뿐이다.

중화민국 시기 사회는 분열되어, 한편으로는 사상적으로 현대적 계몽을 극도로 추앙하면서 다른 한편으로는 이미 위기에 처한 경독을 통한 가문 계승 모델이 현실에 잔존하고 있었다. 신해혁명 후 혁명당은 당쟁, 부정부패, 연고와 인맥을 통한 정실주의로 혼란스러웠다. 지금 보자면 이러한 혁명당의 퇴보는 봉건의 잔재와 낡은 사상으로 보이지만, 종족 간의 생존경쟁을 통해 형성된 경독을 통한 가문 계승의 논리로 보자면 이는 생존을 위한 필연적 결과였다. 현대 국가의 헌정 질서가 수립되지 못한 상태에서는 경독을 통한 가문 계승이라는 기존의 관행을 따를 수밖에 없었고, 이처럼 퇴보적이고 보수적인 방식으로 균형을 잡을 수밖에 없었던 것이다. 반대로 퇴보적이고 보수적인 측면을 정말로 없애려면 더 철저한 혁명적 태도가 필요했다.

우리는 중국의 현대화 과정이 서구적 근대성의 일방적 이식이 아니라, 경독을 통한 가문 계승이라는 전통 모델이 서구에서 온 새로운 학문과 사상의 자극을 받아 향토사회의 위기를 해결하기 위하여 스스로 자신을 부정하고 개조하는 과정이었다고 본다. 이러한 자기부정과 자기개조는 경독을 통한 가문 계승의 단절을 초래했지만, 이 단절을 통해 향토사회의 위기는 해결되지 않고 더 심각한 위기가 초래되었다.

이러한 위기에 대한 해법은 두 가지였다. 하나는 부재지주제를 폐지하고 자작농의 토지소유를 회복시켜 전통적인 소농경제를 재건하는 것이었고, 다른 하나는 향촌사회의 질서를 안정화시키는 것이었다. 이는 현대화와 무관한 전통 촌락사회의 기본적인 수요였는데, 국민당의 본토 집권 시기에는 양자 모두 실현되지 못하였다.

공산당은 정권을 잡은 후 단기간에 토지개혁, 토비 토벌, 반혁명 진압 운동 등을 통해 사회의 위기를 극복하고 사회주의 현대화를 시작하였다. 사회위기를 극복하여 정당성을 얻게 된 공산당은 당의 기층조직과 공식적인 행정조직을 현縣 이하의 행정 단위에까지 직접 설치함으로써, 향신자치에 의존하던 과거의 향촌 통치를 현대 국가 체제로 편입시켰다. 이를 통해 공산당의 현대화 이념을 '풀뿌리'까지 이식시킬 수 있었지만 결국 비참한 교훈으로 끝나고 말았다. 개혁·개방 이전 농촌에서의 30년간의 실험을 통해 우리는 현대화를 촌락사회에 일방적으로 이식하면 안 된다는 교훈을 뼈저리게 깨닫게 되었다. 계속혁명을 통해 낡은 사상과 낡은 관념을 타파하려던 중국의 시도는 높은 사회적 비용과 낮은 사회적 효율을 드러내며 문화대혁명과 함께 중지되었다.

그러나 이 30년간의 실험은 오늘날까지도 깊은 영향을 미치고 있다. 개혁·개방 이후에도 중국인은 여전히 향촌을 낙후, 우매, 빈곤의 대명사로 여기고 있으며, 개혁·개방 이전 30년 동안 만들어진 도농 이원체제는 오늘날까지도 완전히 와해되지 않았다. 도농 이원체제의 존속으로 인해 도농 격차가 점점 확대되면서 도농의 통합城鄉統籌, 도농 일원화城鄉一體化 등의 전략이 제기되고 있으며, 더 나아가 급진적 도시화快速城鎮化 전략까지 나왔다. 그러나 지난 100년간의 사회 변천은 더 이상 일방적으로 농촌·농민에게 도시화·현대화를 강요하면 안 되며 향토성에 입각한 다원적 현대화에 대한 고민이 필요하다는 교훈을 우리에게 주고 있다.

링왕촌 사람들은 여전히 교육을 중시한다. 그러나 오늘날 교육을 받고 마을을 떠나는 것은 본인의 진로를 위한 것일 뿐 가문과 조상을 빛내는 것과는 무관하다. 또 1970년대 이후 녹차 농사가 도입되면서 링왕촌의 농업생계가 기존의 벼농사 중심에서 녹차산업과 외지노동打工으로 바뀌었다. 따라서 현재의 '경耕'도 과거의 '경'과 다르고, 현재의 '독讀'도 과거 유학공부를 의미하던 '독'과는 완전히 다르다. 백 년 동안의 사회변천 속에서 경독을 통한 가문 계승 모델은 파괴되었고 경, 독, 그리고 종족이 서로 분리되어 이제 경독을 통한 가문 계승의 단절이 된 것이다.

링왕촌 이야기를 통해 우리는 중국의 현대화가 서구의 자극을 받았지만 결국 향토로부터 자체적으로 시작되었다는 생각을 하게 된다. 우리는 '유교 윤리와 중국의 자본주의 정신'과 같은 베버식 가설을 제기하려는 것이 아니다. 우리는 이런 가설이 여전히 전통과 현대를 이원적으로 대립시키고 있다고 본다. 우리는 다만 링왕촌 이야기를 통해, 중국의 현대화 과정이 언제나 향토 문명과 현대 문명의 상호 길항관계 속에서 진행되었으며, 양자가 모두 중국 현대화의 원동력으로 작용했고, 향토성의 현대적 재구성에 기반한 다원적 현대화의 경로를 찾는 것이 남은 과제라는 점을 이야기하고자 하였다.

제7장 중국의 촌락은 어디로 갈 것인가?
何去何從的中國村落?

"침식된 황갈색의 언덕, 혼탁한 강물이 범람하는 평야, 작게 나뉜 녹색의 농지, 그리고 촌락을 이루고 있는 초가집들과 그물처럼 뒤엉킨 은색의 논과 뱃길."[1] 높은 곳에서 내려다보면 사람, 토지, 촌락의 공간으로 구성된 중국 농촌의 전원 풍경은 이렇게 보인다. 그러나 정말로 중국 농촌사회를 이해하려면 농촌의 가장 기본적인 취락공간인 촌락으로 들어가야 한다. 중국 촌락의 공간적 구성, 민가의 구조, 정원의 배치, 물길의 방향, 골목의 교차 등은 들여다볼수록 놀라운 점이 많다. 우리는 촌락을 처음 설계한 사람들을 찾아내기 어려울 때가 많아, 지방지와 족보를 통해서 촌락 초창기의 실마리를 찾을 수 있었다. 일반적으로 족보에서 촌락의 형성을 다룰 때 터를 잡고 황무지를 개척하여 정착한 과정을 서술하는데, 여기에는 기이하고 황당한 이야기가 가득 차 있을 때가 많다. 그중 두 가지 문화요소를 빼놓을 수 없는데, 바로 풍수와 윤리이다. 족보에서 촌락의 터를 잡기 전에 풍수를 측정한 이야기이든 터를 잡은 후 풍수에 대한 사후적 해석이든 모두 풍수가 촌락의 자연공간과 인문공간에 영향이

---

1) 費正清, 『美國與中國』(第四版), 世界知識出版社, 2000.

컸다는 점을 볼 수 있다. 촌락의 자연공간은 강수, 습도, 채광, 풍향, 재난 대피, 민가의 자재 선택 등 물질적 요소와 연관되며 인문공간은 종묘·사당·절의 위치, 가정·분파·성씨의 공간 배치, 그리고 촌락이 위치한 지역에서 갖는 역사·문화적 가치와 관련된다. 전통적 촌락사회의 공간은 '천인합일天人合一'을 지향하며 '풍수와 유교 윤리의 공간적 투사'라고 할 수 있다.

촌락의 공간적 의미와 가치는 끊임없이 변화하는데 다음의 세 단계로 개괄할 수 있다. 첫 번째는 '전통문화로서의 가치' 단계이다. 촌락사회는 장기간 유교문화의 영향을 받아서 공간 배치이든 시간의 흔적이든 유교적 윤리가 투영된 문화의 그림자를 발견할 수 있다. 두 번째는 '현대국가의 가치' 단계이다. 근대 이후에 국가는 정치권력을 수립하는 방식을 통해 지속적으로 자신의 이데올로기와 가치관을 촌락까지 침투시켰다. 특히 중화인민공화국 수립 후 촌락 공간에 대한 강력한 개조와 재건을 통해 계급 관념을 촌락사회에 주입하여 유교윤리를 대체하려고 하였다.[2] 세 번째는 '현대적 가치' 단계이다. 이 단계에서는 문명, 현대, 도시 등의 핵심개념을 중심으로 취락의 물질적 형태와 문화적 가치 측면에서 촌락사회가 개조된다. 촌락사회에서 현대적 가치의 이식은 1980년대 개혁·개방 이래 가속화되고 있다. 흥미로운 점은 이러한 현대성의 이식이 촌락사회의 향도성을 근본적으로 변화시키기보다 오히려 강렬한 '전통문화의 부흥' 현상을 초래했다는 점이다. 전통문화의 부흥을 통해 일부 촌락에서는 사라져가던 전통문화가 다시 마을사람들의 일상생활이 되기도

---

2) 謝迪斌, 「論新中國成立初期中共對鄕村村落的改造與重建」, 『中共黨史硏究』 八期, 2012.

한다.3)

중국 중앙정부는 2013년부터 '사람을 위한 도시화人的城鎭化'를 목표로 하는 '신형 성진화新型城鎭化' 전략을 시작했다. 이에 대한 지침으로 발표된 「국가 신형 성진화 규획國家新型城鎭化規劃(2014~2020)」은 도시화가 농촌사회에 미치는 부정적 영향에 대해 일부 농촌 지역이 도시 주거 모델을 그대로 모방하여 대규모로 농촌 생활공간 개조를 실행함으로써 향토 특색과 민속문화의 유실을 초래한다는 점을 지적하기도 했다.4) 이러한데도 여전히 도시를 중심에 놓고 도시화 위주의 발전전략을 지속한다면 문제가 해결되지 않고 더 광범위한 농경문명의 쇠락을 초래할 것이다. 오늘날 '사회주의 신농촌 건설'은 현지의 '도농 규획' 부처에 의해 주도되어 도시건설 양식과 도시문명을 중심으로 하는 규획들을 촌락에 적용함으로써 '도시규획이 시골로 내려가는城市規劃下鄕' 상황이 되고 있다. 예컨대 줄줄이 늘어선 획일적인 신식 주택, 시멘트로 깔끔하게 포장된 촌 도로와 골목, 촌민위원회와 마을문화회관 등의 공공시설이 촌락 중심부를 차지하는 공간 배치, 재산의 규모로 결정되는 주택의 건축 양식, 그리고 일반 민가와 별장 등과 같은 건축형식은 물론 면적과 공간 배치에서 집주인의 경제적 위상이 반영되는 현실 등이 그러하다. 즉 신농촌 건설의 공간 배치에는 현대성이 획일적이고 일방적으로 표현되고 있는 것이다. 20세기 말부터 시작된 신농촌 건설운동에서 국가는 자신이 독점한 '규획 권력規劃權力'을 통해 국가의 의지를 촌락사회에

---

3) 楊美慧, 『禮物、關系學與國家──中國人際關系與主體性建構』, 江蘇人民出版社, 2009.

4) 國務院, 「國家新型城鎭化規劃(2014-2020)」, 新華社, 2014.03.16.

주입하고 있다.

현대화와 도시화에 직면한 촌락사회가 발전을 위해 선택하는 주요 경로 중 하나가 향촌 관광이다. 향촌 관광은 촌락의 자연 풍경이나 역사·인문 자원에 대한 개발에 의지하게 되는데, 일정한 지역사회 내의 마을들은 사실 이러한 요소들이 유사하기 때문에 모든 관광개발이 비슷해지기 마련이다. 따라서 촌락 관광은 '모든 마을이 똑같은 모습千村一面'이라는 웃음거리가 되고 있다. 또한 현재의 촌락 관광은 가시적인 건축물과 문화재를 중심으로 문자자료에 의존하고 있다. 그러나 눈에 보이지 않는 역사적 기억을 가시적인 것들과 결합시키는 데 있어서는 아직 어려움이 많다. 우리의 연구는 링왕촌의 역사건축, 문화재, 유적 등을 매개체로 문화·역사적 실마리를 찾아 정리하고 분석함으로써 역사적 기억과 현존하는 가시적 유적·유물을 연결시키면서 링왕촌에 독특한 역사·문화적 가치를 부여하고자 시도하였다.

현재의 신농촌 건설에서 촌락규획은 위로부터 아래로 촌락 공간을 재생산하는 것이라고 볼 수 있다. 이러한 공간의 재생산 과정에서 촌민 스스로가 아닌, 국가와 시장이 중요한 역할을 맡고 있다. 그러나 실제 전통 촌락 공간의 형성은 마을주민이 주체가 되어 진행된 사회역사적 과정이었다. 현재 중국의 촌락들에서 벌어지는 '촌락 혁명村落革命'은 지리적인 공간 배치를 전복하고 전통 촌락 공간의 의미와 가치도 파괴하고 있다. 우리와 함께 한 토론을 통해 링왕촌은 결국 규획설계연구원들이 제시한 안을 그대로 따르지 않고 향토 건축들을 보존하고 공간 배치도 유지하는 방식을 택하였다.

현대 중국 촌락사회의 변천이 쇠락을 향해 가고 있다는 점은 부정할 수는 없다. 국가는 한편으로 개발주의 이념으로 농촌을 도시화시

274

키면서 다른 한편으로는 촌락이 전통문화를 보존하는 '정신적 고향精神家園'으로 남기를 요구하고 있다. 그러나 촌락 공동화, 전면적 관광 개발, 그리고 촌락과 전통에 대한 촌민들 자신의 무관심 속에서 촌락이 정신적 고향으로 남는 것은 사실상 불가능하다. 펑지차이馮驥才는 촌락 관광과 상업화 추세가 야기하는 파괴적 영향에 대해 지적하면서 촌락의 문화적 가치에 대한 보호가 시급하다고 호소한다.[5] 그러나 반대로 우비후吳必虎는 촌락 관광이 전통 촌락을 구할 수 있다고 주장하면서, 상업화 모델이 촌락 활성화의 가장 좋은 길이라고 본다. 그의 촌락보호 방안은 관광 규획을 통해 촌락을 상업화에 편입시켜 촌락의 생활과 생산 기능을 회복하는 것이다.[6] 이들의 논쟁에서 초점은 촌락 관광이 촌락보호와 개발의 모델이 될 수 있는가라는 점이다.

링왕촌의 사례를 보자면 촌락규획이든 역사문화 조사이든 관광개발 규획이든 모두 공통적으로 전통문화에 초점을 두고 '역사문화 명촌'이나 '민국 장군촌' 등의 형태로 향촌의 문화관광을 개발하면서, 경독을 통한 가문 계승이라는 사라져버린 촌락의 역사문화를 재건하려 하고 있다. 그러나 이들 방안의 구체적인 보호와 개발의 과정에서 촌락 관광은 촌락을 구경거리로 만들고 촌민을 관광의 대상으로 대상화한다. 물론 그렇다고 촌락 관광 추세를 막기는 어렵지만, 그 방식에 대해서는 고민과 토론이 시급한 상황이다.

현재 중국에서는 국가 주도의 촌락 개발 이외에도 '엘리트 주도의

---

5) 馮驥才, 「失去文化個性活動力, 留住鄕愁恐將落空: 中國文聯副主席馮驥才談傳統村落保護新困境」, 『光明日報』, 2016.11.25.

6) 吳必虎, 「光靠情懷缺乏邏輯, 馮老先生你是留不住鄕愁的」, http://bitly.kr/YdVQbn (검색일: 2016.11.29.).

촌락 건설精英建村'도 주목할 만하다. 1920~1930년대 중화민국 시기의 향촌건설 운동에서 지식인들의 참여적 촌락 재건과 달리 오늘날에는 상당한 담론 권력을 가진 전문가와 교수, 비정부기구(NGO), 그리고 예술가와 건축가 등이 포함된 이른바 '신향신新鄕賢'이 행정적인 지원이나 시장의 자본을 통해 촌락 재건을 완전히 주도하고 있다. 이들이 재건한 촌락은 외관만 보면 '누구누구가 설계한 마을' 또는 '누구누구가 만든 향촌 실천 기지'라고 구별할 수 있을 정도로 특징이 뚜렷하다. 그러나 정작 촌락의 주인인 촌민들은 이러한 재건 실험에서 목소리를 내기 어렵다. 이런 방식으로 이루어지는 촌락 재건이 장기적으로 지속가능하다고 보기는 힘들다. 촌락의 개발과 재건에 있어서 국가 주도 모델은 물론, 엘리트 주도 모델과도 다른 링왕촌의 사례를 통해 우리는 기존의 취락 형태를 최대한 유지하면서 역사문화적 가치에 기반하여 의미 부여가 이뤄지는 방식으로 촌락 재건이 실천되어야 한다고 주장하고자 한다.[7] 물론 이는 결코 쉽지 않다. 역사문화적 가치 또한 고정된 것이 아니라 끊임없이 변화하므로, 어떤 가치들을 얼마나 살리면서 의미를 부여해야 할지, 물질적 공간을 얼마나 보존해야 하는지, 촌민들이 원하는 바와 충돌이 생길 때는 어떻게 조정해야 하는지, 연극화·대상화하지 않는 방식의 민속문화의 재건과 촌락 관광이 어떻게 가능할지 등의 쟁점들은 모두 많은 토론이 필요한 어려운 문제들이다. 그럼에도 불구하고 중국 촌락의 재건은 지금까지의 실천과는 다른 경로가 절실하게 필요하다. 그 토론이 이제 시작되어야 한다.

---

7) 劉朝暉, 「村落社會與非物質文化遺産保護: 兼論遺産主體與遺産保護主體的悖論」, 『文化藝術研究』第四期, 2009.

| 지은이 소개 |

류자오후이劉朝暉
중국 저장대학 사회학과 교수

리페이李沛
국립인천대학교 중어중국학과 박사과정

장정아張楨娥
국립인천대학교 중어중국학과 교수
국립인천대학교 중국학술원 중국·화교문화연구소 소장

안치영安致穎
국립인천대학교 중어중국학과 교수

| 옮긴이 소개 |

조형진曹亨真
국립인천대학교 중국학술원 중국·화교문화연구소 조교수

리페이李沛
국립인천대학교 중어중국학과 박사과정

중국관행연구총서 15

경독耕讀 중국 촌락의 쇠퇴와 재건

2019. 6. 1. 1판 1쇄 인쇄
2019. 6. 14. 1판 1쇄 발행

중국관행연구총서 · 중국관행자료총서 편찬위원회
위원장 장정아 부위원장 안치영 위원 김지환 · 송승석 · 이정희 · 조형진 · 정은주

지은이 류자오후이 · 리페이 · 장정아 · 안치영 옮긴이 조형진 · 리페이
발행인 김미화 발행처 인터북스 주소 서울시 은평구 연서로20길 11
전화 02.356.9903 이메일 interbooks@naver.com 출판등록 제2008-000040호
ISBN 978-89-94138-58-9 94910 978-89-94138-55-8(세트) 정가 17,000원

이 도서의 국립중앙도서관 출판예정도서목록(CIP)은 서지정보유통지원시스템 홈페이지(http://seoji.nl.go.kr)와
국가자료공동목록시스템(http://www.nl.go.kr/kolisnet)에서 이용하실 수 있습니다. (CIP제어번호 : CIP2019020674)